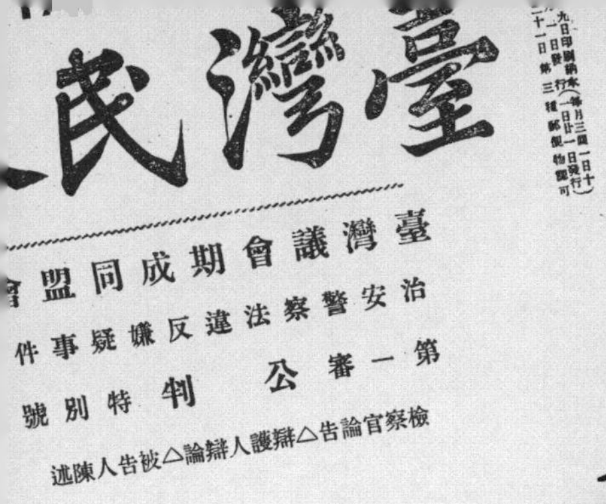

臺灣民

臺灣議會期成同盟會

治安警察法違反嫌疑事件

第一審公判特別號

檢察官論告△辯護人辯論△被告人陳述

兩個太陽的臺灣

臺灣文化
政治與社會運動的
狂飆年代

黃煌雄 著

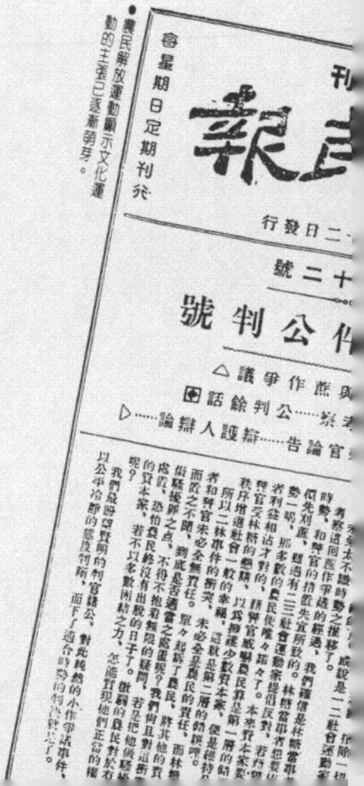

農民解放運動顯示文化運動的主張已逐漸萌芽。

目錄

二〇二一年新版序 006
二〇〇六年三版序 010
一九九二年再版序 013
一九七七年初版序 016

第一篇 兩個太陽的年代 019

歷史「週期表」的觀念／兩個太陽輝耀的臺灣／牛的對話／臺灣非武裝抗日史略評

第二篇 從啟蒙到行動 一九二一——一九二六 037

蔡惠如的一千五百元／議會請願運動／臺灣近代民族運動第一次路線之爭／二元教育政策／文化協會／霧峰的夏季學校／「三號雜誌」與「四分鐘講演」／腐敗的肚子／番女的教訓／民眾怨府／治臺三策／治警事件／無力者的勝利／打掃偶像／運動的新浪潮／二林事件／淑女與妓女／喇叭手

第三篇 從團結到分裂 一九二七——一九三一 103

革新家的態度／左右傾辯／〈送報伕〉／社會運動／路線的大辯論／文協的分裂／臺灣近代民族運動第二次路線之爭／團結就是力量／小兒病與老衰症／大同團結／分裂政策／不妥協的精神

第四篇 爭鳴的領導團體 149

臺灣農民組合／第一推手／新文協／民眾黨的成立／民眾黨的指導原理／工友總聯盟／文化演講與巡迴演講／鴉片問題／霧社事件／民眾黨的分裂／民眾黨的改組／民眾黨的被禁／蔣渭水逝世／臺灣的孫中山／臺灣共產黨／地方自治聯盟

第五篇 蘊含的民族認同 211

公學校、書房與《臺灣民報》／臺灣的《新青年》／留學生的去就／留學生的怒吼／始恥紀念日／「日華親善」之盾／孫中山先生紀念會

第六篇 精神遺產與評價 233

臺灣近代「先覺者」的精神遺產／臺灣近代民族運動的評價／贊助臺灣近代民族運動的日本人士的評價

附錄 307

我在「渭水之丘」／從「發現蔣渭水」到「守護蔣渭水」／懷念蔣松輝先生／臺灣非武裝抗日大事略記

附件 343

黃煌雄暨臺研會守護蔣渭水紀要／前總統馬英九紀念蔣渭水先生記事／宜蘭縣政府辦理蔣渭水相關紀念活動

一九二〇年代主要抗日團體系統圖

二〇二一年新版序

二〇一五年十月十七日，宜蘭縣政府和臺北市政府共同舉辦蔣渭水的移靈：將本來安奉在臺北市六張犁公墓上的蔣渭水遺骨，經過八十四年的三度漂泊，迎靈回到故鄉宜蘭礁溪的櫻花陵園。在那莊嚴的場景與時刻，我受邀致詞，首次用充滿詩意的散文〈我在「渭水之丘」〉，表達追思之忱，其中有一段話這樣寫著：

而此時，我在「渭水之丘」，想著日本統治下「兩個太陽的臺灣」：一個在人口上佔少數，但在政治、經濟、教育上卻居於統治地位，屬於大和民族的日本人，構成的是「政治勢力的太陽」；另一個是在人口上佔多數，但在政治、經濟、教育上卻居於被統治地位，屬於漢民族的臺灣人，構成的是「社會勢力的太陽」。兩個太陽照耀下的臺灣，所呈現的是民族歧視和差別待遇。這正是蔣渭水投入臺灣近代民族運動的大背景，憂心忡忡的蔣渭水說，「同胞啊！臺灣是我們的臺灣，臺灣的社會是我們的社會，是不得袖手旁觀，放棄責任的。」

「兩個太陽」同時在臺灣並存與對立，正是臺灣近代民族運動應運而興的時代背景與癥結所在。「先覺者」在推動此一運動之初，最擔心的是，在這個「大覺醒」的時代，「我們臺灣人甘自認作劣敗者麼？願受人淘汰麼？」「在世界改造之路程上……我們自覺的時機已經到了，世界的大勢，已迫使我們不得不奮鬥了。」「如果不解這種大運動的意義，或不能與此共鳴的人，已失其為人之價值了。」「先覺者」基於這樣的體認，懷著「自覺意識」、「啟蒙精神」，以及「純樸的動機」，「向著面前不知終極的路上，不停地前進……在這黑暗之中，竟也沒有行不前進的事，雖遇有些顛蹶，也不能擋止他倆的前進。前進！忘了一切危險而前進。」

即使到了一九二五年，當「先覺者」在慶祝《臺灣民報》成立五週年的〈自祝並對一萬讀者的祝詞〉中，尚以微弱的語氣，自問自慰地說：「三十年來風雨飄搖的臺灣人，居然也會做得一件差強人意的事業嗎？」但隨著「政治經驗的累積」、「隸屬觀念的打破」，加上「先覺者」實踐的體驗，以及放眼世界思潮的探索與追求，一步一腳印，促使「先覺者」在「忘了一切危險而前進」的「路程上」，一如賀川豐彥所說的「生番的好漢」那樣，要「揹孩子上射太陽的長途」。

當抗日運動的形勢，已由「理論的鬥爭跑到了實際的鬥爭」，且發展為全面的社會運動，「先覺者」已不再如早期低沉的喚醒，或「訴苦的哀韻」，而是「熱熱烈烈吹奏激勵民眾前進的歌曲」，因此，「先覺者」不僅要「助長臺灣文化之發達」，設置臺灣特別議會，且更進一步要求臺灣自治，並制定臺灣憲法。一九二八年以後，臺灣民眾黨經過一年半的奮鬥，已漸漸發展成為抗日運動的最主要領導力量；及新文協與臺灣農民組合相繼受到彈壓，民眾黨又在揭露阿片新特許及霧社事件上表現出尖銳做法，乃愈成為「臺灣人解放運動的總機關」，民眾黨更以此自期自勉，而其最終目標，便是要射落代表政治勢力的「太陽」。

「先覺者」以「士」的氣節，以開創日本明治維新的青年那種「氣宇何等軒昂」的「吞天地的氣概」，共同寫下臺灣近代民族運動精采的歷史，這段歷史如與世界上其他國家在同一年代（一九二〇到一九三〇）的奮鬥歷史相比，實是毫無遜色，經得起檢驗，且會讓後代子孫引以為榮。這是臺灣近代史上難得的「黃金十年」。

今年是臺灣文化協會創設百年紀念。從中央到地方，從官方到民間，都有不同形式的紀念，這代表文協精神不死。事實上，分裂之前的文協也是「先覺者」在「黃金十年」期間最懷念的共同園地與美好時光。

本書第一次出版時間是一九七七年，當時我三十三歲；十五年之後，一九九二年第二次出版，我已是四十八歲；十四年之後，二〇〇六年第三次出版，我增為六十二歲；二〇二一年的新版，也是十五年之後，我現在已是七十七歲。作為臺灣史的紀錄者與推動者之一，經過四十多年的孜孜不倦，我自覺內心上一直與「先覺者」精神同在。

本書的新版，在結構上維持第三版的「六篇」；但在內容文字及照片上，略有些增修；另外增加六篇文章，包括〈新版序〉、第四篇的〈第一推手〉、第六篇的〈贊助臺灣近代民族運動的日本人士的評價〉，加上附錄三篇：〈我在「渭水之丘」〉、〈從「發現蔣渭水」到「守護蔣渭水」〉、〈懷念蔣松輝先生〉。

時報出版公司在COVID—19疫情期間，願意以新版出版本書，實在是一件好事，謹致謝忱。

最後，在出版前，更要向提供本書珍貴照片及原始資料的所有「先覺者」後代子孫、有關的基金會、各縣市文化局、研究者、收藏家表達深深的謝意。

——黃煌雄　二〇二一年六月於臺北

二〇〇六年三版序

本書是《蔣渭水傳——臺灣的孫中山》一書的姐妹作。這兩本書都以臺灣近代民族運動為主題，其中《蔣渭水傳》係以蔣渭水為核心，從「縱」的觀點論述臺灣近代民族運動的發展；本書則扣緊時代的節奏，從「橫」的觀點論述臺灣近代民族運動的興衰。

臺灣近代民族運動是臺灣歷史上一次嶄新的運動。這項運動涉及的層面，包括政治的、文化的、思想的、社會的，以及民族的。這是「先覺者」在世界性思潮的衝擊與影響下，為了「振起同胞元氣，以謀臺灣幸福」，誓言以在臺灣這塊土地上建立「天國」為職志，所展開充滿磅礴之氣的偉大運動。

這也是臺灣歷史上第一次以知識份子為主體，經由文化啟蒙與觀念喚醒，所進行的一次全面的政治洗禮。在整個運動過程上，不僅出現臺灣歷史上第一個具有現代意義的政黨——臺灣民眾黨；也出現臺灣歷史上第一個最具影響力的農民團體與工人團體——臺灣農民組合與臺灣工友總聯盟；到了運動末期，更出現臺灣歷史上第一個共產主義團體——臺灣共產黨。抗日戰線的多元化，不僅譜出抗日運動的交響曲，更為臺灣歷史留下豐富的遺產。

特別是，這段歷史和臺灣現代史仍然息息相關，而在這段歷史中登場的「先覺者」和臺灣當代政治人物之間，仍然有著精神上的關連。也就是說，八十多年前，在臺灣這塊土地上，所曾經歷過的啟蒙運動、政治運動、農民運動及工人運動，「先覺者」所曾提出的要求與主張，以及為了實現這些要求與主張而付出的犧牲與奉獻，不僅增添臺灣近代史的豐碑，也深深影響臺灣現代史的發展及後代子孫的心靈，不少臺灣近代「先覺者」的子孫或其精神追隨者，仍然在兩岸不同的舞臺及領域，繼續延續著「先覺者」的腳步，為同胞的幸福與美好的臺灣而全力以赴。

自《蔣渭水傳》出版以來，三十年過去了，有關這段歷史的研究，已從「禁忌」變成「顯學」，不少的資料相繼出土，新的著作也爭相出版，在政府和民間人士的共同努力下，這段歷史的研究已漸趨高潮，但在這種高潮背後，卻也隱然出現一些堪憂的現象：

（一）有關這段歷史的研究，大多仍停留在介紹「過程」與「事實」的水平，缺少具有宏觀而深厚的代表性著作。

（二）對這段歷史人物的品評，由於缺乏深度與廣度，也缺乏「週期表」觀念，不免表現出主觀和狹隘。

三十多年前，《蔣渭水傳》一書的出版，對今天不少在臺灣研究領域已卓然有成的專家學者，直接或間接，都曾產生一定程度的感染與影響；三十年後，本書新版的出版，希望對這段歷史的更宏觀研究、更具有「週期表」觀念的著作，也能產生一定程度的引導作用。

隨著資料的湧現，本書的新版，包含了以前沒有的幾項新內涵：

（一）將本書加以歸類，分成六篇，這是結構上的重大改變。

（二）在內容上，有刪減，也有增添，並附有主要的抗日團體組織表與抗日運動系統圖。

（三）附有包括世界、中國、日本與臺灣相對應的大事記年表。

（四）增加一百多張珍貴圖片，作為輔助說明。

這幾項新內涵，都是時報出版公司在討論的互動過程上所提出的寶貴意見，非常感謝。臺大教授吳密察對於本書所附年表，做了填補，由於吳教授的協助，使大事記內容更為充實，謹致謝忱。而本書所附的照片和原始資料，共達一百件以上，都是蔣渭水孫子蔣朝根全心全力投入完成的，特別要向他表達謝忱。

最後，在出版前，更要向提供本書珍貴照片及原始資料的所有「先覺者」後代子孫、有關的基金會、各縣市文化局、研究者、收藏家表達深深的謝意。

——黃煌雄　二〇〇六年六月於臺北

一九九二年再版序

十多年前，當我開始研究一九二〇年代臺灣民族運動歷史的時候，當時的客觀環境是這樣的：

（一）在政治上，由於實行戒嚴體制，在威權政治下，國民黨一黨獨大，且視臺灣近代民族運動歷史為禁忌，因此，這段歷史在當時幾乎處於空白階段。

（二）在學術上，有關此期歷史的資料還相當貧乏，已出版的資料之中，由於政治的影響，不免反映出濃厚的政治色彩。

（三）在實際的走訪中，由於國民黨長期的壓抑，臺灣近代民族運動尚存的「先覺者」，大都年歲已高，不願多談，縱有談論，也由於時間關係，不夠明確與堅定。

這些正是我在十多年前寫《臺灣的先知先覺者——蔣渭水先生》（新版書名改稱《蔣渭水傳》）及《臺胞抗日史話》（一九九二年新版書名改稱《臺灣抗日史話》）二書的背景，這種背景也影響到我在寫作時的基本態度。

十多年以後，由於政治情勢的演變，有關臺灣近代民族運動的研究已大放異彩，甚至呈現百家爭鳴之勢，各主要大學也幾乎都有臺灣研究所的成立，在這種新的背景下，當我重新檢視十多年前所寫的這兩本書時，我發覺十多年前的我，在研究臺灣近代民族運動歷史的時候，在幾個重要觀念的相互關係上，實有更進一步釐清的必要，這幾個重要觀念是：

第一，臺灣人意識及臺灣民族主義興起。日本據臺後不久，不論在政治上、經濟上、社會上或教育上，都形成一個統治階級；而被壓迫的臺灣同胞，不管自覺或不自覺，乃逐漸發展出臺灣人意識。這種以臺灣人意識為出發，代表「臺灣人的要求」所推展出來的運動，便叫臺灣民族運動。所以當時日據當局所稱「極端的民族主義者」或「民族主義團體」，都是指以臺灣人意識為本位的「臺灣的民族主義者」，以及指致力全體臺灣人在政治、經濟、社會、教育及各方面解放的「臺灣民族主義團體」。

第二，對漢民族的認同。由於代表統治階層的日本人，以大和民族自居，作為被統治階層的臺灣人，激起了臺灣人意識，也激起了臺灣民族主義，並依此臺灣人意識、臺灣民族主義而推展臺灣近代民族運動的同時，基於文化血緣的關係，便以漢民族自居。這種對漢民族的強調，又因孫中山本人的影響，以及在孫中山影響下中國近代民族運動的蓬勃發展，而更加強其認同感。

第三，臺灣近代民族運動的主體性。臺灣近代民族運動既代表「臺灣人的要求」，整個運動便要為解放臺灣人所受的束縛、不公與歧視而奮鬥，因此在運動過程中，儘管表現出強烈對漢民族的認同，尤其表現出感人的對孫中山的尊崇與追念，但絕不能因此而抹殺臺灣近代民族運動的主體地位，甚至將臺灣近代民族運動解釋成為只是「對漢民族認同」下中國近代民族運動的一個支流。由於動態政治的閃爍，確認臺灣近代民族運動的主體地位，長期以來，幾乎都變成一項很大的負擔，但在釐清臺灣近代民族運動與漢民族認同的關係上，這項主體地位的確認，卻變得不可或缺。

這些觀念相互間關係的釐清，在十多年前，或更早以前，由於文獻缺乏，特別是戒嚴政治的影響，任何研究者，包括當時生活在臺灣的近代民族運動的「當事人」，以及他們所出版的有關著作，幾乎都很難完全合乎歷史的原貌。十多年以後，隨著戒嚴解除、政治民主化，資料出土，研究風氣大開，應該是以更客觀、公平的研究態度，來對待臺灣近代民族運動歷史的時候了。

基於這種心情與體認，在歷經十多年後，我第一次認真改寫《臺灣的先知先覺者——蔣渭水先生》及《臺胞抗日史話》二書，敬請各界批評指教。

——黃煌雄　一九九二年寫於中秋節

一九七七年初版序

一九二五年，臺灣近代「先覺者」，在慶祝《臺灣民報》成立五週年的〈自祝並對一萬讀者的祝詞〉中，曾以微弱的語氣，自問自慰的說：「三十年來風雨飄搖的臺灣人，居然也會做得一件差強人意的事業嗎？」五十多年以後，當我們重新檢視這段歷史，並與世界近代史相比較以後，作為後代子孫的我們，應有充分的信心，將「先覺者」微弱的語氣，改為堅定的口吻，並驕傲地向全世界宣布：

三十年來風雨飄搖的臺灣人在「先覺者」抖擻精神的領導下，不僅已做了一些令人懷念的事業，而且更為臺灣歷史與後代子孫留下寶貴的精神遺產。

緊接著《臺灣的先知先覺者——蔣渭水先生》一書後出版本書，我懷有一項深切的希望：經由這兩本書，能為關心此段歷史的所有海內外人士，提供一幅輪廓清晰的圖畫，從這幅圖畫中，不僅可看出臺灣近代武裝抗日運動的真實面貌，也可看出臺灣近代「先覺者」所留下的精神遺產。

當鄉土文學在臺灣已愈來愈蔚為風氣之際，有關鄉土歷史的整理，雖然經過朝野的共同呼籲，但並沒有如鄉土文學一樣出現新的浪潮，本書的出版，對於這種有待加強的鄉土歷史的整理，如果具有催促作用，將是一件令人鼓舞的事。

本書的有些部分，在出版以前，曾先後在《臺灣新生報》與《中國時報》海外版連載過，謹此致謝。

——黃煌雄　一九七七年八月於臺北

第一篇

兩個太陽的年代

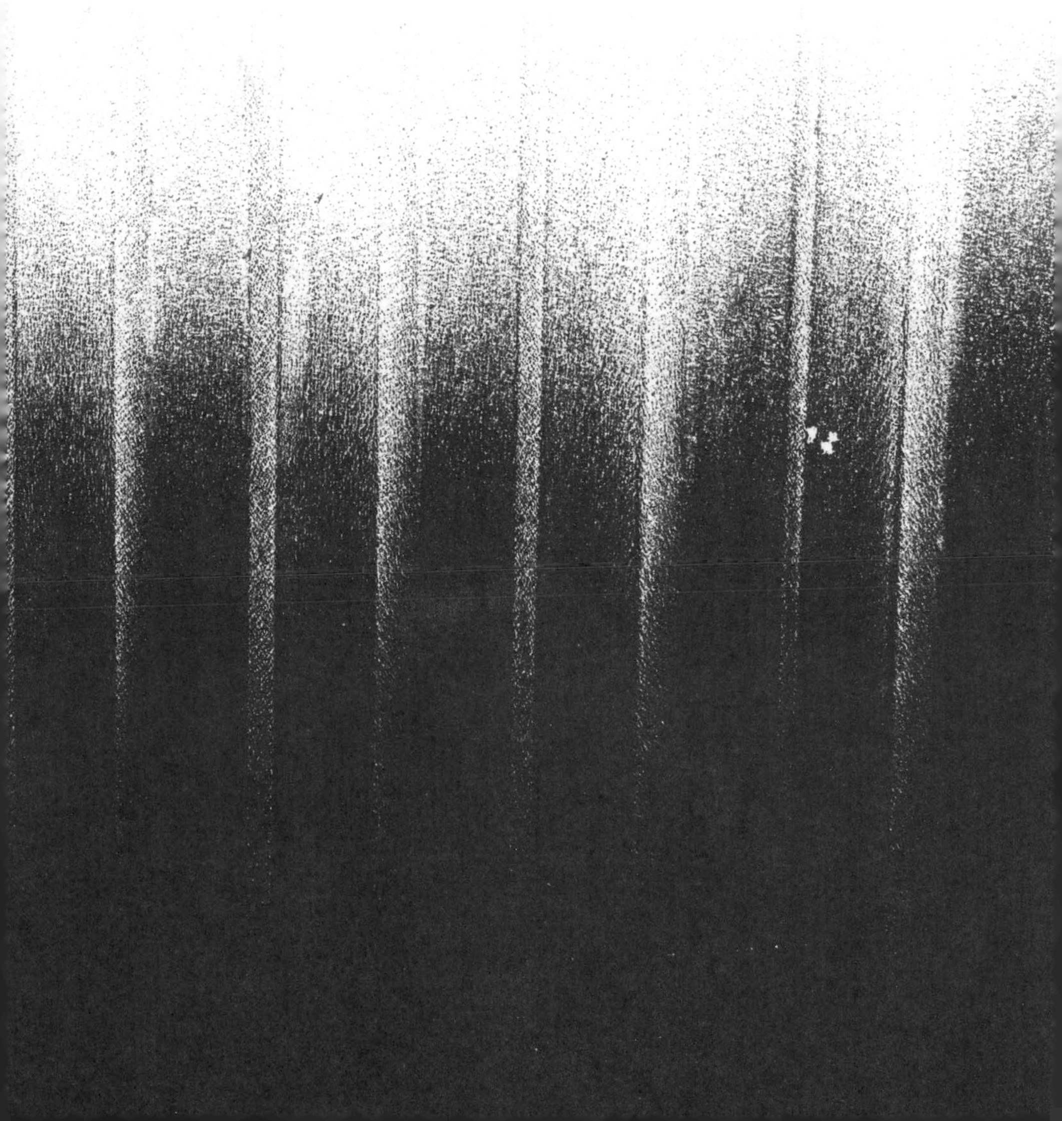

歷史「週期表」的觀念

在亟待整理的臺灣歷史中，尤待整理的，便是臺灣近代抗日運動史。

粗略地說，臺灣近代抗日運動史幾乎與日本據臺時間同其始終。不過抗日運動的方式，卻可分為兩大階段，一為前期的武裝抗日運動，一為後期的非武裝抗日運動。

這兩大階段歷史的整理，大致地說，後期較前期不簡單。因為：

（一）後期的非武裝抗日運動是經由思想鬥爭、意識形態的喚醒而力行的一種大眾運動，這種運動又因受到當時中國大陸及日本本土政治社會情勢的影響，而增加其複雜性及敏感度。

（二）一些當事者，或其後代，目前都還健在，他們的影子及影響力，於有意無意之中，不免多少影響研究者在研究時理論上應持的單純態度。

（三）到目前為止，有關此期歷史的參考資料及已出版的文獻當中，多為平實的鋪陳，缺乏具有觀點的論述，因而愈增加研究的困難。

由於這些因素，在朝野共同致力於臺灣歷史，特別是臺灣近代非武裝抗日運動歷史的整理聲中，便應持有一種歷史「週期表」的觀念。這種「週期表」觀念的最大意義，便是可以使研究者不致迷失方位。依據此一觀念，在歷史「週期表」上，具有功過的歷史人物，自然都有其適當的方格，例如抗日烈士便應排在抗日烈士的方格內，迎合階級便應排在迎合階級的方格，民族運動者與階級運動者也應分別排在各自的方格內。如果將抗日烈士與迎合階級的方格倒置，或將民族運動者與階級運動者的方格倒置，不僅犯了歷史的失憶症，甚至也對歷史構成犯罪。因為歷史並不為迎合階級擦臉；相反的，歷史乃是先知先覺者與烈士們的道場。

這種「週期表」觀念，正是本書的寫作基礎，也是引導我對臺灣近代非武裝抗日運動最熱烈的十年（一九二一－一九三一），做公正而扼要介紹的主要動力。

兩個太陽輝耀的臺灣

西元一八九五年，日本以武裝入據臺灣，旋即遭到各地蜂起的武裝反抗；及至武裝反抗略定，日本少數統治者又以割據意識，在臺灣實行殖民地政策，因而在臺灣造成「兩個太陽」。日據時代有思想家之稱的賀川豐彥，在〈兩個太陽輝耀的臺灣〉一文，這樣寫著：

生番有這種神話……

太古，臺灣島上，有兩個太陽照下，熱得不得了，真是令人抵擋不住，住民之中，有個勇敢的漢子，說非射落一個不能安居，即到欲射太陽的地方。

雖然，這個好漢，自知欲射到太陽，一代萬不能達到目的，轉思一想，遂即揹負他的孩子，一同動身。

他指孩子上了射太陽的長途，每日不厭辛苦，漸漸的進發，可惜這個漢子，到了中途，不堪山川跋涉的艱難，一命歸陰。他的孩子幸喜遵守父親的遺言，繼續前進，果然射落一個太陽，太陽受射之後，忽然縮小，變成一個涼快的月娘。

這種神話，吾想以臺灣的風土，臺灣的熱度，生番的好漢，臺灣的景致，確實非一代所能完成。這種神話，說得明明白白。

臺灣確是有兩個太陽，像臺灣這樣的熱度，似乎沒有冬天，無怪生番想射太陽。

臺灣果然有兩個太陽，一個照臺灣，一個照內地（日本），所以離內地想到臺灣長久居住的人很少，想回內地的較多。

臺灣的政治勢力是內地的延長，但是社會勢力不論什麼都在三百年來居住的漢民族，這個地方，太陽亦可看作兩個。

兩個太陽自然過熱，不論哪個，非射落一個不可，可是果到欲射的時候，一代的工夫，總是不濟於事。吾想如生番好漢的樣子，揹他的孩子，慢慢的進發，最可達到目的地。到臺灣的內地人，十分之一是官吏，除官吏與其家族，到底有多少內地人在這裡呢？除起製糖會社及做茶米的而外，不可不說很少，未滿二十萬人，果能幹出什麼事呢？吾一想到（此），不得不生起疑問。

代表「政治勢力」的太陽，便是賀川豐彥說的，「果能幹出什麼事」的少數日本官吏及資方代表，這個太陽當時也代表統治階層和壓榨階級；代表「社會勢力」的太陽，即是三百年來一直在臺灣「居住的漢民族」，這個太陽在當時代表被統治階層和被壓榨階級；因此，這兩個太陽，在日據時代，不僅同時在臺灣「輝耀」，也同時在臺灣「對立」。

臺灣後期非武裝抗日運動奮鬥以求的最後目標，便是如前述「生番」做的，要「射落一個太陽」——「政治勢力的太陽」。早期「先覺者」也如「這個好漢」一樣，深知要射落這個「政治勢力」的太陽，也許不是一代能完成，所以他們大多也都抱有「帶孩子上射太陽長途」的情操——這種情操正是早期「先覺者」最感人的精神所在[1]。

註釋

1 臺灣近代非武裝抗日的推動者，在剛推動時，由於體認臺灣人患的是「知識的營養不良症」，他們大都基於純樸的動機，懷著啟蒙的心情，認定必須本人先有「自覺之心」，才能「覺人」，這種以「自覺覺人」自期自勉來關懷鄉土的推動者，即是本書所稱的「先覺者」。

1922年2月13日，日本思想家賀川豐彥（左7）應文化協會邀請來臺講演，蔣渭水（左5）在自營的春風得意樓舉行歡迎會。（蔡滄龍提供）

牛的對話

一隻野生在深山裡的牛，忽然間跑下山來到平地，有一群畜牛見牠沒有穿鼻，就向他笑說：野牛沒有穿鼻，真是野蠻極了。

畜牛答牠說：我們的穿鼻帶鎖可不是一種的裝飾表明是文明的，雖是自由被人家牽制，但以此日日的糧食也就可得保障了。

野牛帶譏笑的口吻笑說：如你們所說，為糧食的保障，到處青山綠草豈不是可得自由享受的？願做人家的奴隸，待人家供給，死命被人家制在手裡，有何生存的價值呢？

眾畜牛聽過，眾口齊聲笑說：你住在深山，寡聞多怪，怎知我們與人類接近的妙處，聽我們說些人間的世態吧！不但我們穿鼻可得安心，就是那些柔毛犬類也要掛牌才得保全生命，不然到秋天來，沒有掛牌的野犬，都要撲殺無存哩！又何至於犬，就是人類自身也是這樣，有些頸下懸牌的，聽說在社會生活有一點的不自由，但以此為護符，就可享受特權，日日便有鹽啖酒喝，可得保障醉生夢死度過一生了。

野牛笑說：我聽說人類最重自由，有什麼「不自由無寧死」的標語，怎料得到也有為得。鹽啖酒喝，便肯在頸下懸牌，而願學你們這樣的奴隸牛和那些愚忠犬呢？這樣的人間社會又有何等的生活價值？不若我在那千重的青山裡，萬頃的綠野中自由奔放呢？

這段「畜牛與野牛的談話」，可說正是日據時代的「先覺者」與迎合階級不同人生觀的對話。「先覺者」的人生觀，有如野牛說的，寧願在「千重的青山」與「萬頃的綠野中自由奔放」，而不願「在頸下懸牌」，以冀得「鹽啖酒喝」；而迎合階級的人生觀，卻如畜牛說的，寧願為了「糧食的保障」和「享受特權」，而不惜「自由被人家牽制」；這種不同的人生觀，也就導致不同的下場：前者產生歷史上轟轟烈烈的烈士，後者卻產生「寧為太平犬，不做亂世民」的人物。

到一九二七年以後，除上述兩種人以外，又生出一種患有「老衰症」的妥協份子。妥協份子是從「先覺者」中退下來的，既不願在「千重青山」與「萬頃綠野中自由奔放」，也不願公開在「頸下懸牌」，而成為很特別的一群。如果說徹底的「先覺者」為「野牛」，迎合階級為「畜牛」，妥協份子便是「既非野牛也非畜牛」、「亦為野牛亦為畜牛」、「可為野牛可為畜牛」。

臺灣非武裝抗日史略評

自一九二一年春臺灣議會請願運動開始，至一九三一年秋蔣渭水逝世為止，十年之間，臺灣近代非武裝抗日運動一直持續進展：從上層的政治運動，漸漸進展到學生運動、青年運動、農民運動以及工人運動。在進展的過程中，由於「先覺者」對進展的方向以及應持的態度不同，內部漸漸出現不和，並醞釀分裂；這種內部的不和又因受到正在發展的日本本土社會主義運動與中國國民革命運動的影響，一方面固然表現出飛躍的發展，同時也使已經不和的抗日陣線走向公開的分裂。分裂以後的抗日運動，因外界力量的介入，起了激烈的變化，所有的抗日團體經過應有的反省、衝激與體驗以後，無不強調主義、組織與紀律，並且採取比以前更為尖銳與深入的做法，抗日運動在這種新的方式領導下，已變成一種大眾的社會運動。日據當局凜於這種洶湧澎湃的新形勢，或以高壓手段，或以分裂政策，或以軟硬兼施進行壓制，及至這些方法均告失敗，日據當局便只好暴露出原始的真面目，野蠻地「禁止之」。臺灣近代非武裝抗日運動，在日據當局這種無所不用其極的壓迫下，終不能在悲壯聲中告一段落。

三大事件

扼要地說，在抗日運動持續進展的過程中，可以幾件重要事件的發生，劃分做幾個階段，這些事件即治警事件、二林事件與臺灣鐵工所爭議事件。

治警事件發生以前，議會請願運動代表當時政治運動的主流，此項運動主要是由「資產階級與知識份子」領導；不過隨著文協的辦會報、設置讀報社，在此期間，青年運動與學生運動也漸漸興起。

在治警事件發生以前，文協已開始舉辦各種講習會與文化演講，及至治警事件發生，「先覺者」「雖在縲絏之中」，但並沒有將這些講習會與文化演講作罷；相反的，「先覺者」感於民氣的高漲，不僅仍持續地進行，且辦得比以前更為頻繁、熱烈而深入。所以自治警事件發生以後至二林事件發生以前，議會請願運動雖仍代表政治運動的主流，但文協啟蒙運動的影響卻更具有社會性。在此期間，因文協的影響，各地青年紛紛成立青年會與讀書會；學生也不再如以前平靜，罷課事件時有所聞；而被壓榨的農民與工人也產生自覺意識，特別是農民，因為是「被榨取階級中的第一被榨取者，被壓迫階級中的第一下積者」，更由自覺意識而開始實際的請願，這些請願又受到一九二五年相繼發生的相關問題的刺激與鼓勵，終於一九二五年末爆發二林事件。不過，不管是已興起的青年運動、學生運動，或是正在興起的農民運動，此時的主要領導者仍為以文協為主的「資產階級與知識份子」。

自二林事件發生以後，至臺灣鐵工所爭議事件發生以前，農民運動的發展已掩蓋青年運動、學生運動，甚至議會請願運動，而成為抗日運動的主流。由於廣大農民的參加，以及醞釀中的工人運動接著興起，抗日運動已漸漸變為大眾化的社會運動。

社會運動

在此期間，日本本土社會主義運動團體已政黨化，新成立的日本勞働農民黨主動對二林事件的被壓迫者伸出援手，因而和受到二林事件刺激成立的臺灣農民組合建立起良好關係。這種良好關係遂使日本

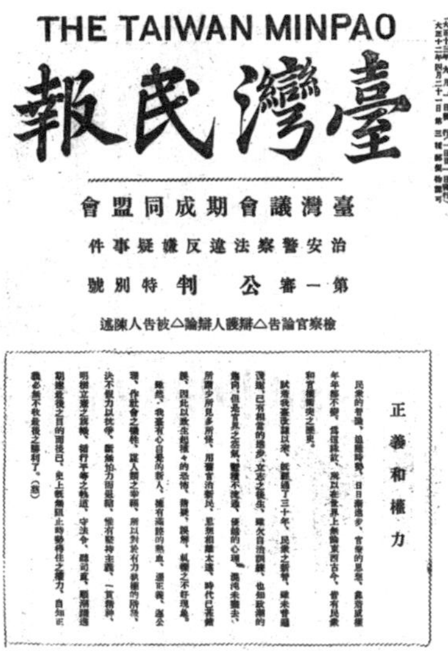
THE TAIWAN MINPAO
臺灣民報
臺灣議會期成同盟會
治安警察法違反嫌疑事件
第一審公判特別號
檢察官論告△辯護人辯論△被告人陳述
正義和權力

週刊
臺灣民報
臺灣人唯一之言論機關
每星期日定期刊行
大正十五年九月十二日發行
第一百二十二號
二林事件公判號
△農民組合與蔗作爭議△
圖二林事件的考察……公判餘話圖
◁被告人審問……檢察官論告……辯護人辯論……▷
農民組合與蔗作爭議

●農民解放運動顯示文化運動的主流已逐漸萌芽。

《臺灣民報》以專刊方式報導的僅有治警事件與二林蔗農事件的公判，二者在臺灣非武裝抗日史上，有不相上下的地位。（蔣渭水文化基金會提供）

本土社會主義運動團體的力量，直接影響臺灣近代政治社會運動的進展。

一九二四年經過改組的中國國民黨，於一九二六年誓師北伐，由於三民主義已深入人心，以三民主義為旗幟的北伐軍節節勝利，並在半年之內幾乎佔有中國三分之二的土地。這項在孫中山影響下的中國國民革命運動的進展過程，對此期間的臺灣政治社會運動也產生極為深遠的影響。

同時，隨著抗日運動的走向大眾化，「先覺者」內部之間，也產生「革新家的態度」問題，而傳統由「資產階級與知識份子」領導的抗日方式也因而受到批判，這項批判不僅導致內部的離心與不和，最後且使正在發展中的抗日陣線陷於公開的分裂。

自臺灣鐵工所爭議事件發生以後，由於工人運動急遽地發展，農工運動不僅成為當時整個社會運動的主流，且在「先覺者」之間，釀起民族運動與階級鬥爭的大辯論。不過不管是民族運動路線或階級鬥爭路線，此後的抗日運動，都具有大眾化、組織化、革命化與國際化的特質；同時也正因新的抗日運動具有這些特質，早期由「資產階級與知識份子」領導的抗日運動，在相對之下，不免顯得黯然失色，有些「先覺者」甚至在這種新的領導方式與時代洪流夾攻下，退卻成為妥協份子。所以從臺灣鐵工所爭議事件發生後至蔣渭水逝世前的一段期間，實為臺灣近代非武裝抗日運動歷史上波瀾最壯觀的時期，也是犧牲最為慘重的時期，更是抗日運動的戰術與組織最接近於世界水準的時期。

「先覺者」在開始上層的政治改革運動時，大都熱情有餘，經驗不足。由五位當事者共同署名，葉榮鐘實際執筆的《臺灣民族運動史》一書，便坦誠地自述：「……直至臺灣議會請願運動發軔為止，臺灣的知識份子，可以說完全沒有近代政治運動的經驗，而政治運動，在當時的臺灣確是一嶄新的觀念。」由於「完全沒有近代政治運動的經驗」，「先覺者」他被形容為「只有炊事房破菜刀」的「白面書生」。當這些「白面書生」在理想的驅使下，從事毫無經驗的政治運動時，在運動的過程中，自然會暴露出一些缺點以及因而衍生的弊端。

「十年運動」的檢討

一九三〇年，為慶祝《臺灣民報》成立十週年紀念而寫的〈臺灣社會運動十年史概

〈臺灣社會運動十年史概要〉由謝春木執筆，收錄於《臺灣人的要求》。（蔣渭水文化基金會提供）

要〉一文，在結論中，指出十年來臺灣政治社會運動不能有特別進展的原因有八點：

（一）臺灣為海中孤島，缺少外部刺激，聯絡也不便，加上孤立性，以致在地理上、民族上、歷史上形成若干缺點。

（二）缺少真正偉大的領導者。

（三）運動流入形式主義。

（四）患了大頭病與領袖欲的弊病。

（五）猜疑心過重，眼光淺短。

（六）對於臺灣特殊情況以及適應此情況的戰術研究不足，僅止於抄襲程度。

（七）鬥士少而投機份子多。

（八）解放運動流於商業化。

此文所說的「十年」是指一九二〇年到一九三〇年。文中所說的八點，雖僅代表個人的觀點，但因執筆者（即謝春木）是以政治社會運動當事人的身分所做的反省，這種評價頗為扼要。因為在臺灣近代非武裝抗日運動過程上，確實都出現過這些缺點。

「先覺者」自一九二一年開始實際的非武裝抗日運動以來，雖然一直在摸索中前進，但至二林事件發生以前，彼此的目標頗為一致，精力也用得頗為集中。及至二林事件發生，農民運動急遽發展以後，這種情況始有了轉變，從此以後，「先覺者」不僅目標分歧、精力分散，抗日運動的方式也有根本的改變。

一九二七年，在臺灣近代非武裝抗日運動歷史上，代表相當重要的一年。從一九二一年開始時緊密團結的抗日戰線，到了一九二七年，已呈現公開的分裂，以後的抗日戰線，不僅愈趨分裂，甚至走向對立；而從一九二一年以來，犯有「形式主義」、「商業化」、「領袖欲」、「眼光淺短」、「僅止於抄襲程度」諸弊病的「遊戲的政治運動」，到了一九二七年以後，已變成一種能「撼動當局施政」，動搖「日本國策」的「真劍的解放運動」，這種「真劍的解放運動」，不僅使抗日戰線急遽發展，也使抗日戰線在急遽發展中慘遭禁止。

真正偉大的領導者

基於這種比較，一九二七年以前的臺灣近代非武裝抗日運動史幾乎可說是「先覺者」的「事上磨練」史。這段「事上磨練」史，無異變成「先覺者」的營養，而成長了「先覺者」。不僅如此，一九二七年之際的時代風暴，不論在臺灣或影響臺灣的兩大力量——日本本土與中國大陸，均有如狂風暴雨，「先覺者」在這種時代風暴的衝激下，一面基於本身的體驗，一面放眼於立足的現實，一面經由理論的探討，他們於經過應有的摸索與研究以後，便在新的體認下，將抗日運動推進到最高階段。這種歷史背景同時也解釋出臺灣近代非武裝抗日運動「真正偉大的領導者」，為什麼一定要到一九二七年以後才會產生。

在一九二七年以後出現的「真正偉大的領導者」之中，值得特別一提的，便是蔣渭水。蔣渭水和一些「先覺者」同屬於議會請願運動開始以來，便一直參與抗日運動的人物之一。但由於他的勤奮、他的稟賦與特質、「他的愛顧同志實超越熱愛他的子弟」，以及他的「鐵血精神」、他的「徹底的性質與不妥協精神」，在實際奮鬥的歷程上，蔣渭水終於成為當時公認的政治社會運動的「第一指導者」。在毫無歷史資產可供借鏡的背景下，在孤立無援的特殊環境下，在參與政治社會運動不過短短的幾年之間，「先覺者」之中，便能培養出如蔣渭水這樣可敬的抗日領袖，並發展出已近於世界水準的抗日方式，這種偉大的成就，不僅足以使「先覺者」引以為榮，也益添臺灣近代歷史的光輝。

「真正偉大的領導者」——蔣渭水。（蔣渭水文化基金會提供）

「先覺者」先以熱情與理想，點燃臺灣近代非武裝抗日運動的火炬；繼以智慧與勤奮，為近代非武裝抗日運動尋找出路；終以決心與犧牲，為這種運動鞠躬盡瘁——這三部曲代表臺灣近代真正站在第一線上的非武裝抗日運動者的精神實貌，而在這種精神實貌下發生的過程及寫下的紀錄，才是臺灣近代非武裝抗日史的真實內容。

第二篇

從啟蒙到行動

1921-1926

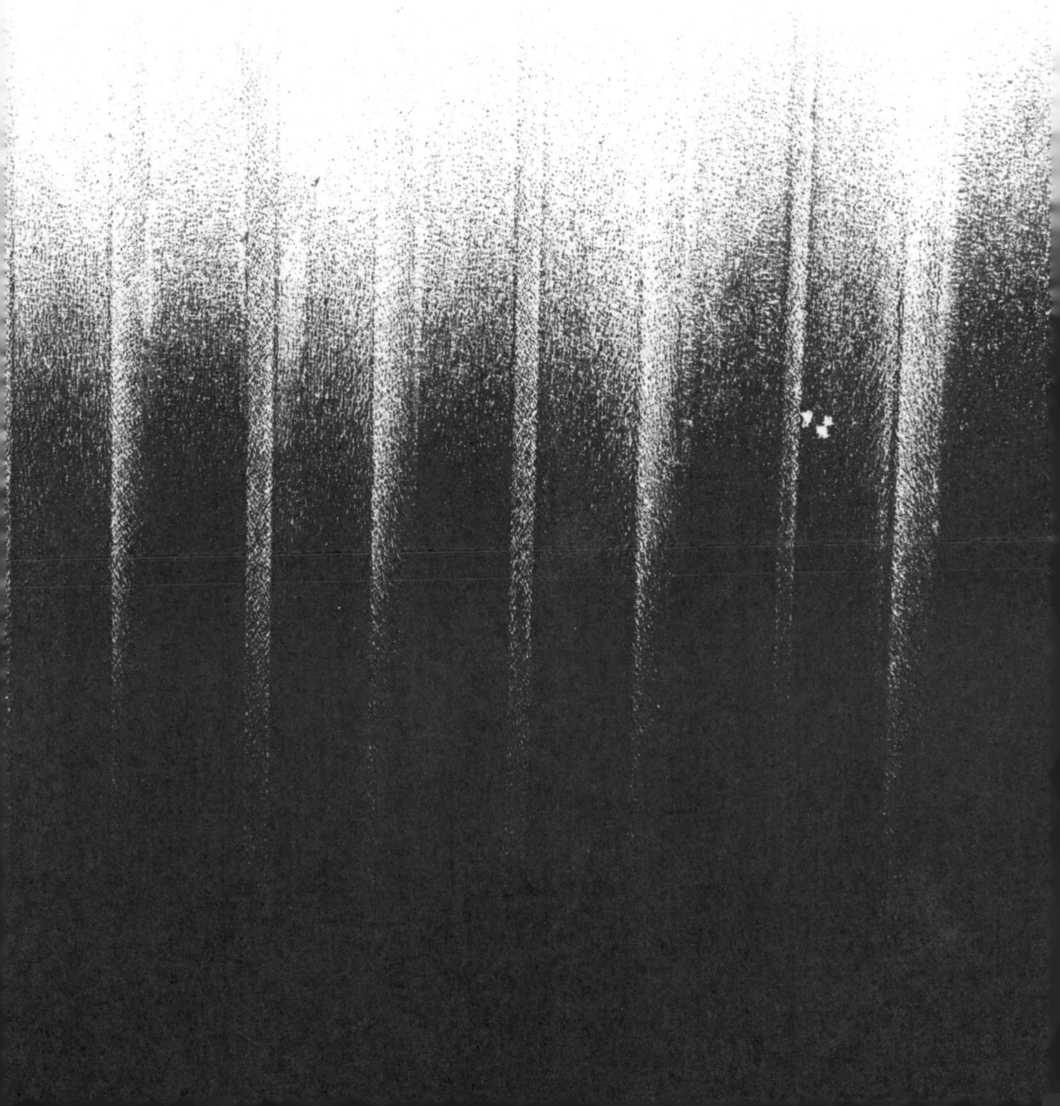

蔡惠如的一千五百元

臺灣近代非武裝抗日運動的火炬，是由東京的臺灣留學生點燃，但點燃以後，這把火炬便在島內持續地傳遞。

在東京的臺灣留學生因一面受到辛亥革命的鼓舞，一面受到世界性民族自決浪潮的洗禮，一面又受到日本本土民本思想的薰陶，乃自覺的產生發憤之情，而臺灣現狀鮮明的殖民地政策，以及朝鮮「三一」事件的刺激，更使他們的發憤之情變而為具體行動；一九一九年末，東京的臺灣留學生先後有聲應會、啟發會的組織，一九二〇年一月十一日，更成立在臺灣近代政治社會運動史上佔有重要地位的新民會。

促成新民會的靈魂人物是蔡惠如，他是當時東京臺灣留學生的真正領導者。依大學「作新民」之義，蔡惠如將新團體取名為新民會，新民會即是在他東京寓所成立，成立大會當天，一致推選蔡惠如為首任會長，他極力謙辭，推舉林獻堂代己，但由於與會會員的熱烈要求，蔡惠如應允暫代會長，一直到同年十二月林獻堂同意接任會長一職，從此可看出蔡惠如的胸襟。

幾乎清一色由留學生組成的新民會，目的在「研討臺灣所有應予革新的事項，以圖謀文化的向上」，其所決定的三個行動目標之一——「為擴大宣傳主張，啟發島民並廣結同志，發行機關雜誌」——正是《臺灣青年》發行的由來。

但當時的留學生大都精神力量有餘，物質力量不足，創辦刊物所需的經費，一時便成為主要問題。同年三月，蔡惠如來到東京，他聽了林呈祿的「嘆述」以後，對於新民會創辦雜誌所需的資金，也在他離開東京前往北京時，悄悄地從身上取出一千五百元交給林呈祿說：「你們可將此款充作創刊之費，雖是發刊一、二號亦定要實行。」這「一千五百元」便成為催生《臺灣青年》的東風。

《臺灣青年》的出現，在當時不僅集

新民會成立時合影。會長林獻堂、副會長蔡惠如、林呈祿、黃呈聰、莊太岳、蔡式穀（二排左5、4、3、2、6、7）、王敏川、蔡培火、石煥長（三排右3、後排右3、後排左1）。（取自《蔡式穀行迹錄》）

合臺灣優秀青年於一爐，也成為「先覺者」在剛推動抗日運動時的主要發言園地；尤其可貴的是，從《臺灣青年》、《臺灣》一直到民眾黨成立以前的《臺灣民報》，始終維持著一貫精神：此即一面既代表著「社會之木鐸」，一面又成為絕大多數被壓迫臺灣人的「慈悲筏」。基於此種關係，從歷史觀點言，蔡惠如的一千五百元，在臺灣近代非武裝抗日運動史上，實具有深刻的意義。

蔡惠如的一千五百元，成為催生《臺灣青年》的東風，他也是當時「祖國派」的領導人之一。

議會請願運動

主要由東京臺灣留學生組成的新民會，決定的三個目標之一——「為增進臺灣同胞幸福，開始臺灣統治的改革運動」，這項目標的具體表現，便是臺灣議會請願運動。

非常有趣地，議會請願運動的主要法理依據，正是「六三」法案所持的，即臺灣的特殊性。因臺灣具有「特殊性」，議會請願運動的主張者便要求日本，應在臺灣設置民選的特別議會，以協贊臺灣的特別立法及特別預算。此項理論的主要闡釋者為林呈祿，代表作為〈六三問題之運命〉。

議會請願運動的方式，是經由「和日本中央權要結識，獲得日本朝野的同情，藉其力量牽制總督府施政，以期緩和他們壓力。」這種方式亦即梁啟超告訴林獻堂的「最好效愛爾蘭人之抗英」的方式。

議會請願運動從一九二一年一月三十日第一次向日本帝國議會請願，至一九三四年一月三十日最後一次郵寄貴族院止，前後歷時十四年，經過十五次的請願。由於議會請願運動代表臺灣近代非武裝實際抗日運動的開端，在剛發動時，儘管簽署人數不多，卻頗能帶動民氣。第三次請願時，又出現臺灣第一位飛行員謝文達，在日本帝國首都上空，空飄支持請願運動傳單的壯舉[2]。及至治警事件發生，蔣渭水等人入獄出來以後，民氣愈為激昂，其具體的例證，便是第六次請願委員回臺時受到熱烈的歡迎，以及第七次請願運動的達於高潮。一九二七年文化協會分裂，在新文協影響下，東京的部分臺灣留學生及團體，從第九次起開始反對議會請願運動，自是爾後，該項請願便以簡單的茶會，或單獨請願，甚或郵寄方式代替以前宣傳的場面。一九三四年九月，林獻堂等人更在發表〈臺灣統治意見書〉及〈請願運動停止聲明書〉後，宣告結束議會請願運動。

議會請願運動的習慣做法大致是：發動簽署——設宴壯行——上東京——遊行市區——招待各界——向帝國議會請願，這種做法雖一時頗能惹人注目，但一成不變的結果，卻也可能使運動流於

註釋

2 一九〇一年出生的謝文達，係臺中葫蘆墩（今豐原）人，從小立志飛行，後在日本學習飛行，且曾在日本帝國飛行協會主辦的飛行競技大會獲獎，被稱為「本島唯一之飛行家」。

一九二〇年八月，謝文達受邀回故鄉做飛行表演，甚為轟動。當時在臺北大稻埕開設大安醫院的蔣渭水，藉此機緣，促成「在北本島人學生團」，聯合舉辦歡迎謝文達大會。蔣渭水也與大稻埕仕紳成立「稻江應援團」，並於春風得意樓舉行謝文達歡迎宴。由於謝文達所開的飛機老舊，臺灣各界乃熱心發起募款，並捐贈「新飛行機臺北號」予謝文達。

一九二三年的第三次議會請願，總督府已對此一運動進行打壓，並對林獻堂發動「八駿事件」，參與簽署的人數比第二次驟減近乎一半。蔣渭水、蔡培火、陳逢源三位請願代表，不畏壓力，仍上東京請願。臨行前，依謝文達兒子謝東漢在《徘徊在兩個祖國》一書所述，「蔣渭水寫信給在日本的好友謝文達，請他在請願團抵達日本東京時，駕飛機在東京上空散撒傳單，信中附有傳單的內容，請謝文達在東京的印刷廠先行印刷」。二月十一日，當請願團和歡迎的有志者會師東京火車站，合唱「臺灣議會請願歌」，並高呼口號時，謝文達適時駕機飛臨上空，並飄灑十萬份五顏六色的傳單。臺灣第一位飛行員，在日本首都的上空，空飄臺灣議會請願傳單的舉動，不但是一項創舉，也是一項壯舉，震撼了殖民國日本，也使總督府「很難堪又尷尬」；而謝文達在關鍵時刻對議會請願運動，以行動所展現的堅持支持，則留下一段歷史佳話。

形式主義，甚至走向商業化；及臺灣政治社會運動已發展成為大眾運動時，這種簡單的請願方式，以及如矢內原忠雄說的：「只是每年多了一、二段（帝國議會）的速記紀錄而已」的結果，當然無法滿足已被帶動的大眾運動的要求，因之議會請願運動最後不能不自行收場，實與大勢所趨有關。不過隨著議會請願運動的發展，也喚醒臺灣同胞的政治意識與民族意識，並打破有意將臺灣造成「白色鐵幕」的總督府的封鎖，更增加參與者的「心智鍛鍊」與信心——而這些都有助於臺灣近代政治社會運動的繼續向前推展。所以，議會請願運動就現實意義而言雖然失敗，但就歷史意義而言，在臺灣近代黎明期啟蒙運動的過程上，仍有其一定程度的貢獻。

治警事件使得民氣激昂，1925年2月15日，第六次臺灣議會請願團，在東京受到留學生熱烈歡迎。（取自《臺灣民報》）

臺灣近代民族運動第一次路線之爭

兩次爭論

臺灣近代民族運動，本質上，是進步與反動之爭，是順應時代潮流與違背時代潮流之爭。這是臺灣近代先輩，在世界思潮的影響下，為反抗日本統治階層的優越感和民族差別待遇政策，所進行的包含有民主與民生要求的民族運動。

大致地說，這項運動從一九一九年一次世界大戰後，漸漸醞釀興起，一直到一九三一年，臺灣民眾黨被日據當局強制禁止，日本又對中國發動九一八事變後，才漸趨尾聲。在十多年的運動過程上，臺灣近代民族運動曾經經歷兩次路線之爭：第一次在一九一九年末到一九二〇年初，爭論的主題是應撤廢六三法案抑要求臺灣自治；第二次在一九二六年末到一九二七年間，爭論的主題是民族運動抑階級鬥爭。第一次路線之爭，確立臺灣議會請願運動（以下簡稱臺議運動）的共同奮鬥目標，這是臺灣近代民族運動歷史上空前的大團結時期；第二次路線之爭，卻使臺灣近代民族運動走向公開分裂，分裂後的抗日團體後來內部更又繼續分化。

六三法案

臺灣是日本的第一個殖民地。日本依馬關條約，佔據臺灣之後，即於一八九六年（明治二十九年）三月提出「委任立法」法案於帝國議會，同年六月以法律第六十三號，公布「關於施行臺灣之法律」，這就是所謂的六三法案。

六三法案全文如下：

第一條：臺灣總督得在其管轄區域內，發布具有法律效力之命令。

第二條：前條之命令，應得臺灣總督府評議會之議決，經拓殖大臣奏請敕裁。臺灣總督府評議會之組織，以敕令定之。

第三條：遇有臨時緊急情況，臺灣總督得不經前條第一項之程序逕依第一條發布命令。

第四條：依前條發布之命令，發布後應即奏請敕裁並向臺灣總督府評議會報告。不經敕裁時，總督府即公布該命令不再發生效力。

第五條：現行法律或將來發布之法律，其全部或一部施行於臺灣者，以敕令定之。

第六條：本法自施行之日起，滿三年時，失其效力。

六三法案的最主要精神，就是經由日本帝國議會的授權，賦予臺灣總督，得在臺灣逕行發布與法律具有同等效力的「律令」。這項委任立法，正是臺灣總督在據臺初期，能在臺灣推行專制政治的最主要法律依據。

六三法的有效期限，雖然只有三年，卻幾度延長；一九〇六年，六三法改名為三一法，仍維持委任立法精神，但有效期限改為五年，一直到一九二一年，田健治郎接任臺灣總督，成為第一任文官總督，力倡內地延長主義、同化主義，才以法律第三號取代三一法，而結束長達約二十五年之久的六三法所代表的委任立法精神。

日本據臺初期，臺灣總督均由軍人充任，稱為武官總督。在武官總督時期，依六三法的委任立法，發布不少惡法，像犯罪即決例、保甲條例、匪徒刑罰令、臺灣浮浪者取締規則等，對臺灣同胞的人權及生命侵害甚大，臺胞對六三法極為厭惡。這種厭惡之情，可從臺胞根據《論語》改寫成的《新論語》字句中略窺其一二：

曾子曰：吾日三省吾身，為臺謀而不忠乎？與六三戰而不勇乎？行不健乎？

子曰：六三者，能生人，能殺人。

子曰：酷矣，六三也；傷也，吾不復言西庵（按：指西來庵事件）。

子曰：六三之存不可防也，一則以恐，一則以懼。

子曰：朝撤廢，夕死可矣。
子曰：六三之為虐也，其至矣乎，民鮮不怨矣。

第一層次的爭論──撤廢六三法抑要求臺灣自治

臺灣近代民族運動的火炬，是由日本本土的臺灣留學生首先點燃。日本本土的臺灣留學生，一面受到中國五四愛國運動的衝激，一面受到日本本土民本思想的薰陶，一面更受到一次世界大戰後全世界性民族自決浪潮的洗禮，當他們放眼臺灣島內落伍的殖民現狀，奮發之情，不禁油然而生；及至轟動國際要求朝鮮獨立的「三一」事件發生[3]，更使他們由奮發之情一變而為實際行動。一九一九年末，在日本本土的臺灣留學生先後有聲應會、啟發會的組織，一九二〇年一月更成立在臺灣近代民族運動史上佔有重要地位的新民會。新民會的目的是為「研討臺灣所有應予革新的事項，以圖謀文化的向上」，其中決定的行動目標之一，就是為「增進臺灣同胞幸福，開始臺灣統治的改革運動」。

當留日的臺灣留學生，「為增進臺灣同胞幸福」，決定「開始臺灣統治的改革運動」時，臺灣島內卻仍在六三法的枷鎖統治之下，所以在運動初期，留日的臺灣留學生不僅對六三法公然抨擊，更進而公開要求撤廢法律第六十三號。

但六三法所以能特別立法，除了基於「緊急處分之必要」考慮外，便是承認臺灣的特殊性。而當全世界性的民族自決浪潮，在一次世界大戰後，已瓦解四個帝國（奧匈、土耳其、俄羅斯以及德意志帝國），出現六個民族國家（波蘭、捷克、立陶宛、拉脫維亞、愛沙尼亞及芬蘭），且更由歐洲的力行，漸向世界各地，包括亞洲的印度與中國推進時，臺灣是否應捨撤廢六三法運動，而依六三法所承認臺灣的特殊性，進而要求臺灣自治，便成為留日的臺灣留學生在運動初期最主要的內部爭論。

在此一爭論的過程上，影響以後運動方向發展最具關鍵的人，便是當時留日學生之中，對殖民地政策最有研究的林呈祿。他在有名的〈六三問題之運命〉一文裡，這樣寫道：「所謂六三問題者，畢竟不過日本帝國，對於有特殊事情之臺灣，應施行之法律，其當在帝國議會制定之耶，或當委任行政機關之總督，而使之制定耶之爭論而已。至對新領土之臺灣，其當施行真正之立憲法治制度，及當如何擁護伸長臺灣住民之權利與義務問題，則尚未涉及焉。茲二十五年來沉默於日本帝國統治下之吾等島民，處歐洲大戰後，列國之內治外交正在大行刷新改造之今日，為永保東洋之平和

註釋

3　由於美國威爾遜總統高唱民族自決的影響，朝鮮獨立運動的主張者於一九一九年三月一日齊聚一處，正式發表獨立宣言書，並齊呼「大韓獨立萬歲」；同時，漢城各學校學生數千人聚集於公園，先後遊行至美國領事館、朝鮮總督府高呼大韓獨立萬歲；全韓各地均有騷動，其中被日本軍隊殺害者約七百多人，被檢舉者高達二萬人，史稱「三一事件」，亦稱「萬歲事件」。

計，覺有究明此六三問題解決點之必要焉。」為了「究明此六三問題解決點之必要」，林呈祿認為應承認臺灣的特殊性：「今者帝國之統治根本方針，尚非吾人所得知，唯由實際上觀察之，則吾人聊與從來政府之所疑相同，有舊歷史，有特殊之民情風俗習慣，有固有之思想文化之現在臺灣三百五十萬漢民族，果能使其與內地大和民族，在純然同一制度之下統治之耶否耶，是不能無疑問者也。」據此林呈祿下結論說：「六三問題之解決，由純理上考之，固有將來撤廢臺灣之特別統治，而在帝國議會為同一立法之理；然由實際上觀之，則以為不可不寧更進一步，而使設臺灣之特別代議機關，以行特別立法者也。」林呈祿稱「臺灣之特別立法，當達到無論其為居住臺灣之內地人（按：指日本人）與本島人，均以由在該地方有利害關係之住民所公選之代表者，以組織特別代議機關。」林呈祿並稱這才是「真正自治之方式」，亦為「最進步之殖民地統治方式」。

林呈祿這種立論，不但有意捨棄六三法撤廢運動，而且又運用六三法所承認臺灣的特殊性，進而要求自治。他的這種論點，扭轉了整個運動方向的發展，半個世紀之後，楊肇嘉在〈臺灣新民報小史〉一文中這樣回憶道：「在《臺灣青年》初期，未開始臺灣議會請願以前，一般對日本殖民政策沒有深刻了解，甚至盲目地共其同化的濫調。林（呈祿）氏對理論工作最有貢獻的介紹自治，主張設立議會……把整個民族運動的方向扭轉了過來。」

在林呈祿「把整個民族運動的方向扭轉過來」的同時，朝鮮閔元植被刺事件，也強化這個方向的扭轉。閔元植是韓國國民協會領袖，為韓國親日派政治人物，向來主張日本中央政界應撤廢朝鮮總督的「制令」特別立法權（朝鮮的制令等於臺灣的律令）——此一運動和臺灣的六三法撤廢運動相同，又主張應選舉韓國代議士參加日本帝國議會——此係接受日本人的內地延長主義，但他卻於一九二〇年到日本進行這些運動，提出這些要求時，在東京火車站遭人暗殺。閔元植的被刺，更加滋長留日的臺灣留學生要求臺灣自治的思想，且使「本來已不夠份量的六三法撤廢運動，益發覺得索然無味」。刊登於《臺灣青年》一首〈弔閔元植〉的詩，頗能反應這些留學生的心境：

自負維新蓋世名，誰知荊聶不同情，欲求參政身先死，功罪千秋有定評。
同化由來未可求，自除種性命不休，淒風苦雨三韓路，死後能無故國憂。

林呈祿——「把整個民族運動的方向扭轉了過來」的「先覺者」。

林獻堂（《林獻堂仙逝六十週年紀念專輯》）。

第二層次的爭論——完全自治抑設置民選議會

全世界的民族自決浪潮、閔元植的立論，以及閔元植的被刺，將臺灣近代民族運動初期奮鬥的目標，由撤廢六三法運動，引導到要求臺灣自治。但要求臺灣自治，係要求臺灣完全自治，抑要求設置自治主義中最重要的民選議會，便成為確立自治路線後，如影隨形產生的第二層次爭論的問題。

就當時留學生思潮而言，由於全世界性民族自決浪潮的影響，一些民族國家已經紛紛獨立，一些民族國家則正從事獨立運動，乃如蔡培火所自述：「此等時代思想潮流（民族自決主義），深刻地衝擊了臺灣的思想……若論在東京臺灣留學生間的思想潮流，主張完全自治的比較多。」但後來臺灣近代民族運動並沒有採取當時可謂居於臺灣留日學生思想主流的完全自治路線，而係走上設置自治主義中最重要的民選議會路線，這是新民會會長林獻堂，在聆聽兩派的辯論以後，所做的政策決定。

曾經長期是林獻堂祕書，且有「獻堂先生之一半」之稱的葉榮鐘，在其實際執筆的《臺灣民族運動史》一書，認為這項決定是基於四點考慮：

第一，因為日本中央政府對朝鮮與臺灣的觀感不同。

第二，臺灣總督府的壓力迥非朝鮮可比。

第三，臺灣民眾的鬥爭力量不夠堅強。

第四，自田總督赴任以來，正在大吹大擂宣傳所謂「內地延長主義」，亦即「同化主義」，它和自治主義恰恰相反，這個正面衝突的結果不問可知。

大致地說，這些理由都非常貼切，事實上，也正為了避免與總督府發生全面的「正面衝突」，留日的臺灣留學生，才在捨棄六三法撤廢運動後，決定採取自治主義中最重要的民選議會，作為他們開始推動「臺灣統治的改革運動」「共同奮鬥的目標」。

結論

臺灣近代民族運動出現兩次路線之爭，這次——第一次——的路線之爭，在目標尚未確立以前，留日的臺灣留學生意見極為分歧，他們在經歷兩個層次的爭論以後，才確立臺灣議會請願運動，作為他們「共同奮鬥的目標」。由於他們討論時，態度不僅極為認真、激烈，也極為誠

葉榮鐘執筆的《臺灣民族運動史》。
（蔣渭水文化基金會提供）

懇、謙虛，因此當目標確立後，他們便都拋棄主見，為共同確立的目標奮鬥，這樣才能出現臺灣近代民族運動史上絕無僅有的大同團結時期。

所謂臺議運動，就是要求依臺灣的特殊狀況，在臺灣設置由人民選出而享有立法權和預算決議權的議會，來監督總督府的施政。這項運動從一九二一年第一次請願開始，雖歷時十四年，有過十五次請願，但其高潮卻是在臺胞抗日運動處於統一戰線時期。

臺灣近代民族運動因臺議運動而邁入實際推行的階段，從一九二一年一月第一次請願起，到一九二六

1926年1月20日，新竹車站前六百多人，歡送第七次臺灣議會請願委員，三千餘支標語的小旗被警察、特務沒收。（蔣渭水文化基金會提供）

年二月第七次請願止，是臺議運動由發動而達於高潮時期。在這同一時期，臺灣文化協會的啟蒙運動加強其深耕，而《臺灣青年》、《臺灣》、《臺灣民報》的宣傳也擴大其影響，這時實是臺灣近代民族運動的統一戰線時期。臺議運動代表統一戰線時期臺胞在政治上的要求，這項要求不但得到臺灣島內所有抗日團體的共同支持與呼應，也得到日本本土與中國大陸臺胞抗日團體的共同支持與呼應。

但隨著臺灣近代民族運動的擴大與深耕，到了一九二六年之際，內部便又漸漸出現爭論，這是臺灣近代民族運動第二次路線之爭。這次路線之爭不但未能如第一次路線之爭一樣，帶來大同團結的結果，反而導致抗日戰線的公開分裂，而使統一戰線趨於瓦解。臺議運動也因這一瓦解，於一九二七年後，變成為部分抗日團體政策的一部分，後來更演變成為少數幹部脫離民眾的「職業運動」，林獻堂等人乃於一九三四年，發表〈臺灣統治意見書〉及〈請願運動停止聲明書〉後，自動宣告結束此一運動。

二元教育政策

日本據臺五十年間，成為總督府遂行愚民目的的主要做法，便是二元教育政策，日臺二元教育政策也可說是標準的殖民地歧視政策。

從一八九五年到一九一九年間，在教育系統上，總督府在臺灣所設的學校，僅有公學校（日人唸的叫小學校）與國語學校；一八九九年再設臺灣總督府醫學校。公學校的目的只在傳授日語；國語學校又分為師範部、國語部及實業部；師範部的目的，在培養公學校教員；國語部的目的，是對臺人授以日語為主的中等普通教育；實業部的目的，是對臺人授以有關農業、電信、鐵路等中等程度的技術教育；醫學校專以養成醫生為主。所以，日本據臺最初二十五年，語文教育與醫學幾乎構成教育的全部內容。賴和在短篇小說〈無聊的回憶〉，描寫公學校的教育時，便這樣說：「日本話以外，別無所謂讀書，學問也就在說話之中。」

到了一九一九年，「一則由於世界大戰後民族運動風潮波及臺灣的結果，為應付臺灣人對文化要求之必要；二則因臺灣的資本主義化，有了飛躍的發展，隨其生產及資本集中的高度化，在經濟方面也須提高普通教育及技術教育；三則由於住在臺灣的日本人子弟增加的結果，致有設置高等教育機關的必要。」於是總督府乃頒布「臺灣教育令」，進行教育改革，其要旨如下：

（一）停辦國語學校，設立臺北及臺南師範學校。

（二）公立臺中中學校改稱公立臺中高等普通學校，新辦臺北女子高等普通學校。

（三）創辦獨立的職業學校，日臺人各異其系統。

（四）將總督府醫學校改為醫學專門學校，另設立農林專門學校及商業專門學校。

一九二二年再頒布「新教育令」，撤消日、臺人不同的教育系統；只有初等教育，常用日語者入小學校，不常用日語者入公學校；中等程度以上的學校，完全改為共學制度。

在這些新教育令改革下的日、臺人之間的就學人數及所佔比例如何呢？依一九二七年曾到臺灣實地調查的矢內原忠雄，在《日本帝國主義下之臺灣》一書的統計為：

	初等教育學生數	就學率	中等學校學生數	高等學校學生數	專門學校學生數
日人	二三七一一人	九八・二%	六八五六人	二二〇人	四七七人
臺人	二一〇七二七人	二八・四%	四六四二人	二八人	二五一人

從這些統計數字，可以看出日、臺人在初等教育的就學率無法相提並論，而在中等程度以上的教育，佔人口絕大多數的臺灣人學生數，竟比人口僅佔五%以下的日本人學生數還少；一九二八

年，臺灣大學（當時稱臺北帝國大學）成立時，學生總數六十名，其中臺人僅六名，一九三二年，學生總數一百五十七人，其中臺人二十三名；這種懸殊比例乃使臺灣的教育機關，在中等程度以上，均為「臺灣及日本的日本人所佔據」，而這種佔據又「與日本大資本家及其使用人在產業上的獨佔地位相呼應」。

二元教育政策雖使總督府得以逞愚民之快，但也逼使島內不少青年子弟紛紛出外——以日本本土及中國大陸為多——留學，他們之中的絕大多數，後來都成為這種愚民政策的絕對反對者；同時，這種愚民政策也使文協活動，特別是青年學生運動得到最有力的精神土壤。

日本著名教授矢內原忠雄的《日本帝國主義下之臺灣》一書，對臺灣「先覺者」影響很大。

文化協會

臺灣近代非武裝抗日運動，雖以議會請願運動發其端，但發端以後，較深入社會、較具大眾影響力的，卻是臺灣文化協會。

臺灣文化協會是重燃「政治熱」以後的蔣渭水，在一些新同志的鼓勵下，以青年學生為主體，由林獻堂領銜，而於一九二一年十月十七日成立的運動團體。蔣渭水在治警事件公判時，曾口述創立文協的動機：

> 我要感謝神明，使我生做臺灣人，因為臺灣人把握世界和平的鎖鑰……以中華民族做日本國民的臺灣人，應具有做日華親善之楔子的使命……而賦予極大使命鎖鑰的臺灣人，因為現時患著最可憐的病症，所以全沒有力量可作為，這病因是知識的營養不良，文化協會是為要根治臺灣人的病根而設的。

在《臺灣民報》發行五週年的特刊號上，蔣渭水也曾筆撰創設文協的動機：

> 臺灣人負有做日華親善的使命，日華親善是亞細亞民族聯盟的制度，亞細亞民族聯盟是世界和平的前提，世界和平是人類的最大幸福，又是全人類的最大願望，所以……臺灣人是握著世界和平的第一關門的鍵啦……我們一旦猛省負著這樣重大的使命，就要去遂行這使命才是……然而臺灣人現時有病了……我診斷臺灣人所患的病，是知識的營養不良症……文化運動是對這病唯一的原因療法，文化協會就是專門講究並施行原因療法的機關。

根據蔣渭水的口述與筆撰，可知文協的直接目標為醫治臺灣人患的「知識的營養不良症」，最後目標為「日華親善」、「亞細亞民族聯盟」以及「世界和平」。

從創立起至一九二七年分裂以前，文協一直是早期「先覺者」共同耕耘的園地。在這五年多中間，「為助長臺灣文化之發達」，文協先後以辦會報、設置讀報社、舉辦各種講習會與夏季學校，從事文化啟蒙工作；而隨著文化演講的熱烈展開，文協更擴大參加政治社會運動的成員與基礎。

始於一九二三年而於一九二五年漸趨高潮的文化演講，是文協最生動而又最具影響力的活動。一九二五年與二六年，文協所辦的文化演講，全年竟有三百多次，聽眾達十一萬人以上，由於演講次數與聽眾的增加，以及演講題目包含有具體與現實問題，在演講過程上，於有意無意之中，不免會批評時政，或引發民族意識的勃興，因之文化演講一面固然迭遭日據當局的中止或解散處分，一面在與大眾直接接觸的過程中，也「開本島農民運動與勞工運動的先河」。

尚未分裂以前的文協，在臺灣近代政治社會運動史上的最大意義，除文化啟蒙以外，便是擴大參加政治社會運動的成員與基礎，而成員與基礎的擴大，不僅是文協，更是文化演講成功的具體證明，事實上，也正是導致一九二七年文協分裂的主要遠因。

1921年10月17日，臺灣文化協會在臺北大稻埕靜修女學校召開成立大會。（蘆洲李宅古蹟維護基金會提供）

霧峰的夏季學校

日本據臺五十年間，最惡毒而不可原諒的政策之一，便是一面力行日臺二元教育政策，以限制臺人求學；一面又限制臺人興學，以遂行愚民目的。

一九一四年，當中部熱心人士籌資擬創辦私立中學時，總督府基於這種愚民政策，便不予同意，幾經波折，總督府所允許的，也僅以民間募集的資金，接辦民間本來想辦的學校（學校由私立改為公立）。這個過程正是今天臺中一中創辦的由來。

這種政策在日本據臺期間，一直持續著。一九三〇年，日本據臺已逾三十五年之久，和日據當局一向很合作、曾任總督府評議會會員的黃欣，申請創辦私立臺陽中學時，也因這種考慮，同樣遭到駁回。這種愚民政策不僅是日本據臺期間文教政策的一貫目標，也為日本少數統治階層的政治壟斷找到庇護。因為日據當局面對政治運動者要求政治權利時，慣用的答覆理由便是：民智未開，怎麼懂得權利？又怎能享有權利？

由於愚民政策的毒害，蔣渭水創辦文協時，即高唱要醫治臺灣人患的「知識的營養不良症」，文協舉辦的各種演講與講習會，均係針對這種病症的良藥。而在這些努力中，值得一提的，便是文協第三次大會決議舉辦的夏季學校。

文協所辦的夏季學校，從一九二四年起，連續三年，均在霧峰萊園舉行。每次為期兩週（第三次僅十日），男女兼收，且供膳宿，參加人員三次合計三百餘人，參加者的學歷參差不齊，有北京大學的留學生，也有公學校的畢業生。講習期間所開的科目頗為廣泛，有臺灣通史、哲學、西洋文明史、經濟思想史、中國古代文明史、資本主義的功過、法的精神等。講師有連雅堂、林茂生、陳逢源、林幼春、鄭松筠、陳炘等；在課程的安排上，除上課時間以外，也有討論會、研究會以及課外演講會等。

由於時間短促與學員的參差不齊，霧峰夏季學校的最大意義，並不在講習的效果，而在它的政治意義。因為霧峰的夏季學校，正如《臺灣民報》所說，「純粹以臺灣人教臺灣人，可說是這個學校（霧峰夏季學校）為頭一回。又講習生與教師之間，富有自由討

左：1924年8月，臺灣文化協會在霧峰林家萊園舉辦第一回夏季學校，由林獻堂主持，連橫、林茂生（前排右4、5、6）等人擔任講師。（取自《臺灣霧峰林家留真集》）

右：陳炘

論的空氣，在教師兼警察的臺灣教育界，可說是罕見學園。」「這種自由的空氣，對惡氣流的臺灣教育界，會生起一種淨化運動。」因此，「先覺者」才會不計代價地推動這所代表當時「臺灣人獨一無二的自由學園」。

「三號雜誌」與「四分鐘講演」

日據時代，日人將一些僅辦一、兩號，便因稿源資源斷絕而不得不停刊的雜誌，稱為「三號雜誌」。《臺灣青年》剛創辦時，東京的臺灣留學生雖然熱誠有餘，但經驗卻不足，財力尤其不足，所以一度面臨「三號雜誌」的命運。

自文化協會開始舉辦各種學術講習會以來，日據當局也頒布被蔣渭水形容為「惡法」的學術講習會取締規則；而隨著文化演講的展開，同時也發生「集會與臨監」、「『命解散』的濫發」問題。由於「『命解散』的濫發」，有些演講便常遭中止或解散處分，有一次的演講，因「中止過酷，辯士一人平均時間僅四分鐘，故眾稱之曰『四分鐘講演』」。

「三號雜誌」與「四分鐘講演」都是早期「先覺者」共同遭遇到的挑戰。「三號雜誌」的挑戰，是由於本身的財力不足與經驗不足；「四分鐘講演」的挑戰，是來自日據當局的壓迫與干涉。但在這些挑戰下，早期「先覺者」不但沒有使《臺灣青年》淪為「三號雜誌」，也沒有使文化演講與巡迴演講因而作罷；相反的，早期「先覺者」卻使《臺灣青年》「恰似由臺灣上空投下」的「一個炸彈」，打破臺灣同胞的隸屬思想，並吹奏起「激勵民眾的進行曲」；同時早期「先覺者」也無視日據當局的干涉，使文化演講與巡迴演講繼續成為喚醒民眾與組織民眾的最主要方法與最有效手段。早期「先覺者」這些恢宏的努力，不僅使臺灣近代非武裝抗日運動得以熱烈地進行，也使他們因而得以在臺灣近代非武裝抗日運動史上享有地位。

但支持早期「先覺者」這些恢宏努力的主要動力，除「先覺者」本身的使命感以外，便是當時臺灣同胞所表現的「民氣」。這種「民氣」可以「真豬刀殺死假秦檜」的「奇聞」，略窺其一二：

永嘉有一屠户某，頗識字，而性甚剛直，嫉奸仇，嘗……閱兵傳及風波亭、岳飛父子受死，及未死前種種酷刑，屠某嘗拋書而與曰：「天理而在耶？天公何其憒憒也？地府何其冥冥也？」此後似神經病，然常自語曰：「若吾在其時，必生食其肉，而寢其皮，以消吾恨。」一日鄰村演劇謝神，某乃肩肉赴市，肉售畢，遂入梨園，是齣適演風波亭，屠某一見，血湧胸中，火從鼻出，似有不可一刻緩，遂即袖屠刀，一躍上臺將扮演秦檜者，一刀殺死，後指之曰：「當崩爾骨，而揚爾灰，方洩吾恨。」大眾譁然，俱謂怪事怪事，而伶輩已縛屠某，遂詣之官，人命關天，立即提訊，官問曰：「你何殺人？」某答曰：「當時小人唯知其是秦檜，不知是伶人也，故殺之，今知罪矣，願受刑。」官聽其言而嘉其愚直，不忍致之死刑，充軍山東。

永嘉屠某的「愚直」表現，正是日據時代臺灣同胞所表現的「民氣」的具體寫實。這種可敬的「民氣」，再度證明一個民族必須平時有「民氣」，必要時才有「士氣」；因為必要時，面對「殘害忠良而為賣國賊者」自然會想到這位永嘉屠某，以及他所代表的精神：「安得如屠某其人，一刀而兩斷之，以快人心者乎。」

蔣渭水至鷺洲（蘆洲）講演，遭警察唆使流氓丟泥巴之後，特別攝影留念。（蔣渭水文化基金會提供）

腐敗的肚子

日本據臺期間，日本少數統治者視臺灣為其碼頭，存有一種似矛盾而實不矛盾的統治心理，此即一面對臺灣同胞的政治社會運動視為洪水猛獸，一面對臺灣陋習不聞不問，甚至暗中鼓勵。

源於中國大陸的歌仔戲，在日據期間，由於「歌調很淫蕩」、「表情很猥褻」，不但遭「先覺者」批評，民眾黨更於政策內公開提出「反對准許歌仔戲演唱」的主張，但日據當局對於這種「簡直是挑撥性欲、示唆淫褻媒介」的「淫戲」，卻任其發展。「先覺者」有鑑於此，便想對「這樣的當局，注射六百零六號」（「六百零六號」是當時的梅毒特效藥）：

> 我們常看宣傳文化演講被禁止，被解散，而未嘗看見這類淫戲中止解散。對於這方面神經過敏，對於那方面神經過鈍，這樣的當局，大約須注射以六百零六號，才能使其神經順適吧。

「先覺者」將「這樣的當局」當病人處理，事實上，只對了一半，因為這個病人並不是普通病人，而是政治病人。政治病人對於自己所犯的病，並非無知，而是有意。有意的動機，和日據晚期一些高唱大和民族優越性的「民勅」，主張以獎勵賭博、放任吸食鴉片以及鼓勵納妾，以荼毒臺灣同胞的動機如出一轍，都是殖民地統治下惡毒政策的產物。

這種惡毒政策源自割據意識，割據意識又衍生特權，因特權便帶來腐化。像日據期間這樣一個「無批評的時代」，一些日本人士對於在臺日本人因特權而趨向腐化，大都能觀察出來。例如到過臺灣的早稻田大學教授清水泰次，便以賀川豐彥與吉田奈良丸的例子，說明在臺日本人的腦筋已日漸老化，因為日據當局對於賀川的訪臺，一面雖派官方代表躬親迎接，卻同時拜託他不要談及新思想，一面又以一月一萬三千圓的報酬與五千圓的旅費，禮聘吉田（演唱浪花節的江湖遊藝）來臺演唱，而

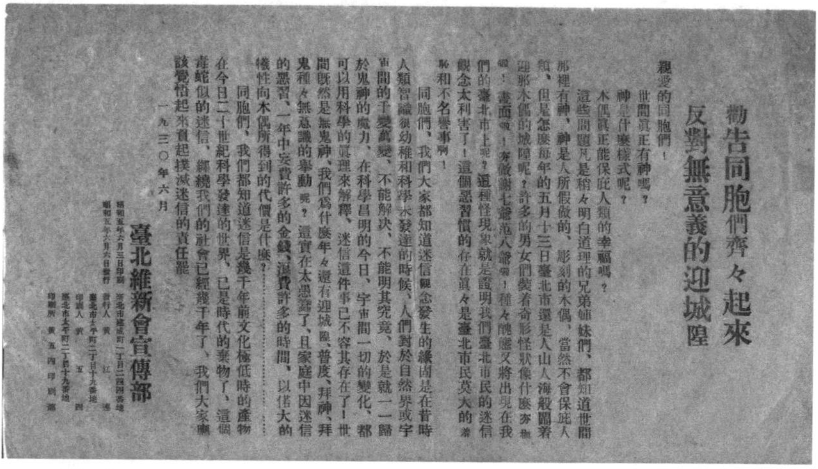

勸告同胞們齊々起來

反對無意義的迎城隍

親愛的同胞們！

世間眞正有神嗎？

神是什麼樣式呢？

木偶眞正能保庇人類的幸福嗎？

這些問題凡是稍々明白道理的兄弟姉妹們、都知道世間那裡有神、神是人所假做的、彫刻的木偶、當然不會保庇人類、但是怎麼每年的五月十三日臺北市還是人山人海般鬧着迎那木偶的城隍呢？許多的男女們裝着奇形怪狀像什麼夯枷啦！畫面啦！夯做謝七爺范八爺啦！種々醜態又將出現在我們的臺北市上呢？這種怪現象就是證明我們臺北市民的迷信觀念太利害了！這個惡習慣的存在眞々是臺北市民莫大的羞恥和不名譽事啊！

同胞們、我們大家都知道迷信觀念發生的緣因是在昔時人類智識很幼稚和科學未發達的時候、人們對於自然界或宇宙間的千變萬變、不能解決、不能明其究竟、於是就一一歸於鬼神的魔力、在科學昌明的今日、宇宙間一切的變化、都可以用科學的眞理來解釋、迷信這件事已不容其存在了！世間既然是無鬼神、我們爲什麼年々還有迎城隍、普度、拜神、拜鬼種々無意識的舉動呢？這實在太愚蠢了、且家庭中因迷信的惡習、一年中妄費許多的金錢、浪費許多的時間、以偌大的犧牲向木偶所得到的代價是什麼？……

同胞們、我們都知道迷信是幾千年前文化極低時的產物在今日二十世紀科學發達的世界、已是時代的棄物了、這個毒蛇似的迷信、綁繞我們的社會已經幾千年了、我們大家應該覺悟起來負起撲滅迷信的責任罷

一九三〇年六月

臺北維新會宣傳部

昭和五年六月三日印刷　臺北市建成町一丁目二四四番地　發行人　黃江連

昭和五年六月六日發行　臺北市太平町二丁目十九番地　印刷人　黃五四

臺北市太平町二丁目十九番地　印刷所　黃五四印刷部

臺北維新會成立於1928年10月7日，以風俗習慣改良及會員知識交換為目的，此為1930年6月反對迷信的傳單。民眾黨是維新會的母會。（蔣渭水文化基金會提供）

在臺的一般日本人也異口同聲說吉田的浪花節比賀川的新思想好多了；清水泰次又以在臺日本人偶而翻閱《現代》（通俗雜誌），而臺灣人愛讀《改造》等第一流刊物的例子，說明在臺日本人對於「文明」並不珍重，而臺灣人對於「文明」的獲得卻深感興趣。從偶爾翻閱通俗雜誌到喜歡江湖演唱，從對「文明」的不珍重到對新思想的敬而遠之，均可看出在臺日本人已確實走向「權力使人腐化」、「絕對的權力使人絕對的腐化」的墮落途上。

路易馬德楞在《法國大革命史》一書，曾將一七九四年九月至一七九五年九月這段日子的革命，形容為「捱餓的肚子反對腐敗的肚子」。日據時代臺灣「先覺者」的肚子並不「捱餓」，反很「充實」，但日本統治階級的肚子卻很「腐敗」，所以早期「先覺者」的奮鬥史，可說是「充實的肚子」反對「腐敗的肚子」的歷史，這段歷史再度證明「腐敗的肚子」終將為「時勢之偉力」所淘汰。

番女的教訓

一九二一年，在文協發行的第一號會報上，載有蔣渭水寫的〈臨床講義〉一文，文中診斷的患者為「臺灣」，所患的病，現症為「道德頹廢，人心澆漓，物欲旺盛，精神生活貧瘠，風俗醜陋」等，由於「風俗醜陋」，也就產生「番女的教訓」。

一九二六年四月三日，《臺南新報》刊載了一段由東京回臺的兩名「番女」，談到她們對「帝都」的感想，大意如下：「繁華的帝都，是真可值人留戀的，但是那地方的男士們卻很薄情，恰像交尾期的犬的樣子。」

這兩名「番女」，依據安排她們到東京的退職警部的說法，本來是「要使她們向上自己的人格，在東京教育她們的」，但到東京以後，退職警部即將她們當作「自己茶館發展的對象，使她們賣俏，而坐收其惠」。所以「番女的感想」，事實上，是只有像「番女」那樣純樸的人，在「物欲旺盛」的環境下，經過實際體驗以後，才可能產生的。而在「番女」這種「無意識驚嘆」的同時，也暴露出一個極為嚴重的社會風氣，此即倫理價值的貨幣化：

現在一般人的生活——衣食住的向上，都是經濟上——產業商業的發展所致。而那經濟上發展之對象，不是普遍的民眾，是資本家自己的資本，而普遍的民眾反做了那班人們發展上消費的對象而已。所以在這社會，不論做什麼事，政治或教育，乃至於私人的交際，也一定以貨幣的多寡為評論的標準，而成了一個倫理的原則。

由於倫理價值的貨幣化，在「物欲旺盛」的風氣下，整個社會很可能變成一個如蔣渭水說的「生女為娼妓，生男為嫖客」的社會。在這種情形下，所有的社會運動家，和所有想「要得好媳婦和要求好子婿的父老們，以及要娶好細君和要得好新郎的青年兄弟姊妹們」，為了全體同胞的幸福，便有共同的義務，合作以求解決。

從今天的角度看起來，早期「先覺者」最值得懷念的行事之一，便是他們除致力於政治權利的爭取以外，還不遺餘力地為改革社會陋習——包括燒金紙、吸鴉片、祈安建醮、補運謝神、聘金婚葬之奢靡等——而努力。這些努力雖然和他們與生俱來的鄉土感情有關，但更與他們高貴的道德情操與精神勇氣有關。因為如果他們在生活上有瑕疵，或者缺乏意志力，他們不但無法長期從事於陋習的改革，本身甚至也可能淪為陋習下的習焉不察者。

「番女的教訓」是比社會陋習還要嚴重的社會問題，不管基於鄉土感情或同胞愛，都是早期「先覺者」理應關切的問題；當政治社會運動已漸漸發展為大眾運動之時，這種大眾化的問題，

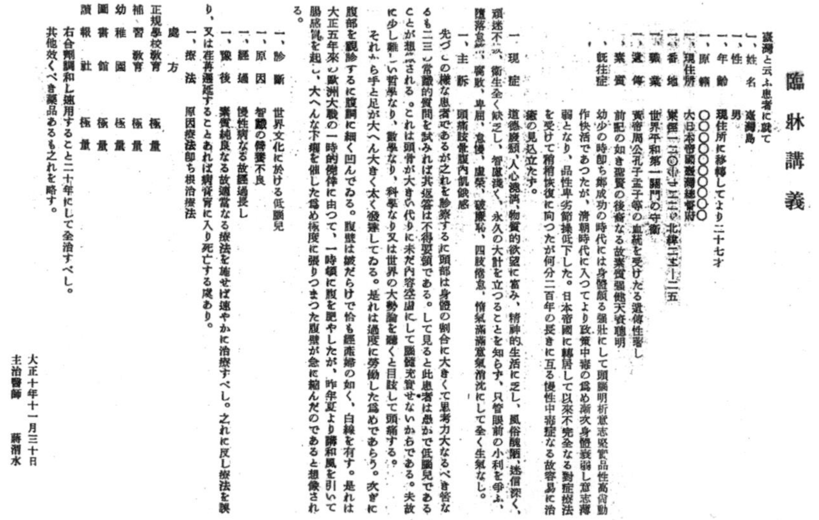

臨牀講義

臺灣と云ふ患者に就て

一、姓名　臺灣島
一、性　男
一、年齡　現住所に移轉してより二十七才
一、原籍　〇〇〇〇〇〇〇〇〇
一、現住所　大日本帝國臺灣總督府
一、番地　東經一二〇—一二二、北緯二二—二五
一、職業　世界平和第一關門の守衛
一、遺傳　黃帝周公孔子孟子等の血統を受けたる遺傳性著し
一、素質　前記の如き聖賢の後裔なる故素質强健天資聰明
一、既往症　幼少の時即ち鄭成功の時代には身體頗る强壯にして頭腦明析意志堅實品性高尚動作快活であつたが、淸朝時代に入つてより政策中毒の爲め漸次身體衰弱し意志薄弱となり、品性卑劣節操低下した。日本帝國に轉居して以來不完全なる對症療法を受けて稍稍恢復に向つたが何分二百年の長きに亙る慢性中毒症なる故容易に治癒の見込立たず。
一、現症　道德頽廢、人心澆漓、物質的欲望に富み、精神的生活に乏し、風俗醜陋、迷信深く、頑迷不悟、衛生全く缺乏し、智慮淺く、永久の大計を立つることを知らず、只管眼前の小利を爭ふ、墮落怠惰、腐敗、卑屈、怠慢、虛榮、破廉恥、四肢倦怠、惰氣滿滿意氣消沈にして全く生氣なし。
一、主訴　頭痛眩暈腹內飢餓感

先づこの樣な患者であるが之れを診察するに頭部は身體の割合に大きくて思考力大なるべき筈なるも二三の常識的質問を試みれば其返答は不得要領である。して見ると此患者は愚かで低腦兒であることが想像される。これは頭骨が大きい代りに未だ內容空虛にして腦髓充實せないからである。夫故に少し難しい哲學なり、數學なり、科學なり又は世界の大勢論を聽くと目眩して頭痛する。

それから手と足が大へん大きく太く發達してゐる。是れは過度に勞働した爲めであらう。次ぎに腹部を觀診するに腹肌に細く凹んでゐる。腹壁は皺だらけで恰も經產婦の如く、白線を有す。是れは大正五年來の歐洲大戰の一時的僥倖に由つて、一時頓に腹を肥やしたが、昨年夏より講和風を引いて腸感冒を起し、大へんな下痢を催した爲め極度に張りつまつた腹壁が急に縮んだのであると想像される。

一、診斷　世界文化に於ける低腦兒
一、原因　智識の營養不良
一、經過　慢性病なる故經過長し
一、豫後　素質純良なる故適當なる療法を施せば速やかに治療すべし。之れに反し療法を誤り、又は荏苒遷延することあれば病膏肓に入り死亡する虞あり。
一、療法　原因療法即ち根治療法

處方
正規學校教育　極量
補習教育　極量
幼稚園　極量
圖書館　極量
讀報社　極量
右合劑調和し速用すること二十年にして全治すべし。
共他效くべき藥品あるも之れを略す。

大正十年十一月三十日
主治醫師　蔣渭水

〈臨牀講義〉是為臺灣人所患的「知識營養不良症」開的文化處方。（蔣渭水文化基金會提供）

尤其值得早期「先覺者」研究，在研究之後，更還「要視為和性命一樣的重要，去努力奮鬥才是！」——這種態度，事實上，也正是早期一些真正可敬的「先覺者」所持的。

民眾怨府

有一位政治學家曾形容英國巴力門一度擁有的權力，是除了不能使「男人變成女人，女人變成男人」以外，什麼事都能做。這句政治學上的名言，也曾被人引用來形容日據時代臺灣警察的萬能。由於警察萬能，也就產生下面這種「警察王國治下的悲話」：

有一天在某州衙門前，呆呆地立著一個年紀約有五十左右的鄉下人，垂頭喪氣，似有無限的悲話。旁邊蹲著一個好像很頑皮的童子跟他開玩笑似地在說話。

童子問：你這鄉下的兄弟，不言不語，在這裡幹什麼？不怕停一會，大人出來，把你抓進去嗎？

鄉下人答：好朋友呀，大人我是最怕的，但我現時是進退兩難呀！

童子問：為什麼呢？

鄉下人答：我昨夜裡，被賊人偷了比我心肝肉兒更要痛的金票，攏總有六十多塊，人家告訴我要報告大人知道，大人就會替我們作主，所以一口氣跑到這兒，方要進去，忽然聽見

臺灣殖民統治被稱為「警察王國」，這張有如千手觀音萬能警察的海報，正反映出被統治者臺灣人的悲哀。（取自《臺北州警察衛生展覽會寫真帖》）

內頭大人高叫的聲，不覺害怕起來，所以在這裡為難哩。

童子說：鄉下的兄弟呀，你千萬不要告去，我告訴你吧！大前天我家的隔壁，失掉三百多塊，即刻告警察去，誰知警察不會把賊人拿住，反三番兩次搜查他的家庭，把他家裡頭的大小，弄得坐臥不安，你這鄉下人怎麼擔得起這場官司呢？

鄉下人問：好朋友呀，這是真的嗎？

童子答：誰騙你的。

鄉下人問：我聽說失掉金錢，不報警察，後來若是被大人知道，又要吃打吃罵的，不知道果然有這事嗎？

童子答：這倒不錯，我聽說某人失掉十多塊錢，不去稟報，後來被警察知道，抓去蹲了半天的桌腳，還要打幾個嘴巴，方才放他出來的。

鄉下人很著急說：這怎麼好呢？報了不是，不報也不是！

童子發了頑皮的野性說：你買些東西給我吃，我告訴你一個萬全的法子吧。

鄉下人說：你先告訴我，然後買給你吃吧。

童子說：也是的，你回家去，對你的左右鄰人說，我的金錢沒有失掉，昨天不過是開玩笑的，那就算了。

從這段對話中，可清楚看出日據時代號稱萬能、被形容為「田舍皇帝」的警察，在一般民眾心目中，實際上，卻是令人感到「報了不是，不報也不是」、「聽見內頭大人高叫的聲，不覺害怕起來」的警察。這種警察和賴和在短篇小說〈不如意的過年〉所描寫的「查大人」，以及他在短篇小說〈一桿稱仔〉所說的「『要做什麼』一聲呼喝」，即將秦得參的妻子「嚇得退到門外去」的巡警完全一樣。一般人民對於這些成為「民眾怨府」的警察的恐怖影像與感受，正是早期「先覺者」要對警察制度提出鏗鏘有力批評的主要動力。

的男子不得不賣他的勞力、爲女子不得不賣他的貞操、才能够得着衣食。所以在今日社會組織之下、男子的賣淫（資本階級風流君子的狹竭女權除外）女子的賣淫、是不能救的。有了貧困的女子、無職業的女子、無智識的女子、賣淫是無法根絕的。任你有大宗教家大哲學家來說教賣淫怎樣不好、這種經濟組織未打破之前、是萬々不能的。

據俄羅斯回來的朋友說：現在俄羅斯的男女的結婚非常容易、男女若要結婚的時候、祇提出一張結婚証、對政府註册、就成了夫婦、就是沒有對政府註册、政府也不干涉什麼。

呵！墨守臺灣遺風的老先生們、作何感？掙不到三百圓、一百圓的貧民們作何感？

一桿「穪仔」 懶雲

鎭南威麗村裏、住的人家、大都是勤儉、耐苦、平和、從順的農民。村中除了包辦官業的幾家勢豪、從事公職的幾家下級官吏、其餘都是窮苦的占多數。

村中、秦得參的一家、尤其是窮困的慘痛、當他生下的時候、他父親早就死了。他在世、雖曾贌得幾畝田地耕作、他死了後、只剩下可憐的妻兒。若能得到業主的恩恤、田地還繼續贌給他們、雇用工人替她們耕作、猶可得稍少利頭、以維持生計。但是富家人、誰肯讓他們的利益、給人家享。若然就不能成其富戶了。所以業主多得幾斗租穀、就轉贌給別人。他父親在世、汗血換來的錢、亦被他帶到地下去。他母子倆的生路、怕要絕望了。

隣右看她母子倆的孤苦、多爲之傷心、有些上了年紀的人、就替他們設法、因爲餓死已經不是小事了。結局因隣人的做媒、他母親就招贅一個夫婿進來。本來做後父的人、很少能體恤前夫的兒子。他後父、把她母親亦只視作一種機器、所以得參、不僅不能得到幸福、又多挨些打罵、她母親因此、和後夫就不十分和睦。

幸他母親、耐勞苦、會打算、自己織草鞋、蓄雞鴨、養豚、辛々苦々、始能度那近於似人的生活。好容易、到得參九歲的那一年、他母就遣她、去替人家看牛、做長工。這時候、他後父已不大顧到家內、雖然他們母子倆、自己的勞力、經已可免凍餒的威脅。

得參十六歲的時候、她母親就他辭去了長工、回家裡來、想贌幾畝田耕作、可是這時候、贌田就不容易了。因爲製糖會社、糖的利益大、雖農民們、受過會社刻虧、剝奪、不願意種蔗、會社就加上租贌、（官方）向業主爭贌、業主們若自己有利益、那管到農民的痛苦、田地就多被會社贌去了。有幾家說是有良心的業主、肯贌給農民、亦要同會社一樣的「租聲」、「得參就贌不到田地。若做些散工、因她的氣力大、做事勤敏、就每天有人喚她工作、比較他做長工的時候、勞力輕省、得錢又多。又得他母親的刻儉、漸積下些錢來。光陰似矢、容易地又過了三年。到得參十八歲的時候、她母親唯一未了的心事、就是爲得參娶妻。經她艱難勤苦積下的錢、已够娶妻之用、就在村中、娶了一個種田的女兒。幸得

賴和（懶雲）的小說〈一桿稱仔〉，寫出警察王國下殖民地弱勢者的悲哀。（上圖取自1926年2月14日，《臺灣民報》第92號；下圖由賴和文教基金會提供）

治臺三策

日本據臺五十年間，比較重要的基礎建設時期，為兒玉後藤時期，此期的主要策畫人物，便是當時有政壇怪傑之稱的民政長官後藤新平。

後藤以一介醫生，竟能成為當時政壇上炙手可熱的人物，自然有其厲害之處，「治臺三策」正可為他的所謂厲害，提供典型的例證。

所謂「治臺三策」，是「後藤新平在臺灣做民政長官的時候，從臺灣人的性質上發現了三條的弱點，所以定了治臺的三策。」這三策是：

（一）臺灣人怕死——要用高壓的手段威嚇。

（二）臺灣人愛錢——可以用小利誘惑。

（三）臺灣人重面子——可以用虛名籠絡。

就日據時代的官方措施而論，後藤的「治臺三策」，幾乎成為歷任總督的「金科玉律」。西來庵事件、治警事件、二林事件為第一策的運用；專賣事業是第二策的運用；州市街庄協議員、總督府評議員等為第三策的運用。第一策的「高壓」，可產生「威嚇」，使人民有所不敢；第二策的

「誘惑」與第三策的「籠絡」，可導致人民內部的分裂與對立，而便於統治者的統治；由於「治臺三策」具有如此的妙用，難怪歷任總督要陰奉為治臺圭臬。

從政治觀點而言，「治臺三策」既是落後政治的遺物，也代表殖民地政治的醜惡。這種醜惡的遺物固然可運用於一時，但終將為進步的潮流、覺醒的民眾，以及因之產生的高漲「民氣」所淘汰。基於此論，作為「治臺三策」始作俑者的後藤新平，至多也只能算是落後時代的權謀人物罷了。

後藤新平為「治臺三策」的策畫者。

治警事件

一九二一年議會請願運動推行之初，參與的簽署人數雖少，卻頗能振醒人心，面對這種「民氣」，總督府於一九二二年八月，決定軟硬兼施的取締方針，並對林獻堂發動「八駿事件」[4]。在這種背景下，蔣渭水、石煥長、蔡培火諸人幾經磋商，決定成立臺灣議會期成同盟會，「專以促進在臺灣設置特別立法議會為目的」，並即向臺北警察署提出結社申請，卻遭「禁止之」。但蔣渭水等人並不灰心，乃趁一九二三年二月第三次上東京請願之便，假臺灣雜誌社籌備再建臺灣議會期成同盟會，並議決將會員做象徵性的刪增，本部由臺北改為東京，再向早稻田警察署提出結社申請，這次並未接到禁止命令，蔣渭水等人乃於二月二十一日，在東京舉行臺灣議會期成同盟會成立大會。

臺灣議會期成同盟會的終得成立，正如三好檢查官說的，是由於蔣渭水等人「視臺灣與內地法域不同為奇貨」所致。總督府對在該「奇貨」下成立的組織，起初並未干涉，十個月後，亦即在一九二三年十二月十六日，忽然以違反治安警察法第八條第二項規定的理由，對該會會員進行全島性的大檢舉，結果有四十一人被拘押，五十八人被搜索或傳訊，因而造成轟動一時的治警事件。

治警事件的直接結果，固然使蔣渭水等十八人遭起訴，其中十三人且被判有罪而身受其苦，但間接結果卻深深影響當時政治社會的進展：

（一）強化民氣：治警事件「十八個被告所持的思想」，誠如長尾辯護律師說的，「並不僅是十八個人的思想，背後還有廣大的臺灣人的思想。」由於被告代表「背後廣大的臺灣人的思想」，當本案開庭時，關心的人民便將庭內庭外擠得水泄不通；當被告入獄與出獄時，人民又以鞭炮表示同情與敬意；而此時議會請願運動簽署人數的驟增，以及文協演講會的漸趨高潮，更是民氣高昂的具體表現。

（二）強化參與者的同仇敵愾：治警事件是自西來庵事件以來，臺灣政治社會運動者第一次受到共同而又最大的迫害，這種迫害行為，不僅強化民氣，也強化政治社會運動者的同仇敵愾。

（三）使被害的政治社會運動者，變成如堀田庭長說的，「被民眾視為英雄」，且增加他們在運動過程上最需要的「心智鍛鍊」。同時，由於總督府處理此一問題的小題大作，以及陷於理論上的被動和道德上的破產，乃使他們在民氣鼓舞下，愈對未來的奮鬥充滿信心。

註釋

4 臺灣總督府為將剛發起的臺灣議會請願運動消滅於萌芽之時，任命常吉德壽為臺中州知事，他透過林獻堂妹婿，時任彰化街長的楊吉臣，多次勸說林獻堂停止請願運動，並安排林獻堂等八人，在一九二二年九月與田健治郎總督會談，後來林獻堂等人也因而一度退出請願運動，史稱「八駿事件」。

左：民眾以「正義之章」表彰治警事件受難者，以諷刺總督府頒給御用紳士的「紳章」。（莊永明提供）

右：石煥長是蔣渭水的妻舅，臺灣議會期成同盟會的主幹，治警事件被判刑三個月。（蔣渭水文化基金會提供）

從歷史觀點比較，治警事件如易時發生在一九二七年政治社會運動已趨洶湧澎湃的社會，應當只是一件平淡無奇的事。但一九二三年，非武裝抗日運動才剛萌芽，具有碼頭觀念的總督府，對於這些「白面書生」磊落大方的行事與主張，竟不能容忍，而必欲造成大失人心的治警事件，充分反應出任何政治權利的爭取與獲得，都必須付出犧牲與代價。事實上，犧牲與代價正是政治權利的祭品，治警事件的犧牲，不僅匯集爭取政治權利所需的人心，更激發造成政治社會運動所需的浪潮。

無力者的勝利

隨著議會請願運動與文協的推行，日據統治下的臺灣同胞之中，以辜顯榮為中心的迎合階級，也成立公益會，並召開所謂有力者大會以相對抗。

一九二三年六月，黃呈聰、王敏川等人偕同東京臺灣留學生回臺，在中南部舉行文化演講。其時，辜顯榮也在臺中舉行演講，並在會中批評文協活動，且親述其為日本軍隊「領臺」的經驗；同年十一月八日，在辜顯榮努力下，更成立臺灣公益會。公益會也以「圖文化之向上及增進島民共同之福利為目的」，初創時會員達一千六百五十人，一時儼然成為足以與文協及議會請願運動相對抗的一大勢力。

治警事件發生以後，第五次議會請願運動於一九二四年在東京展開，情況頗為熱烈。辜顯榮等人對此頗不以為然，便於同年六月二十四日，在代表官方的《臺灣日日新報》開會，發表聲明，指出「臺灣議會設置請願運動絕非本島之輿論」，「係多數臺灣人所不與聞者」，並表示「鑑於時局之重大及為本島之將來」，「擬於日內舉行全島有力者大會」，以示反對。計畫召開的全島有力者大會，於六月二十七日，由二十個「時常接近官僚的人」，在辜顯榮的大和行樓上舉行首次大會，名稱改為全島有志者大會，會中通過決議如下：

本島一部分少數者，不滿足於臺灣文化現狀，妄為空想所驅，每於帝國議會開會時，做臺灣議會設置請願。其中一部分，藉口於請願，非議臺灣之制度文物，以惑人心。甚至有破禁而觸法者，彼等敢行如是之不純行為，不但為本島憂慮，實為吾人所最憾之處。茲開全島有力者大會，以明如是之盲動，非本島民大多數之意思，同時鑑於時局之重大，期益自重，不背於正道也。

THE TAIWAN MINPAO

臺灣民報

本期題目

偽造民意假公行私

第貳卷　（旬　刊）　第拾參號

左：1924年7月21日，《臺灣民報》以社論〈偽造民意假公行私〉，對公益會的辜顯榮等「有力者」，提出強力批判。（蔣渭水文化基金會提供）

右：「寧為太平犬，不做亂世民」的公益會御用紳士辜顯榮，召開「有力者大會」，反對臺灣議會設置請願運動。（取自《臺灣五大家族》）

在公益會成立以後，《臺灣民報》曾載〈辜顯榮君的時事談〉、〈憤慨生致辜負三百六十萬蒼生氏書〉、〈讀辜顯榮君時事談的感想〉、〈辜氏一派的輕舉〉、〈對於公益會有力者的希望〉諸文，對辜顯榮的輕舉妄言提出批評；及至全島有志者大會在辜家召開後，林獻堂也在臺中主持打倒有力者大會而舉行的無力者大會。這次充滿「正義之聲」的大會，在其通過的宣言書內，稱「辜某之歷史，世所周知，固不足深責，然若任其張牙舞爪，竊恐使一般人士，抱疑惑之念。故吾人為喚起全島兄弟之注意，不得不為相當之表示。」並決議說：「我們為著擁護我們的自由和權利，切期撲滅偽造輿論，蹂躪正義，自稱為全島有力者大會的怪物。」同時，《臺灣民報》在〈偽造民意假公行私〉的社論中，更將這些「只圖一己之私，固一時之寵，供同胞幸福以犧牲在所弗恤者」，稱

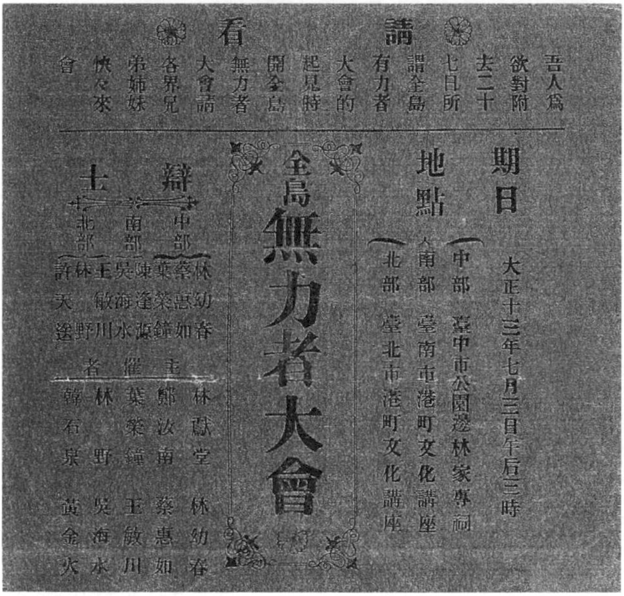

大正13（1924）年7月3日，「全島無力者大會」宣傳單。（取自《蔣渭水留真集》）

為「民賊」。公益會在早期「先覺者」及臺灣同胞高漲的「民氣」合力反擊下，終在雷聲大雨點小中無疾而終。這次交戰的結果，正如當時三大報之一的《臺灣新報》說的：「勝利確實是歸於無力者。」

治警事件與無力者大會均為早期「先覺者」在被壓迫情形下「運用」出來的勝利。前者的壓迫來自總督府，後者的挑釁來自總督府的迎合階級，勝利的主要關鍵，均為「民氣」所賜。日據時代臺灣同胞所表現的「民氣」，不僅使總督府引以為憂，迎合階級知難而退，更鼓舞早期「先覺者」繼續奮鬥。

打掃偶像

蔣渭水在一九二六年元旦，曾以〈今年要做什麼〉為題，要求三百七十萬臺灣同胞，「合力來打掃」包括「御用紳士、走狗、傀儡、迎合階級、特權階級、鄉愿」諸「偶像」，蔣渭水並指出「打掃偶像」的時機，在一九二六年已經成熟的理由為：

第一，受歐戰後的不景氣的影響，迎合階級的財力凋落是偶像階級的致命傷。

第二，我們同胞的智識已進步了，精神已覺醒了，因此不願盲從那些結黨迎合官憲的特權階級，不願受這迎合階級的頤使。

第三，新興智識階級的勢力，已從民眾之中抬頭起來。

第四，官憲戀愛這些迎合階級的心情漸漸地薄弱起來，竟至要起離緣。

第五，真正大多數民眾努力的時機，已漸到了。

其中第三點與第五點所指的，即是針對受文協影響而興起的青年運動、學生運動及農民運動而言。

大致地說，青年運動與學生運動發生的遠因，為日本人平素的優越感和差別待遇，近因當然是受到文協活動以及經由《臺灣民報》轉載的中國青年學生愛國運動的影響與鼓舞。文協自一九二三年開始舉辦各種講習會及文化演講以來，各地青年便紛紛組織青年會等團體，而一向寂靜的學生界也先後發生罷課事件。由於青年運動、學生運動的勃興，《臺灣民報》有關青年學生立論的標題，也從「對臺灣青年之希望」、「致臺灣青年的一封信」、「臺灣青年覺醒論」、「本島青年之覺醒」，變為「青年學生與社會運動」、「臺灣青年的使命」、「青年和社會運動」、「社會革新與青年」。這些標題文字的改變，正反映出青年運動與學生運動已由呼籲進入實踐階段。

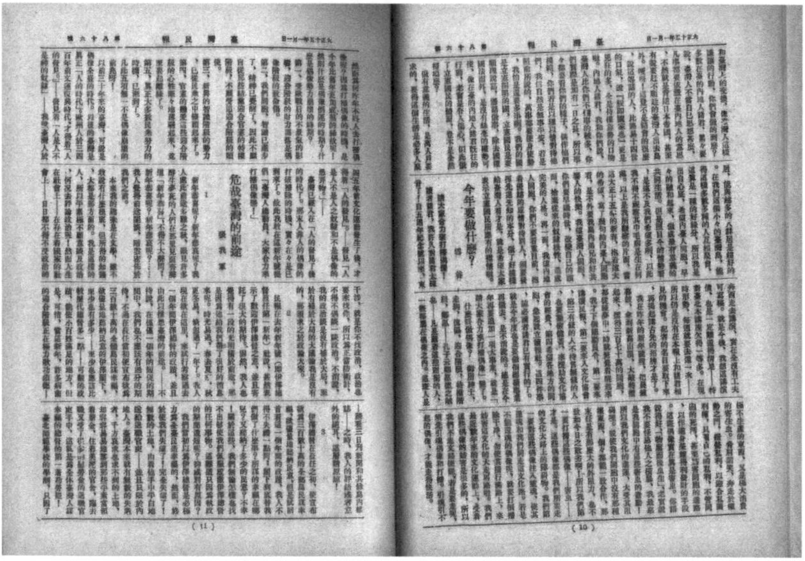
臺灣民報

今年要做什麼？

危哉臺灣的前途

1926年元旦，蔣渭水（雪谷）在《臺灣民報》發表〈今年要做什麼？〉，請大家合力來打掃偶像。（蔣渭水文化基金會提供）

一九二三年末，二林農民雖曾有過一次成功的請願，但真正的農民運動卻是從一九二五年起才漸趨高潮。一九二五年時，由於二林事件的醞釀與爆發，芭蕉問題未獲解決，關係二萬住民的竹林問題的到期，以及田川大吉郎形容為「自世界有殖民史以來絕無僅有」的土地拂下問題的發生，農民運動不僅成為《臺灣民報》讀者公認的五年來發生的重要事項之一，而且也使《臺灣民報》自一九二六年起，因體認大勢所趨，開始紀念「五一」勞動節，這些發展乃使一九二五年變成為農民運動的轉捩點年。

隨著青年運動、學生運動和農民運動的興起及愈趨熱烈，在蔣渭水呼籲「打掃偶像」的呼聲中，一面固可隱約看出「偶像階級」的凋落之勢，一面也可隱約看出另一如影隨形問題的出現。這便是在「真正大多數民眾努力的時機漸到」之時，在「新興智識階級的勢力，已從民眾之中抬頭」之時，革新家應持的態度問題。所以，「打掃偶像」的呼聲，既可代表一個舊問題的即將結束，也可代表一個新問題的即將出現。舊問題的結束，使早期「先覺者」的堅固團結跟著結束；新問題的出現，卻使早期「先覺者」從團結走向分裂。

運動的新浪潮

一九二五年八月二十六日，在紀念《臺灣民報》創刊五週年的特刊號上，《臺灣民報》曾特別準備「本社特設五問」專欄，向讀者徵求意見，「五問」的題目如下：

（一）目今政治上急要施設的事項。
（二）五年以來發生的重要事項。
（三）希望《臺灣民報》多記載的事項。
（四）希望勿記載的事項。
（五）其他對本社的希望。

其中第二個問題，依《臺灣民報》登載的答案加以統計，提到最多的重要事項為：臺灣議會請願運動、文化協會、治警事件、學生運動以及農民覺醒運動。

一九二六年一月一日，《臺灣民報》又提出兩大問題的「應答」，這兩大問題是：

（一）保甲制度當「廢」呢？當「存」呢？

（二）甘蔗採取區域制度當「廢」呢？當「存」呢？

這兩大問題，一為政治運動問題，一為農民運動問題（甘蔗採取區域制度是初期農民運動的核心部分）。由於此時農民運動已興起，當這兩大問題提出以後，「不出半個月便接到三百數十通的答案」，其中絕大多數的答案，都主張保甲制度與甘蔗採取區域制度應「廢」；少數主張應「存」的人，其所持的理由也都為諷刺性，例如年輕的楊雲萍（戰後曾任臺大歷史系教授），在當時即以雲萍生的名字，投書主張應「存」，理由是「為著要在二十世紀的末葉，留下一個時代錯誤，無創立五視個人人格權利的固陋可愛標本」；梧棲青年會也主張「存」，因為「存」「可以誇耀世無，獨

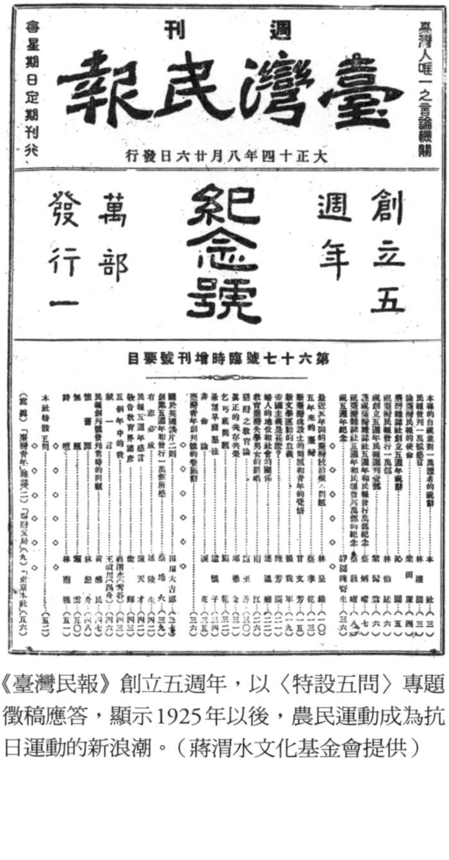
週刊
臺灣民報
臺灣人唯一之言論機關
大正十四年八月廿六日發行
每星期日定期刊行
創立五週年紀念號
萬部發行一
第六十七號臨時增刊號要目

《臺灣民報》創立五週年，以〈特設五問〉專題徵稿應答，顯示1925年以後，農民運動成為抗日運動的新浪潮。（蔣渭水文化基金會提供）

我臺有」，「可以使吾臺人自覺」；彰化的林篤勳也主張應「存」，因為這種種制度的「存」在，「是警察界的飯碗，而且百姓也即有索仔鍊仔可掛」，同時也因為「存」「可以聽取農民的哭聲」。一般讀者對於這兩大問題這種熱情而有力的反應，正如《臺灣民報》的編者按語所表示的，「可見臺灣人對於此問題的關心了」。

從《臺灣民報》的「本社特設五問」與兩大問題的「應答」，可清楚地看出，自一九二一年開始政治改革運動以來，臺灣近代非武裝抗日運動的範疇，已由狹窄的上層運動，漸漸擴大及於青年運動與學生運動，到一九二五年以後，更增加了農民運動。在這些興起的運動之中，影響以後非武裝抗日運動最深遠的，當然是於一九二五、一九二六年間急速發展的農民運動。

從歷史觀點言，農民運動的興起，在臺灣近代非武裝抗日運動史上的意義，除了增加抗日運動的新內容以外，也代表抗日運動的新浪潮，這種新浪潮漸漸發展成為抗日運動的新主流。在這新主流發展的過程上，一面既使早期「先覺者」內部之間，產生所謂「革新家的態度」問題；一面也因為早期「先覺者」將外來力量引進島內，而使本來極為單純的抗日戰線，愈趨複雜，終導致以後的公開分裂。

二林事件

在《臺灣民報》的歷史中，兩度以專號報導的事情，只有兩件：一為治警事件，一為二林事件。《臺灣民報》這種處理態度頗為公正，因為兩者在臺灣近代非武裝抗日運動歷史上，確實具有不相上下的地位。

二林農民因受到一九二三年末請願成功的鼓舞，又因與林本源製糖會社糾紛迭生，乃於一九二五年一月一日決議組織蔗農組合，六月二十八日便成立蔗農組合總會。九月二十七日，二林蔗農組合召開農民大會，並推舉代表向林糖交涉，要求商量五項問題：（一）立會秤量甘蔗的斤量；（二）主張肥料的自由購買；（三）公示肥料的分析表；（四）決定採取甘蔗的期日；（五）協定甘蔗的價格。

但交涉時，會社不僅不理蔗農組合要求，且更進行分化，並邀警察相助，以致在對峙中引起衝突，北斗郡即以此為藉口，於十月二十三日召集幾百名武裝警察，進行恐怖大檢舉，結果因嫌疑而被捕者竟達（八）九十名之多，這便是繼治警事件以後，同樣轟動一時的二林事件。

二林事件的直接結果，固然使李應章等三十九人被起訴，其中二十多人且因被判刑而身受其苦，但間接結果卻深深影響農民運動與以後政治社會運動的進展：

（一）促使農民運動急遽發展：二林事件，是日據時代臺灣農民因陳情而遭受集體迫害的開端。日據當局這種用意，雖在以一儆百，卻激起強烈反響：「自二林事件發生以後，臺灣的蔗農運動，或取積極態度（對製糖會社要求起蔗價等），或取消極態度（同盟不種甘蔗），可說有一日千里之勢。」在消極態度上，一九二六年，種蔗甲數（九萬甲），為「十年來最少甲數」；在積極態度上，各地農民於二林事件發生後，紛紛成立農民組合，而為統一全臺農民運動所需的臺灣農民組合，也終於一九二六年六月二十八日在鳳山成立。所以「二林事件的犧牲」，不僅「是一種社會進化的原動力」，且如「治警事件成為臺灣政治運動史的紀念塔」一樣，也成為「臺灣社會運動史的紀念塔」，而中山檢察官的論告，也如治警事件三好檢察官的論告一樣，成為「一篇時代的弔鐘」。

文化協會理事李應章，是二林事件的領導者，被判刑八個月。（取自《文化協會的年代》）

（二）加速政治社會運動陣線的分裂與對立：農民運動的興起，主要是農民對本身被日本壓迫的覺醒意識所致。這種原因純粹是自發的、內在的，及至二林事件開庭時，日本本土的社會主義運動已政黨化，新成立的日本勞働農民黨，主動地派專人專程渡臺為二林事件的被告辯護，因而建立勞働農民黨與臺灣農民組合的良好關係，兩者關係愈良好，在觀念及行動上自愈亦步亦趨，愈亦步亦趨的結果，不僅促使臺灣農民組合走向國際化與階級化，也加速臺灣政治社會運動陣線的分裂與對立。

二林事件與治警事件本應相提並論，但治警事件加強社會運動者的同仇敵愾，而二林事件卻加速政治社會運動陣線的分裂，這是兩者在大形勢發展下相同之中最大不同之處。

淑女與妓女

在日據時代的臺胞非武裝抗日運動中，婦女運動也是其中的一環。婦女運動雖然沒有如青年運動、農民運動，以及後來的工人運動那樣如火如荼地展開，但在非武裝抗日運動的過程上，卻一直受到持續的呼籲與鼓舞，且又有理論的見解、團體的組織，以及實際人物的獻身。

不過，由於當時風氣未開，整個社會仍以男性為主，女性根本談不上有什麼地位，「先覺者」所鼓吹的婦女運動自然困難重重，而無法收到立竿見影的效果。但在這樣的條件下，「先覺者」不但不氣餒，而且不斷地從各種不同的角度，經由演講與文字，向當時的婦女灌輸新觀念，並要婦女勇敢地走向社會。

登載於《臺灣民報》的〈衛道家的淑女〉一文，便是這種經由觀念喚醒當時婦女的代表作品之一。此文所以將「衛道家的淑女」與「妓女」相提並論，主要即「因我實在辨不清，所謂舊道德的模範女子和妓女的人格上的差別。」因為「在人類社會中，個人的人格遭著極慘酷的待遇，意志完全被剝奪的，只有妓女和衛道先生們所說的淑女罷了。」但「衛道家的淑女」到底在哪些具體的事情上，「個人的人格」與「妓女」同樣「遭著極慘酷的待遇」呢？此文回答道：

妓女是沒有選嫖客的權利，衛道先生們所說的淑女，也是沒有選擇終身配偶的權柄。妓女如想反抗，總是嫖客的黃金閃耀，能眩暈老闆，拿起鞭笞把她們打個如綿羊一般的溫馴，臘白白的橫臥床上，做那嫖客的取樂器具。衛道先生們的淑女也常常被她的主婚者糟蹋，嫁到很不稱意、很嫌惡的男子，雖想反抗，衛道先生手裡拿著舊道德的鐵鏈比鴇母的鞭笞還要厲害呢！只好忍耐過妓女似的做人家取樂器械，嚶嚶的啜泣，苦痛一世。

在老闆的眼裡，妓女是一種商品，由她可以生出很多的利益。在衛道先生們，淑女也是一種奇貨，可以和較自家著名的望族、勢家、富翁聯婚，冀得一世享不盡的幸福。

在上述情形之中，衛道先生們所說的「淑女」與一般「妓女」，在人格上實無差別；雖然「淑女終身只嫁一人，妓女夜夜更人」，但「淑女要是被嫁到一個自已嫌惡的人，那就只好任他糟蹋一生」了。

此文立論的主要目的，在反對「不由父母主婚，無媒而嫁，非吾種族也」的婚姻；也就是說，提倡自由戀愛。這是大約五十年前臺灣早期「先覺者」便已提出的主張。

由於此種立論，以及類似此種立論所代表的精神的影響，隨著時間的深耕，在啟蒙運動上，不僅出現了婦女組織，甚至在抗日戰線上，更有婦女的實際獻身。婦女運動走向積極化的自然結果之一，便是益添臺灣近代非武裝抗日運動的全民色彩。

上：蔣渭水夫人陳精文，係新時代的女性，曾參加臺北青年讀書會，為五十八位成員中唯一女性，也曾與蔣渭水一起被臺北南警察署逮捕。（蔣渭水文化基金會提供）

下：臺灣文化協會理事，臺灣第一位女醫師蔡阿信，走出臺灣女性的天空。

喇叭手

在臺灣近代政治社會運動史上，《臺灣民報》除扮演如中國《新青年》推動新文學運動和啟蒙運動的角色以外，也扮演《新青年》未曾扮演的角色，這便是當政治社會運動的「喇叭手」。

總括地說，由《臺灣青年》、《臺灣》、《臺灣民報》到《臺灣新民報》，就其成員及表現的精神而論，雖然前後大致一貫，但是最能「吹奏激勵民眾的進行曲」，並吹得最好而「激勵」效果又最佳的，卻是《臺灣民報》的一段時間。

自議會請願運動開始以來的臺灣近代各

大正12年（1923）2月，蔣渭水、蔡培火與陳逢源（左1、2、4）藉著第三次臺灣議會設置請願委員赴東京之便，與在當地的蔡式穀、林呈祿、黃呈聰、黃朝琴、蔡惠如（左3、5、6、7、8）創立《臺灣民報》。（取自《蔣渭水留真集》）

種政治社會運動，包括青年運動、學生運動、婦女運動、農民運動以及工人運動等，無一不受到《臺灣民報》的熱烈鼓吹與支持。《臺灣民報》的一貫做法是：在這些運動興起以前便給予意識上的喚醒，發生時又給予實際上的支援，發生後更給予精神上的鼓舞。在《臺灣民報》這種連續的喚醒、支援與鼓舞下，這些運動漸漸的由小變大，互相影響，連成一氣，最後更發展成為壯觀的大眾社會運動。由於《臺灣民報》與臺灣近代政治社會運動具有這種密不可分的關係，這段時期《臺灣民報》的歷史，不僅成為臺灣近代非武裝抗日運動史上最光輝的一部分，更成為早期「先覺者」唯一可以共同懷念而又感到安慰的時間。

當《臺灣民報》創刊時，臺灣近代非武裝抗日的啟蒙運動才開始不久，此時由《臺灣青年》投下的「炸彈」，始將「沉迷的民眾」由「沉迷的夢中」「叫醒起來」，這時整個政治社會運動的主流仍以啟蒙為主。及至「臺灣的民眾運動，已經由理論的鬥爭跑到了實際的鬥爭」，也就是說，當島內的青年運動、學生運動已經興起，農民運動也接著而來，工人運動更有「山雨欲來風滿樓」之勢時，臺灣民眾所需要的，已不再如早期低沉的喚醒，或「訴苦的哀韻」，而是「熱熱烈烈吹奏激勵民眾前進的歌曲」。由於歷史條件的偶然，以及早期「先覺者」的智慧和勇氣，這時《臺灣民報》所吹奏的，正是「能夠促進他們行進的歌曲」，所叫喊的也正是被壓迫民眾的聲音。《臺灣民報》因能撐起這項「歷史的使命」，很自然地便成為當時臺灣同胞公認的「臺灣人唯一的喉舌」、「我們唯一的言論機關」。《臺灣民報》也因代表「臺灣人唯一的喉舌」，便常遭到御用報紙的圍

上：1920年7月15日《臺灣青年》發刊，1922年4月1日改名《臺灣》；1923年4月15日《臺灣民報》同時在東京發行，是當時「臺灣人唯一之言論機關」，總批發處設在蔣渭水的大安醫院。（左圖1、2由蔣渭水文化基金會提供；右圖由臺北二二八紀念館提供）

下：「臺灣人唯一之言論機關」——《臺灣民報》，以人力車發送實況，圖為蔣渭水、王敏川、張我軍（後排左1、6、7）、車夫林寶財（前排左1）等合影。（蔣渭水文化基金會提供）

剿，日據當局的禁止發售（或刪改內容），以及刑事警官的干擾。當時在日據警察界，甚至流行「不受《臺灣民報》攻擊的，不算為能幹的警官」的話，從這句可反映出日方心理的流行語，更可看出《臺灣民報》在當時政治社會運動中所佔的地位與臺灣同胞心目中所佔的份量。

在臺灣近代非武裝抗日運動史上，《臺灣民報》既吹起新文學運動的號角，又成為吹奏激勵政治社會運動前進的「喇叭手」，而作為號角與「喇叭手」的《臺灣民報》，實是早期「先覺者」的共同遺產。這項共同遺產，不論歷史怎樣演變，都將永遠成為後代子孫的寶貴資產，並將永遠使後代子孫引以為榮。

|第三篇|

從團結到分裂
1927-1931

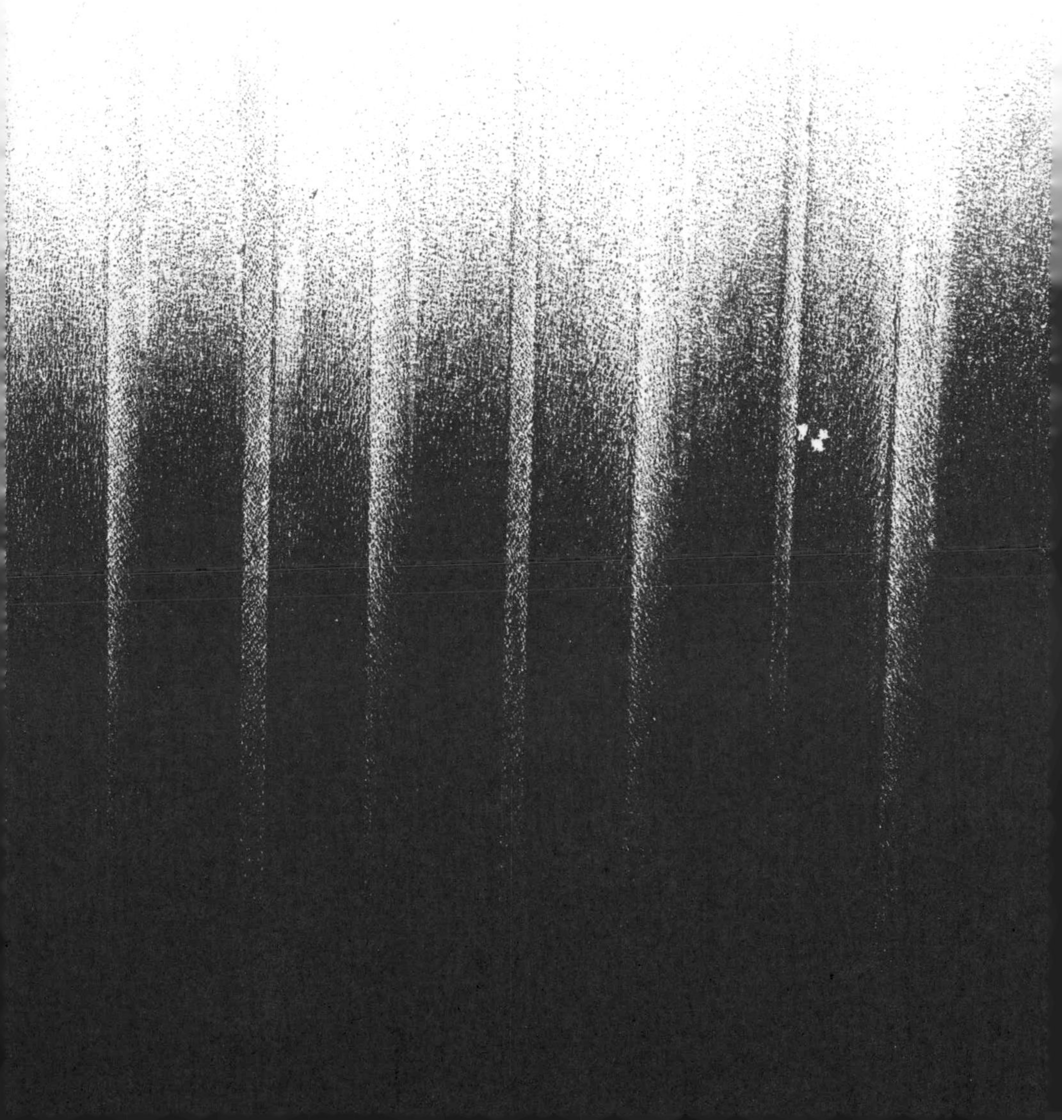

革新家的態度

臺灣近代非武裝抗日運動在實際剛開始的階段，正如葉榮鐘等人在《臺灣民族運動史》一書所說的，是由「資產階級與知識份子」領導，不過，這項領導，大致地說，從一九二六年開始，便已面臨衝擊和考驗。

自文協開始舉辦比較深入群眾的演講以來，青年會和讀書會相繼興起，學生罷課事件也時有所聞，農民運動由於時間和事件的湊巧，自一九二五年以後更進入一轉形階段，而工人運動也正在醞釀之中，面對政治社會運動已邁向大眾化之時，傳統將運動僅限於「資產階級與知識份子」的做法，自然要受到衝擊，受到來自「先覺者」內部的衝擊。

在文協分裂以前，《臺灣民報》一直是早期「先覺者」的共同論壇，一九二六年五月，針對這種衝擊，《臺灣民報》即以「革新家的態度」為題發表社論，指出「革新的意義，是民眾的自覺運動，他的對象是排除政治上、經濟上、社會上的種種弊害，以實現平等主義的原則。這種運動本是要求各階級的合作，因為文化不均等的緣故，起初先由智識階級出為提倡，但到了一定的時期，民眾覺醒起來，若僅依靠智識階級的運動，效果比較輕微，故不得不靠一般民眾實際上的努力。」如果「無視民眾的偉力，不注重最大多數的農工，無論資產階級、智識階級如何極力主張，終是不能裨益於社會全體」。因為「他們多中了『實利主義』的流毒，只求飽食暖衣，安富尊榮，過齷齪的自私自利的生活，而忘了同胞的苦況，貽累子孫於將來，大損人生的價值。又有『頭目思想』的餘弊，缺乏共同活動的社會性，每組織什麼團體，就想要做領袖以出風頭」。改造這兩種弊害的最有效方法，便是「喚起農工階級的覺醒，注重農工教育，使同胞認清毒害的根源，大家來擔社會服務的責任，野心家才不得運用其才能以遂其私有的衝動，而懦弱的徒輩也得振起其志氣，來協力合作以造成我們社會優點的生命」。因為「智識階級雖通常是革新運動過程中的指導者，而一切的基礎卻宜築在農工頂面，要靠一般民眾組織的團體運動才得達到成功的境域。革新運動者若離開大多數的工人和農民就沒有什麼效果可得，這是極其明瞭的事理，希望革新家應該要注重農工利益方面的態度才是」。

〈革新家的態度〉一文不僅將〈打掃偶像〉一文隱約提出的新問題，進一步加以具體化，而且也對「革新家」傳統的領導流弊進行批判。這項批判導致內部的離心，而對於新問題的具體化結論，又導致「革新家」觀點和立場的不同，這兩個問題一旦結合，便產生惡性循環，早期「先覺者」——即「革新家」——在一九二七年所以終不免公開分裂，實是這種惡性循環發展下的自然結果。

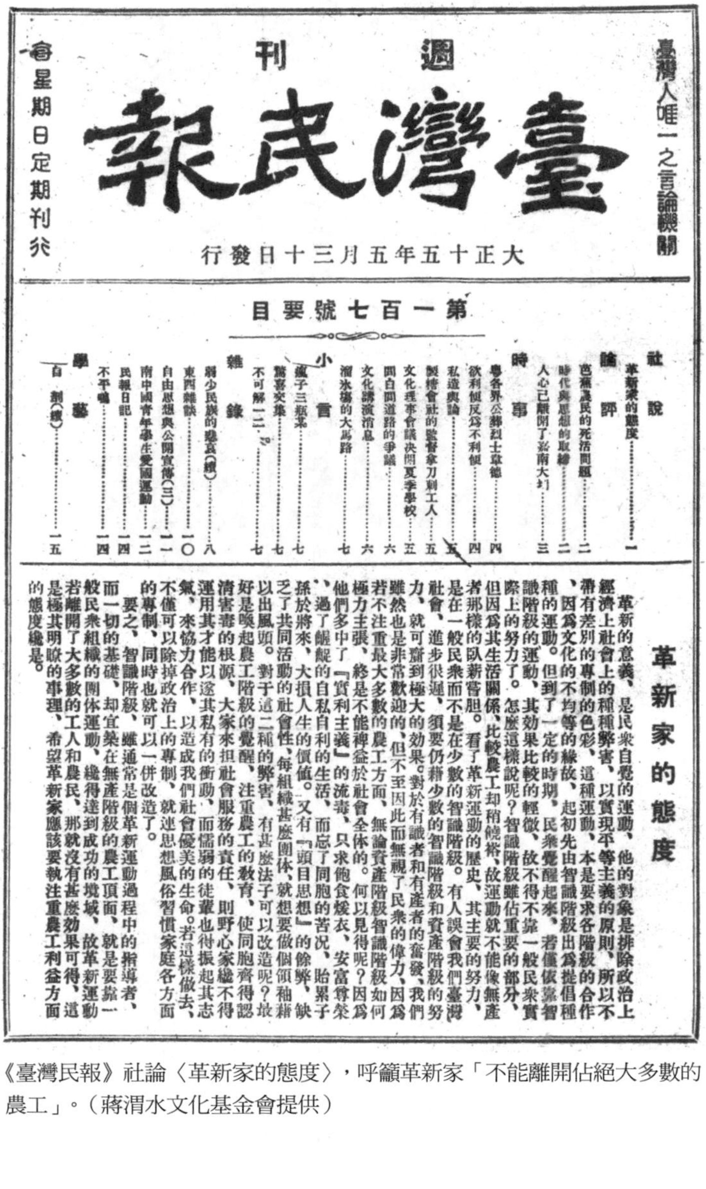

週刊

臺灣民報

臺灣人唯一之言論機關

每星期日定期刊行

大正十五年五月三十日發行

第一百七號要目

社說
革新家的態度……一

論評
芭蕉農民的死活問題……二
時代與思想的取締……二
人心已覺開了巡南大圳……三

時事
粵各界公葬烈士韋德……四
欲利便反爲不利便……四
私造輿論……五
製糖會社的監督拿刀刺工人……五
文化理事會議決開夏季學校……五
圓自圓道路的爭議……六
文化講演消息……六
溜冰場的大馬路……七

小言
瘋子三瓶某……七
驚喜交集……七
不可解一二……七

雜錄
弱少民族的悲哀（續）……八
東西雜談……一〇
自由思想與公開宣傳（三）……一一
南中國青年學生愛國運動……一二
民報日記……一四
不平鳴……一四

學藝
百　劊（續）……一五

革新家的態度

革新的意義、是民衆自覺的運動、他的對象是排除政治上經濟上社會上的種種弊害、以實現平等主義的原則、所以不帶有差別的專制的色彩、這種運動、本是要求各階級的合作、因爲文化的不均等的緣故、起初先由智識階級出爲提倡種種的運動。但到了一定的時期、民衆覺醒起來、若僅依靠智識階級的運動、其効果比較的輕微、故不得不靠一般民衆實際上的努力了。怎麼這樣說呢？智識階級雖佔重要的部分、但因爲其生活關係、比較農工却稍饒裕、故運動就不能像無產者那樣的臥薪嘗胆。看了革新運動的歷史、其主要的努力、是在一般民衆而不是在少數的智識階級。有人誤會我們臺灣社會、進步很遲、須要仍藉少數的智識階級和資產階級的努力、就可齋到極大的効果。對於有識者和有產者的奮發、我們雖然也是非常歡迎的、但不至因此而無視了民衆的偉力、因爲若不注重最大多數的農工方面、無論資產階級智識階級如何極力主張、終是不能裨益於社會全体的。何以見得呢？因爲他們多中了『實利主義』的流毒、只求飽食煖衣、安富尊榮、過了齷齪的自私自利的生活、而忘了同胞的苦況、貽累子孫於將來、大損人生的價值。又有『頭目思想』的餘弊、缺乏了共同活動的社會性、每組織甚麼團体、就想要做個領袖藉以出風頭。對于這二種的弊害、有甚麼法子可以改造呢？最好是喚起農工階級的覺醒、注重農工的教育、使同胞齊得認清害毒的根源、大家來担社會服務的責任、則野心家纔不得運用其才能以遂其私有的衝動、而儒弱的徒輩也得振起其志氣、來協力合作、以造成我們社會優美的生命。若這樣做去、不僅可以除掉政治上的專制、就連思想風俗習慣家庭各方面的專制、同時也就可以一併改造了。

要之、智識階級、雖通常是個革新運動過程中的指導者、而一切的基礎、却宜築在無產階級的農工頂面、就是要靠一般民衆組織的團体運動、纔得達到成功的境域、故革新運動若離開了大多數的工人和農民、那就沒有甚麼効果可得、這是極其明瞭的事理、希望革新家應該要執注重農工利益方面的態度纔是。

《臺灣民報》社論〈革新家的態度〉，呼籲革新家「不能離開佔絕大多數的農工」。（蔣渭水文化基金會提供）

左右傾辯

大致地說，臺灣近代非武裝抗日運動，自一九二五年起，特別是一九二六年以後，才漸漸受到外界力量直接與間接的影響。

外界力量之中，影響最大的，主要有兩方面：一為日本本土正在高漲的社會主義運動，一為在孫中山影響下的中國國民革命運動。由於臺灣當時是日本殖民地，而日本又有意切斷臺灣和中國大陸的歷史關係，兩者之中，前者的影響自然要較後者直接而頻繁。

日本本土於一九二五年開始實行普選。由於普選的開放，日本社會主義運動團體便邁向政黨化。一九二五年十二月一日成立的農民勞働黨，雖僅生存兩個小時即被禁止，但三個月後，勞働農民黨卻接著成立。隨著勞働農民黨的出現，一些社會主義運動團體也跟著成立政黨，在文協分裂以前，日本社會主義運動團體之中已出現四個較大的政黨——日本農民黨、社會民眾黨、日本勞農黨與勞働農民黨。這些政黨的先後出現，不僅代表日本本土社會主義運動已紛紛走向政黨化，且已走向分裂化。當時引起熱烈爭論的「左右傾辯」，正是這種分裂的最佳見證。

隨著政治社會運動的進展，臺灣的「革新家」從一九二六年起，便面臨「態度」的反省與選擇，及至二林事件將日本勞動農民黨引到臺灣來，本來很單純的內部問題，又因日本本土社會主義運動走向政黨化與分裂化因素的介入，而變得複雜，最後日本版的「左右傾辯」，竟然也成為導致早期「先覺者」分裂的堂皇理由。

自一九二六年起，臺灣的政治運動始由「資產階級與知識份子」的籠罩中走向大眾化，且因而發生「革新家的態度」問題；而此時的日本本土社會主義運動已完成政黨化並走向分裂化；因此，將日本本土社會主義運動已從政黨化走向分裂化聲中產生的「左右傾辯」，移植到剛走向大眾化路上的臺灣政治社會運動，不僅加深和加速在走向大眾化時，臺灣政治社會運動陣線本已醞釀的不和與分裂，同時也武裝這種醞釀的不和與分裂的藉口。

不過，將日本版的「左右傾辯」移植到臺灣，如果代表一種未雨綢繆，倒不失是早期「先覺者」的遠見。因為這種移植可以增加「革新家」的認識，並形成應取的態度，這種態度亦即蔣渭水說的：「我們反對無視一切的傳統，無視國情的改造主義，然而我們斷不可沒卻將來的理想，而墮入妥協主義。」

然而，早期「先覺者」對於日本版的「左右傾辯」，大都不以未雨綢繆的態度視之，而是作為武裝自己的理論藉口之用，如此一來，本已醞釀不和與分裂的臺灣政治社會運動的陣線，當然只有出現公開的不和與分裂。

〈送報伕〉

楊逵有一篇文章〈送報伕〉，敘述一位派報所的老闆，以欺騙的手段，壓榨無知而純潔的送報伕。故事的主角是一位臺灣去的楊君，他的家庭在臺灣已因官商的合力掠奪，慘遭家破人亡，他本人在日本雖志在成功，卻因年幼無知而遭欺騙，正在進退不得之時，經由令他感激的朋友——田中的介紹，才認識點燃他生命意義的伊藤，並在日本經過一段實際體驗之後，「滿懷著信心」踏上歸臺之路，準備為苦難的同胞奮鬥。

一九二六年成立的臺灣農民組合，與日本勞働農民黨建立關係的心理背景，和楊逵筆下的楊君與田中、伊藤的關係，確有妙不可言的相通之處。事實上，可以這麼說，「臺灣農民組合」等於「楊君」，「日本勞働農民黨」等於「田中」加「伊藤」。楊逵在日據時代是屬於農民組合的人，他在實際的接觸上，對於農民的痛苦，自有深入的體驗。他寫〈送報伕〉的目的，當然是在揭發資本家掠奪的真面目及農民被壓迫的真實狀況，但在描寫時，卻也為臺灣農民組合與日本勞働農民黨的關係，做了最好的說明，並提供最佳的例證。

一九二五年，當臺灣農民運動才漸趨高潮時，日本尚無社會主義政黨，及至二林事件發生並進行一審時，日本的社會主義運動已政黨化，麻生久即以勞働農民黨幹部、日本勞働總同盟政治部長的身分，來臺為被告辯護；二林事件二審時，有日本社會運動導師之稱的布施辰治，更以勞働農民黨顧問的身分，專程渡臺為被告辯護；後來日本勞働農民黨又以古屋貞雄為臺灣農民組合的法律顧問，長期留在臺灣；日本勞働農民黨這一連串的主動行為，很自然地使日本勞働農民黨與臺灣農民組合之間，建立起一種如「伊藤」加「田中」與「楊君」之間的良好關係，而勞働農民黨的三劍客——麻生氏、布施氏、古屋氏，也就扮演著如「伊藤」與「田中」的角色。

臺灣農民運動在發展的過程上，早期「先覺者」雖一再為文支持，但日本勞働農民黨卻眼明手快地給予全盤的思想武裝，因而使臺灣農民運動的方向，受到外來力量的指導。這樣的結果，對於像蔣渭水這樣的「先覺者」而言，實代表一種徹底的失敗，這種徹底的失敗不僅給蔣渭水帶來深刻的反省，也使他對正在興起的工人運動密切掌握，因而才能在指導工

楊逵（本名楊貴）所著〈送報伕〉。（右圖由莊永明提供）

人運動上沒有重蹈覆轍。

當臺灣農民組合以〈送報伕〉楊君的心境，向代表「田中」加「伊藤」的日本勞動農民黨靠攏時，臺灣農民組合會走向國際化與階級化之路，應為自然的結論。這條國際化與階級化之路，雖使臺灣農民組合，在幾年之間，急遽地膨脹；同時也使臺灣農民組合，在幾年之內，快速地收場。

社會運動

臺灣近代非武裝抗日運動的「先覺者」，在一九二七年以後，之所以被稱為「社會運動家」，主要便是因抗日運動已發展成為一種社會大眾運動的緣故。

一九二一年，當抗日運動剛點燃時，主要成員為「資產階級與智識份子」；其後才漸及於青年學生；一九二五年時，農民始大量參加；到一九二七年，工人也接著參加；而婦女在這過程中一直受到鼓舞。

大致地說，一九二六年以後，農工運動已漸成為社會運動的主流。如果說一九二五年為農民運動的轉捩點年，一九二七年便是工人運動的轉捩點年；工人運動雖較農民運動來得遲，但發展的速度並不比農民運動慢。

一九二六年，當日本勞働農民黨的影子已伸入臺灣農民組合時，臺灣的工人運動才剛進入「黎明期」，但由於受到農民運動以及中國大陸進展中情勢的影響，「此去的發展」，正如〈黎明期臺灣勞働運動〉一文的預料，「自然是有澎湃的形勢」。及至一九二七年四月，臺灣鐵工所爭議事件發生，有如二林事件帶動農民運動的發展一樣，也帶動臺灣工人運動進一步的發展。因為鐵工所罷業，對於「職工促進團結的組織，養成團體的風氣，使職工感覺階級意識，喚起互助協鬥精神」的收穫，「於全島工人，可謂收不少的效果。臺灣也吹了勞工進軍的喇叭了。」由於臺灣已吹起「勞工進軍的喇叭」，在臺灣鐵工所爭議事件發生以後，不僅立即得到全島各地工會組織的聲援與支持，而且也相繼發生日華紡績罷工、臺北印刷株式會社罷工、官營的嘉義製裁所及酒士場罷工、基隆運送從業員罷工以及新竹印刷工罷業諸事件；及至臺灣民眾黨成立，在蔣渭水的努力下，更致力於各種工會的組織，一九二八年二月，蔣渭水並將這些先後成立的各種工會組成臺灣工友總聯盟，而使工人運動邁入統一的階段。

週刊
臺灣民報
臺灣人唯一之言論機關
每星期日定期刊行
昭和二年五月八日發行
第一百五十六號要目
臺灣鐵工所的勞資爭議
天下本無事 愚人自擾之

臺灣鐵工所勞資爭議事件帶動工人運動的發展，《臺灣民報》特別發表社論。（蔣渭水文化基金會提供）

臺灣近代非武裝抗日運動，自一九二七年以後，由於農民運動的熾烈化，工人運動的高潮迭起，青年學生運動的再接再厲，可說已到社會總動員的階段。面對這種總動員的社會運動，早期「先覺者」也被迫面臨比「革新家的態度」還要嚴重的問題，這便是在抗日運動已完全變成社會運動時，「革新家」應如何自處？在這個問題上，早期「先覺者」表現分歧了：有些或退卻，有些或「農民組合」化，也有些「蔣渭水」化。

依當時的劃分，退卻的人叫做妥協份子；「農民組合」化的人叫做左派份子；「蔣渭水」化的人叫做民族運動者。但隨著社會運動的愈趨尖銳與深入，左派份子因指導路線不同，內部出現分裂；民族運動者因做法與觀點的不能一致，內部也出現分裂（從民族運動者退下來的人，蔣渭水稱為「利權運動家」）；所以在臺灣近代非武裝抗日運動歷史上，當社會運動愈向大眾紮根時，不僅在抗日戰線上表現出空前的分歧；即在歷史「週期表」上登場的人物也表現出空前的百花齊放現象。同時，也因為抗日戰線的空前分歧與登場人物的百花齊放，此期的社會運動，便成為臺灣近代非武裝抗日運動歷史上，最敏感而又最難以處理的一段時間。

路線的大辯論

臺灣近代非武裝抗日運動，自一九二六年農民運動興起後，即產生所謂「革新家的態度」問題；隨著二林事件引進日本勞働農民黨，也跟著引進日本版的「左右傾辯」；在這同時，經過改組以後的中國國民黨開始誓師北伐並節節勝利；而島內的工人運動，到一九二七年也膨脹地發展。在這種情形下，以農工青年學生為主體的抗日運動，不僅在島內急遽地進展，在進展過程中，更受到來自日本本土與中國大陸發展中情勢的直接與間接影響。因此，從一九二七年起，臺灣抗日運動陣線，便釀起「階級鬥爭與民族運動」的大辯論。

階級鬥爭的主張者，認為臺灣抗日運動應採取全面的階級鬥爭路線，以期得到日本內地以及全世界無產階級的支援。由於臺灣農民組合與日本勞働農民黨，在這項大辯論發生以前，已建立起一種如〈送報伕〉中「楊君」與「田中」加「伊藤」的關係，此條路線的主張者，不僅洋溢著熱情，更持有一種事實勝於雄辯的態度。

民族運動的主張者，認為應該體認臺灣為殖民地的特殊情況，不宜輕言階級鬥爭，以免自陷分裂，甚或互相殘殺，因而主張應採取包含全民的民族運動，而「臺灣的階級鬥爭是脫不出民族運動」。

在這項大辯論中，蔣渭水基於本身的體驗，加上他對世界、中國與日本發展中情勢的觀察，並經過長期的摸索、研究與思考以後，才提出一直到他逝世時仍未改變、而為「世界解放運動原則」，也是「現在的中國」採用的「以農工階級為基礎的民族運動」，為他所領導的抗日運動確定路線。蔣渭水確定這條路線，可說是他自創辦文化書局以來，從兩大方向為臺灣的抗日運動尋找出路的自然結果，因為這條路線不僅融合了蔣渭水對中國國民革命運動和日本本土社會主義運動的消化，也融合了蔣渭水本人對殖民地的臺灣在特殊條件下的實踐研究與體驗。

蔣渭水一生堅持的路線：「以農工為中心的民族運動」。（蔣渭水文化基金會提供）

一九三一年，臺灣民眾黨進行改組，改組後黨的本質，規定為「以農工為中心的民族運動」，這項本質實比「以農工階級為基礎的民族運動」更為簡潔、生動、有力。當這項本質提出後不久，蔣渭水即告病逝，因此終有生之年，蔣渭水實為臺灣近代民族運動史上最有力的民族運動倡導者與推動者。

文協的分裂

一九二六年十月，在新竹舉行的文協第六次會員大會，通過修改會章；十一月下旬，經提出的有蔡培火案、蔣渭水案及連溫卿案。一九二七年一月一日，文協理事會通過的修改案，係「以連案為基礎，然而蔣案被取錄的也不少，唯蔣案中的最大特色——委員制裡置總理一節被否決」，理事會通過的修改案，在一月三日舉行的臨時總會也獲得通過。

文協開臨時總會以前，由於連溫卿、王敏川等「先在彰化祕密會議，新介紹所謂無產青年四十餘名入會，當總會之日，他們連袂出席，和他們不同意見的人，若開口發言，他們則一齊疾呼亂罵，不令分訴，將他們私擬的案強行表決。」因不滿這種奪權方式，當修改案通過以後，馬上引起舊幹部的分離。

不過，舊幹部雖因不滿而鬧分離，但在初期，新舊幹部之間，似都強調大同團結，所以文協新會章雖在一月三日通過並於同日生效，但準備期卻長達十個月，新中央委員人選也有意兼容並收；仍為舊幹部園地的《臺灣民報》，在〈解放運動的進程〉、〈本報的使命〉、〈臺灣解放運動的考察〉、〈解放運動的派別〉諸文，也一再呼籲應認清共同敵人，「合作繼續抗爭」；但由於新文協

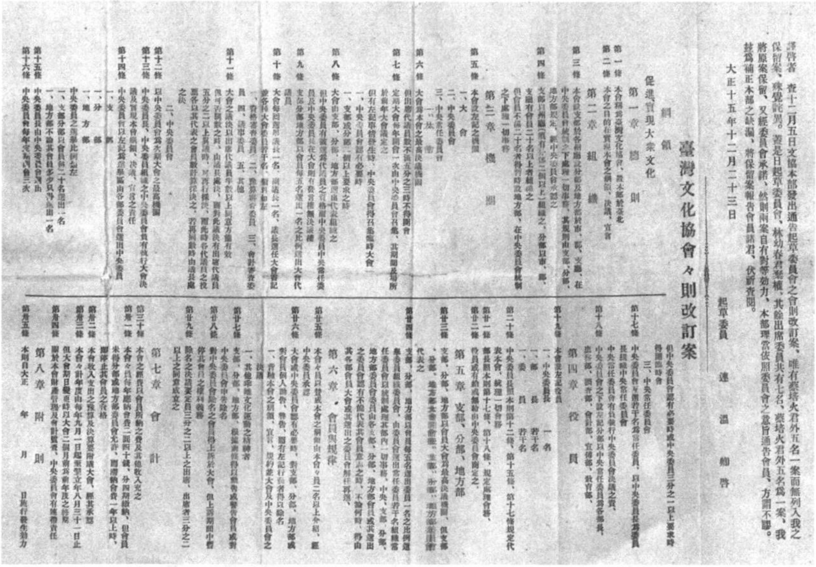
臺灣文化協會々則改訂案

大正十五年十二月二十三日

起草委員　連溫卿　啓

連溫卿有關修改文化協會會則的提案。（溫文卿提供）

說舊幹部被日據當局收買，舊幹部說新文協為「共產主義」，加上為舊幹部邀請的矢內原忠雄在臺活動期間，遭到新文協幹部的騷擾與攻擊，乃使初期的呼籲化為泡影。及至一九二七年七月十日，舊幹部成立臺灣民眾黨，便於同年十月一日發出脫離文協的「悲痛的聲明書」，而使文協的分裂正式法定化。

嚴格地說，文協分裂的原因，雖與章程修改、「名士」性格（或紳士氣）以及奪權方式有關，但更是從一九二六年以來，臺灣政治社會運動走向大眾化時所產生的「革新家的態度」問題，以及援用日本版的「左右傾辯」下的必然結果，也是蔡孝乾在〈轉換期的文化運動〉一文說的，為「文協發達到了一定的階段必然發生的過程」。所以一九二七年文協的分裂，就歷史意義而言，實象徵臺灣近代政治社會運動團結的結束以及分裂的開始，以後更洶湧澎湃的浪潮，不僅使政治社會運動愈趨分裂，甚至走向對立。

文協的分裂，對「先覺者」以及臺灣近代政治社會運動，雖均代表不幸而又不可避免的發展，但分裂的刺激卻給舊幹部帶來強烈的反省與覺悟，臺灣民眾黨的終得成立，不僅與這種刺激有關，即蔣渭水從兩大方向為臺灣政治社會運動尋找出路的努力，也與這種刺激有關。

臺灣近代民族運動第二次路線之爭

前言

在世界思潮衝擊下，因應而興的臺灣近代民族運動，剛推動時，臺灣文化協會從事啟蒙，《臺灣青年》、《臺灣》、《臺灣民報》進行宣傳，臺灣議會請願運動提出政治要求。在三者近乎一體，又互相呼應的推動下，自一九二一年起的臺灣近代民族運動，便持續地進展。從上層臺議運動的政治要求，漸漸進展到學生運動、青年運動，二林事件以後，農民運動快速興起，勞工運動也接著表現出蓬勃的形勢。到一九二六年與一九二七年之際，大致地說，臺灣近代民族運動已發展成一種社會運動。

爭論前的運動形勢

扼要地說，從一九二一年實際開始的臺灣近代民族運動，在推動過程中，可以治警事件、二林事件、臺灣鐵工所事件三個事件劃分成三個發展階段。

治警事件

所謂治警事件，是一九二三年十二月十六日，臺灣總督府以違反治安警察法第八條第二項規定的理由，對臺議運動的推動者進行全島性大檢舉，結果有四十一人被拘押，五十八人被搜索或傳訊，因而轟動一時，史稱為治警事件。總督府發動治警事件的主要目的，就是要將其視為有如「第二朝鮮之暴動」的臺議運動，在剛推動時一網打盡，但就治警事件發生的過程及結果而論，卻與總督府的期望背道而馳。

治警事件的直接結果，固然使蔣渭水等十八人被起訴，十三人遭判刑，七人入獄，但間接結果卻激起受害者的同仇敵愾，也使一度在「八駿事件」投影下退出的林獻堂重新歸位，更助長民氣，而發生蔣渭水所說「精神復興」的現象。由於民氣的高漲，一方面使治警事件的受害者，「被民眾視為英雄」，一方面又使以總督府為庇護的迎合階級——有力者大會與公益會——知難而退；所以治警事件的發展，不但未能消滅臺議運動於無形，反而如當時日本本土輿論界的預測，「變為臺灣政治大爆發之導火線」。

在治警事件發生前，文協已舉辦各種講習會與文化演講；及至治警事件發生，文協的有些推動者「雖在縲絏之中」，但其他推動者，感於民氣的高漲，不但沒有將講習會與文化演講作罷，反而辦得比以前更為頻繁、熱烈而深入。所以自治警事件發生後，臺議運動雖仍代表政治運動的主流，但因文協的啟蒙與深耕，各地青年紛紛成立青年會與讀書會，學生的罷課事件也時有所聞；而被壓榨的農民與工人也產生自覺意識，特別是農民，因為是「被榨取階級中的第一被榨取者，被壓迫階級中的第一下積者」，更由自覺意識開始實際的請願，這些請願又受到一九二五年相繼發生的相關問題的刺激與鼓勵，終於一九二五年爆發二林事件。

二林事件

二林事件導因於二林農民與林本源製糖會社有關林糖問題的糾紛，本是很單純的經濟要求，但由於日據當局懷著處理治警事件同樣的心情，想懲一儆百，乃大肆逮捕，製造恐怖氣氛，結果雖也如治警事件一樣，使李應章等三十九人被起訴，其中二十多人被判刑入獄，但卻也如治警事件一樣，產生和預期完全不同的影響。

二林事件是日據時代臺灣農民因陳情而遭受集體迫害的開端，其立竿見影的影響，便是刺激農民運動的快速發展：「自二林事件發生以後，臺灣的蔗農運動……可說有一日千里之勢。」因二林事件及相繼發生鳳山事件的教訓，鳳山、大甲、下營、崙背、曾文、竹崎及各地先後成立農民組合，統一全臺的臺灣農民組合，也於一九二八年六月二十八日正式成立，而使農民運動能以臺灣近代民族運動史上前所未有的速度膨脹地發展。所以「二林事件的犧牲」，不僅「是一種社會進化的原動力」，且如「治警事件成為臺灣政治運動史的紀念塔」一樣，也成為「臺灣社會運動史的紀念塔」。

臺灣鐵工所事件

由於臺灣經濟的發展以糖業為主，當「農民的團結」已有「一、兩年的歷史」時，卻「不能發現工人的團結」，但因農民運動的「成功與發展」，「沉默的臺灣工界也漸漸的震動」，於是臺北先後有機械工友會、塗工工友會、木工工友會和工友互助會的組織。當「臺灣的勞動運動」剛要進入「黎明期」時，經由代表「我島初次大勞資爭議」的臺灣鐵工所罷工的刺激，勞工運動也表現出「澎湃的形勢」。

一九二七年四月發生的臺灣鐵工所罷工事件，導因於資方開除模範職工臺灣機械工友會會長而引起，此一不當措施，不但激起全島二十八個工場的同情罷工，也導致各地工人團體的相繼出現：「自高雄臺灣鐵工所罷工以來，各地工人一齊奮起，未組織的趕急出來組織工會，組織完成的工會就去積極援助高雄鐵工，其勢之急速而擴大，在臺灣貪服苟安的官僚和資本家也被叫醒起來。」所以臺灣鐵工所罷工事件「論其影響，對職工促進團結的組織，養成團結的風氣，使職工感覺同僚意識，喚起互助協鬥的精神。此二點的收穫，於全島工人可謂收不少的效果，臺灣也吹起了勞工進軍的喇叭。」

文協的分裂

一九二七年一月三日，在臺中舉行的文協臨時大會，以修改章程為導火線，引發五年多來一直處於大同團結的文協公開分裂。

文協的分裂是臺灣近代民族運動史上的一件大事。文協的分裂，就當時情形看，似乎是匆促而偶然的；但從歷史觀點看，卻是「文協發達到了一定階段必然發生的過程」。基於此一認識，文協分裂的原因是其來有自，如果加以歸納，殆可分為六點：

（一）日本本土社會主義運動的興起及分裂

一九二五年，日本帝國議會通過普選法案。由於普選的開放，日本本土社會主義運動邁向政黨化。一九二五年十二月一日成立的農民勞働黨，雖僅生存兩個小時即被禁止，但三個月後，勞働農民黨接著成立。因為這一影響，在文協分裂以前，日本本土社會主義運動已出現四個較大的政黨——日本農民黨、社會民眾黨、日本勞農黨與勞働農民黨。這些政黨的先後出現，不僅代表日本本土社會主義運動已紛紛走向政黨化，且已走向分裂化。

由於時間的巧合，日本本土社會主義運動走向政黨化與分裂化的過程，對正在開展中的臺灣農民運動，產生極為深刻的激盪與影響。二林事件發生並進行一審時，日本本土社會主義運動已政黨化，麻生久即以勞働農民黨幹部、日本勞働總同盟政治部長的身分，來臺為被告辯護；二林事件二審時，有日本社會運動導師之稱的布施辰治，更以勞働農民黨顧問的身分，專程渡臺為被告辯護。日本勞働農民黨這種主動的行為，很自然使該黨與臺灣農民組合之間，建立起一種如楊逵短篇小說〈送報伕〉所描述的「伊藤」加「田中」與「楊君」之間的良好關係。當臺灣農民組合以〈送報伕〉中「楊君」的心境，來接受代表「田中」加「伊藤」的日本勞働農民黨時，一面固然使臺灣農民運

日本勞働農民黨支援臺灣農民組合的「三劍客」：麻生久（上，前排中）、布施辰治（下左）、古屋貞雄（下右）。（大眾教育基金會提供）

動快速地發展，並走上階級化與國際化之路，但同時也使文協因日本本土社會主義運動由政黨化走向分裂化的衝擊，而影響文協的公開分裂。

（二）中國近代國民革命運動的結合與分裂

一九二四年，經過改組，並接受共產黨員以個人名義加入的中國國民黨，到一九二六年，以三民主義的旗幟誓師北伐。隨著北伐軍的順利進展，在北伐前即已存在的國民黨與共產黨之間的裂痕，益發呈現緊張的關係。在文協分裂前，國民黨與共產黨雖尚未公開決裂，但共產黨有意運用北伐期間，將中國「從民族解放運動過渡到新的革命局面」的做法，對就讀於中國大陸的臺灣留學生，產生極深刻的影響。事實上，在第六次文協大會上，從上海大學回來的蔡孝乾，便是活用中國共產黨對中國國民黨的方法，臨時大量介紹彰化無產青年入會，支持連溫卿、王敏川奪取文協領導權。及至南京公開清黨，而武漢也實行分共，國共之間的關係宣告完全破裂。這項破裂，也加深分裂以後的臺胞抗日陣線一分而未能復合。

（三）臺灣島內運動的深耕與批判

隨著運動的深耕，從一九二五年起，在抗日運動者之間，漸漸流行一口號：「邁向實際運動」；二林事件發生後，農民運動已逐漸蔚為主流，受到此一衝擊，臺灣自一九二六年起開始紀念五一勞動節，而工人運動也愈來愈充滿「山雨欲來風滿樓」之勢。到一九二六年以後，農民運動已發展成為整個抗日運動的主流。當抗日運動已走向大眾化，變成一種社會運動時，傳統由「資產階級與知識份子」領導的抗日方式，乃引發「先覺者」的反省。這種反省不僅導致他們對島內傳統領導所犯的「實利主義」與「頭目思想」進行批判，也導致他們在自覺以後要向所有「革新家」呼籲，在民眾覺醒起來的時候，應將「一切的基礎」建築在「一般民眾組織的團體」，並要注意佔人口最大多數的「農工方面的利益才是」。這項批判又受到日本本土社會主義運動由政黨化走向分裂化，及中國國民革命運動由結合走向分裂的影響，不僅強化內部的離心與不合，且使正在發展中的抗日陣線陷於公開的分裂。

（四）「先覺者」的背景與性格因素

早期推動臺灣近代民族運動的「先覺者」，多為醫生與地主，他們基於純樸的動機，以一種「有閒階級的色彩」，抱著做「慈善事業」的心情，來推動啟蒙運動。但當抗日運動已由啟蒙運動進入實際運動，且又受到日本本土與中國大陸進展中情勢的影響，而逐漸暴露出「運動流於形式主義」、「流於商業化」，患了「領袖欲弊病」、「眼光淺短」的缺點，受到社會主義理論武裝的所謂「左派」，包括來自中國大陸與日本本土的臺灣留學生及島內青年，正準備以其所見所學在臺灣從事實際的試驗，這種時間上的銜接，愈使意識上的對立趨於尖銳。蔡孝乾這樣說道：「在改組以前……留中（國）學生的大部分，留日（本）學生的一部分……都是不滿文協組織的不完備，幹部行動的紳士氣，主張言論的不徹底等。」

但這種意識上的對立，所以導致公開的分裂，最重要的，還是對運動本身有不同的看法。因為有些「先覺者」視運動植根於個人基調的獻身；而受過社會主義理論武裝的「左派」，對於運動的看法，已放棄個人的基調，而植根於對整個運動的追求與執著。只有深入了解這種意識上的對立，才比較能了解為什麼「左派」會不擇手段的奪取文協領導權，而文協舊幹部對「左派」這種不擇手段奪取文協領導權的方法要感到極度的「厭惡」。

（五）日據當局的分裂政策

所謂「分裂政策」，依據「先覺者」的定義：「即舊頭腦的政治家，對於新時代的各種社會運動，全然沒有容忍的見識，想要盡行打滅，又恨沒有阻止大勢的權力，所以暗中播弄巧計，使各社會運動團體的份子，互相內訌，自相殘殺，而坐收不打自滅效果的陰險手段。」

一九二六年與一九二七年之際，日據當局實際執行此一「高等政策」的人物，為幾十年後，仍被「先覺者」視為「硬軟兼施、懷柔收買、挑撥離間均能靈活運用」的總督府保安課長小林光政，難怪「完全沒有近代政治運動經驗」的「先覺者」，會「墜落其術中」，而有無窮的感嘆：「臺灣的警務當局，對於臺灣的社會運動，暫時也取些寬容的態度。所謂寬容的態度，不過是暫時對一定範圍人物的講演，撤廢臨監，這個手段不過是為助長文協分裂的苦肉策而已。試看文協分裂以來，他們竟然拋棄在來的政策，凡有講演一概再用臨監威壓的政策。」「試看去年文化協會分裂的情形，雖說是因時勢進步所使然的，但細究其前因後果，還未可全謂為自然發達的分化作用，故可推知其中必中了不少的分裂毒計。」

（六）改組的爭論與奪權的方法

一九二六年十月，在新竹舉行的文協第六次會員大會，通過修改會章，十一月下旬，經提出的修改案有起草委員會所擬的本部案、蔣渭水案及連溫卿案。一九二七年一月二日，文協理事會通過的修改案，係「以連案為基礎，然而蔣案被取錄的也不少，唯蔣案中的最大特色——委員制裡置總理一節被否決」，理事會通過的改組案，在一月三日召開的文協大會上也獲得通過。

就三案的綱領與組織加以分析，儘管各有不同，但差距並不大，至少並未大到非使文協分裂不可，而文協終不免公開分裂，除了前述對立意識及背景外，實與「左派」的奪權方法有關。

所謂「左派」的奪權方法，實即文協舊幹部在「揮淚」發表「脫離文協的聲明書」所說的：「去年（一九二六）秋，文協在新竹開總會，議決不變宗旨，改換組織，選定委員做成草案，今年正月在臺中開臨時總會，一派不純份子，無力自組團體，陰謀霸佔文協地盤，先在彰化祕密會議，欺騙舊會員，新介紹所謂無產青年四十餘名入會，當總會之日，他們一派連袂出席，和他們不同意見的人，若開口發言，他們則一齊疾呼亂罵，不令分訴，將他們私擬的案強行表決，多數舊會員，見此事勢，不忍與之爭較，中途拂席而歸。」

文協的分裂對於臺灣近代史的影響是深遠的。從臺灣近代民族運動史的觀點看，文協的分裂象徵臺灣近代民族運動分裂的開始，而不是分裂的結束；以後更洶湧澎湃的浪潮，不僅使臺胞抗日團體愈趨分裂，甚至走向公開的對立。

同時，由於文協的分裂及影響，臺灣近代民族運動史上第二次路線之爭也水到渠成的發生。

第二次路線之爭

文協分裂以前，日本本土社會主義運動已告分裂，並已發生「左右傾辯」；文協分裂後，中國近代國民革命運動陣線也告分裂，國民黨內分成左、右派，文協也分成左、右派，臺灣乃如蔣渭水說的，「宛然是個小中國」。當島內陣線及影響島內陣線的兩大外在力量——日本本土與中國大陸——均告分裂時，臺灣島內的運動正走向以農工為主體的大眾運動，這種空前的變局與衝激，正是臺灣近代民族運動史上第二次路線之爭的主要背景。

所謂第二次路線之爭，亦即「民族運動與階級鬥爭」路線的辯論。

階級鬥爭的主張者，認為臺灣抗日運動應採取全面階級鬥爭路線，才能在日本內地及全世界無產階級的支援下，達到解放佔人口最大多數的臺灣無產階級的目標。

當階級鬥爭的理論，已因臺灣農民組合與新文協的實踐，使臺灣一度出現「以左為時髦，不左為不時髦」的現象時，蔣渭水卻一直勤奮地從「中國名著」與「勞農諸書」兩大方向，為臺灣近代民族運動尋找出路。蔣渭水基於本身實踐與研究的體驗，加上他對世界、中國與日本發展情勢的觀察，並經過應有的反省與思考以後，才提出一直到他逝世仍未改變，而為「世界解放運動原則」，也是「現在的中國」採用的「以農工階級為基礎的民族運動」。

民族運動的主張者，認為應體認

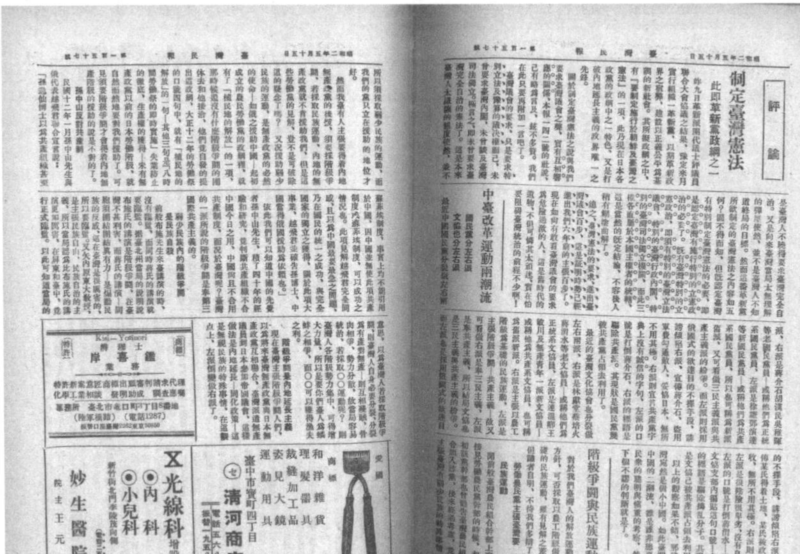

1927年5月15日，《臺灣民報》評論：〈中臺改革運動兩潮流——國民黨分左右派，文協也分左右派〉。（蔣渭水文化基金會提供）

臺灣為殖民地的特殊情況，不宜輕言階級鬥爭，以免自陷分裂，甚或互相殘殺，因而主張採取包含全民的民族運動，而「臺灣的階級鬥爭是脫不出民族運動」。

文協分裂之初，新舊幹部之間，似都強調大同團結。所以文協新會章雖在一月三日通過並於同日生效，但準備期卻長達十個月，新中央委員人選也有意兼容並蓄；仍為舊幹部園地的《臺灣民報》，也一再為文呼籲，應認清共同敵人，「合作繼續抗爭」。當路線辯論進行之時，素為左派所尊敬，由於「曾往臺灣各地談種種話之關係」，覺得「在義理上對這個問題，有表明態度之必要」的布施辰治，雖也強調代表「縱的團結」與「橫的團結」的「民族運動」與「階級鬥爭」，為「兩個不可分裂的運動」；蔣渭水也一直懷有孫中山晚年的胸懷與心境，期望所有「特意粉飾為左派」的「小兒病」者，與「反覆無常」的「老衰症」者，能集結於同一旗幟之下，但大同團結的目標，不但未能隨辯論的進行而實現，反因辯論的深刻，出現臺灣近代民族運動史上前所未有的「同室操戈」現象。吳閒雲在〈春日感懷〉詩裡，這樣感嘆地寫道：

> 年來事事感懷多，漫藉毫端發慨歌，太息散砂疵議疾，未知何日去沉疴；
> 左傾右袒各稱雄，兩黨爭持起內訌，請鑒相如廉頗事，學他大局置胸中；
> 前功欲覆付歸空，同族何堪作敵攻，鷸蚌相持非遠計，須知背後有漁翁；
> 鐵蹄馬下爭蠻觸，同室操戈春又春，劣敗優存雖後果，天然淘汰有前因。

結論

從文協公開分裂，到路線大辯論後的「同室操戈」，都說明臺灣近代民族運動第二次路線之爭，未能如第一次路線之爭一樣，為所有的抗日團體找到「共同奮鬥的目標」。不僅如此，幾乎所有的抗日團體，由於強調組織、嚴密紀律、執著理論，自一九二八年起，內部均又先後再行分化。抗日團體內部的分化，消耗本身的力量，彼此之間的分裂，又消耗抗日戰線的力量；由於內部與外部的雙重消耗，使得此時的抗日團體，儘管無論就理論、組織與行動而論，大都表現出革命化、尖銳化、大眾化與國際化的特質，而成為臺灣近代民族運動史上戰術最講究、方法最激烈、動員人數最多、爭論事件最多、被檢舉次數最多、入獄人數最多、入獄時間最長的時期，但所有的抗日團體，最後卻均不免在日本軍國主義抬頭與日據當局有系統的壓迫下，或者遭取締，或者轉入地下，而趨於沉寂。

團結就是力量

「同胞須團結，團結真有力」，是蔣渭水於一九二七年元旦，向臺灣同胞提出的一句口號，這句口號也是日據時代臺灣非武裝抗日運動史上，最響亮而又最具力量的一句口號。

蔣渭水提出這句口號時，正值臺灣政治社會運動已陷於公開分裂的最後前夕，此時蔣渭水既感於團結的重要，又看出分裂的不可避免，因此他乃從生物界的例子，一直舉到一九二四年中國國民黨的改組、散住我臺之華僑，以及農民組合團結的例子，向四百萬臺灣同胞，大呼特喊：「同胞須團結！團結真有力！」因為「團結是我們唯一的武器，是我們求幸福脫苦難的門徑。」

當蔣渭水這句口號於一九二七年一月二日，在《臺灣民報》刊出時，一九二七年一月三日，在臺中舉行的文協大會，已使文協的分裂達於公開化，所以蔣渭水這項呼籲在當時實是落空了。

不過，蔣渭水提出的這句口號，雖係針對分裂的背景而發，但因抗日陣線一分而未能復合，這句口號的適用性，卻與蔣渭水本人以及臺灣近代非武裝抗日運動，如影隨形地存在。

臺灣民眾黨成立以後，由於蔣渭水為其實質領袖，「同胞須團結，團結真有力」，便常成為臺灣民眾黨在各種場合使用的口號。

臺灣工友總聯盟成立以前，蔣渭水為其「產婆」，成立以後又為其顧問，所以，在各種場合，臺灣工友總聯盟也如臺灣民眾黨一樣，常使用「同胞須團結，團結真有力」這句有力的口號。

這句口號也促進工運團體的進一步發展，《臺灣民報》曾這樣寫道：「自『同胞須團結，團結真有力』的口號遍傳盛唱於臺灣全島以來，各地各界漸由無團體而進為有團體，而今已由小團體而達於大團體了。十九日全島工友總聯盟成立，二十日臺北華僑總工會成立，聞又有一派要另組織工會了。如此由小團體而達於大團體，實在是社

1929年，臺灣工友總聯盟在臺南市松金樓舉行第二次代表大會，牆上懸掛「同胞須團結，團結真有力」的標語。（蔣渭水文化基金會提供）

會解放運動的一大進步。」

一九三一年二月十八日，臺灣民眾黨遭受日據當局的禁止處分以後，主要已成為地方自治聯盟刊物的《臺灣新民報》，偶然之間，便常情不自禁地流露出對民眾黨及這句口號的懷念：

> 民眾黨解散以後，臺灣的社會裡頭，似感覺著很寂寞，好久沒聽到「團結真有力」的叫聲了。

很顯然地，「同胞須團結，團結真有力」，有如蔣渭水在差不多同時提出的「小兒病」與「老衰症」一樣，不僅因具有時代意義而成為傳誦一時的口頭禪，同時也因其所蘊涵的精神而成為具有代表歷史意義的動人口號。

小兒病與老衰症

一九二七年以後，當抗日戰線走向分裂而不可挽回之際，蔣渭水以醫生的立場，對當時的分裂陣線，曾做了適當的診斷。他稱全盤接受階級鬥爭路線的人患的是「小兒病」，從抗日戰線退卻下來的人得的是「老衰症」，而「小兒病」與「老衰症」二詞，在當時都是傳誦一時的口頭禪。

根據蔣渭水的診斷，「小兒病者是輕率過激，有觀前無觀後，青牛不識虎，盲人不怕蛇」，也就是說，「小兒病者」雖然動機純正，卻因對客觀環境缺乏正確的認識，以致其方法以及支持此種方法的理論都不夠落實，而無法達成既定的目標。「老衰症者是反動、保守、妥協」，也就是說，「老衰症者」已因動機的不夠純潔，不僅不易把持目標，而在過程上更常表現出「反動」性。

從上述診斷中，可看出「小兒病者」與「老衰症者」的根本對立性。因此，「小兒病者」便譏「老衰症者」為「反覆無常的鼠輩」，而「老衰症者」乾脆稱「小兒病者」為「左派」。但蔣渭水基於全民運動的需要，對於「小兒病者」與「老衰症者」並不做如是觀。他從不對「小兒病者」與「老衰症者」做點名式的批評，他所批評的，都是政策性、原則性的；而且批評的動機，並不是要打倒或趕走「小兒病者」或「老衰症者」，而是要將他們拉回來。他要「小兒病者」不要走得太前，要「老衰症者」不要落得太後。他不僅診斷出「小兒病者」與「老衰症者」的症狀，也開出醫治他們的藥方。他認為欲防止「輕率過激」的「小兒病」的做法，便是應「聯絡農工商學造成共同戰線」；而欲防止「保守妥協」的「老衰症」的做法，便是應採取「以農工階級為中心勢力」。他認為只有「沒有帶著小兒病老衰症的黨，才能形成堅固有力的黨」，「才能包容臺灣民眾，成為大眾之黨，如此才能達到『黨是臺灣人解放運動的總機關』的目標」，一如「（一九二四年）中國國民黨是中國人解放運動的總機關一樣」。

從這種批評與期望中，可清楚看出蔣渭水希望他所領導的臺灣民眾黨在臺灣，能如孫中山所領導的中國國民黨在中國一樣，在民族運動的旗幟下，廣納各階層同胞從事壯觀的解放運動。他本人雖然和孫中山一樣，畢生致力革命事業，且又有同樣的氣質與犧牲精神，在實踐力行的過程上，又一再建立組織，領導團體，並發揮廣泛的影響

蔣渭水一生曾喊出兩句動人的口號：「同胞須團結，團結真有力」「小兒病與老衰症」。（蔣渭水文化基金會提供）

力，但嚴格地說，終蔣渭水一生，始終未能完成如孫中山晚年所完成的廣納所有革命陣營於一旗幟下的目標。蔣渭水包涵全民於民族運動目標之內的宏願未能如願以償，不僅為蔣渭水個人的憾事，且亦如蔣渭水的不幸壯年賫志以歿一樣，構成臺灣近代非武裝抗日運動史上的憾事。

大同團結

民眾黨指導原理的擬定者蔣渭水，在民眾黨成立以前，便已確立包含全民而又以農工為基礎的民族運動。一九二七年四月十四日，在和臺灣農民組合中央委員長簡吉的一次談話中，蔣渭水即稱他所主張的，是「以農工階級為基礎的民族運動」；而簡吉也稱「我們（農民組合）的運動方針是階級鬥爭包民族膜」。由於農民組合的運動方針，包含有如簡吉說的「民族膜」，蔣渭水便稱農民組合的運動「是脫不出民族主義的範圍」。

新文協在一九二七年十月，舉行文協分裂以後的第一次全島代表大會，這次大會發表的宣言，蔣渭水形容是「不談階級鬥爭，提倡民族運動」，因為「一篇八百餘字的宣言，並沒有一句階級鬥爭的字眼，反倒有特殊階級對弱小民族高壓的字句」，以「臺灣無產者大團結」為「專門招牌」的新文協，「是不應該發出這樣的宣言，若不是明明看見著文協的署名，我想大家必斷定是民眾黨的宣言」，「宣言裡的口號『使農民工人組織起來』、『使小商人小資產階級團結起來』」，和民眾黨的主張可謂「是一樣了」。也正因為如此，蔣渭水乃稱新文協已「由階級鬥爭移到民族運動來了」。

雖然農民組合的運動方針含有「民族膜」，新文協已由「階級鬥爭移到民族運動」，民眾黨又

蔣渭水與簡吉的互動。（左圖由蔣渭水文化基金會提供；右圖由大眾教育基金會提供）

高唱全民運動與統一戰線，但在一片大同團結呼聲中，一九二七年以後的臺灣近代抗日戰線，卻仍走上分裂道路。抗日戰線走上這條分裂道路，固有內在的原因，更有外在的因素，而內在因素與外在因素的交互影響與衝激，愈使抗日戰線的分裂變得無法挽回。

一九二九年以後，新文協與農民組合因相繼受到過度彈壓而變得「極其沉靜」，針對這種形勢，民眾黨便積極「吸收全島鬥爭份子，使全島鬥爭份子集中於本黨，均受本黨的指導，整理陣營，統一戰線，以期增大鬥爭之力量，以一致的步調，領導臺灣民眾，使民眾知所適從，咸歸於正，以期達到造就大眾政黨之目的」。民眾黨這項適時的努力，雖擴大民眾黨的聲勢及影響力，但不僅未能完成大同團結的目標，其內部反而在進行這項努力後不久出現分裂，大同團結的呼籲因而愈成為畫餅。

綜觀此期抗日史，自一九二七年文協分裂以後，所有的抗日團體不僅未能再走向大同團結之路，反而自一九二八年起，內部先後再行分化。抗日團體內部的分化，消耗本身的力量，彼此之間的分裂，又消耗抗日戰線的力量；在內部與外部雙重的消耗下，以及在時局壓力與日據當局的壓迫下，所有的抗日團體最後遂不免趨於沉寂；或者被取締，或者轉入地下，或者變得無聲無息。

分裂政策

臺灣近代非武裝抗日運動，自一九二一年實際推行以來，總督府的取締方針，主要有兩大政策，一為高壓政策，一為分裂政策。

早期「先覺者」剛推行抗日運動時，大都熱情有餘，經驗不足，因此面對總督府的高壓政策，如治警事件，「先覺者」不但毫無畏懼，且更強化他們的同仇敵愾；但當總督府施行分裂政策時，他們由於經驗不足，不知不覺之間，不免遭到總督府的暗算，難怪早期「先覺者」提及此種分裂政策時，總要感嘆地說：「唉！所謂分裂政策，大家豈可不戒心！」

「所謂分裂政策」，依據「先覺者」的定義，「即舊頭腦的政治家，對於新時代的各種社會運動，全然沒有容忍的見識，想要盡行打滅其運動，又恨沒有阻止大勢的權力，所以暗中播弄巧計，使各社會運動團體的份子，互相內訌，自相殘殺，而可坐收不打自滅的效果的陰險手段。」一九二七年文協的分裂，雖然有不同的遠近因素，但「先覺者」在「細究前因後果」以後，仍認為與此種分裂政策不無關係：「試看去年文化協會分裂的情形，雖說是因時勢進步所使然的，但細究其前因後果，還未可全謂為自然發達的分化作用，故可以推知其中亦必中了不少的分裂毒計。」一九二七年七月，民眾黨成立前夕，總督府提出「蔣（渭水）君不參加的條件」，也正是此一分裂政策的故計重施。恰巧一九二七年之間，實際執行此一政策的日方人物，又是被《林獻堂先生年譜》一書形容為「軟硬兼施、懷柔收買、挑撥離間均能靈活運用」的總督府保安課長小林光政，難怪毫無「心智鍛鍊」的早期「先覺者」，會「墜落其術中，爾後悔莫及」。

由於分裂政策導致「先覺者」的分裂，「先覺者」一間及此政策時，不免會脫口說：「大家需要戒心」；總督府也由於此一政策的奏效，便不憚煩地使用。一九二八年，民眾黨第二次全島黨員大會前夕，日據當局即基於此一政策的運用，「暗中宣傳民眾黨將要分裂」，二次大會後來雖然無事結束，但民眾黨終於一九三〇年再行分化。

綜觀日據後期的臺胞非武裝抗日運動，總督府的分裂政策較高壓政策所收的效果，似在伯仲之間。總督府的收效，亦即「先覺者」的失敗，「先覺者」經過慘痛教訓以後，為了不重蹈覆轍，便分別強化抗日團體的組織與紀律。臺灣近代非武裝抗日團體，在一九二七年以後，所以會走上採取強調組織與紀律的道路，固然與外在因素的影響有關，但更與「先覺者」本身慘痛的體驗吻合。隨著組織與紀律的強化，其自然副產物之一，一如以後事實的發展，便是充滿名士習氣與「實利主義」、「頭目思想」的「先覺者」退出第一戰線。

不妥協的精神

面對總督府的分裂政策，「先覺者」的因應之道，除加強團體組織與團體紀律以外，最要緊的，還是「先覺者」本身應具有一種「徹底的性質與不妥協精神」，而在民族運動者的「先覺者」之中，最具有「徹底的性質與不妥協精神」的人，前有蔡惠如，後有蔣渭水。

一九二九年五月，蔡惠如因病逝世，蔣渭水在追悼感言中說：「社會運動家最要緊的素質，是要具有徹底的性質與不妥協的精神，我們同志中具有這性質和精神的人實在是很少，唯有蔡惠如同志堪稱是這樣的人。他最使我們敬服的特點，就是做事有徹底性……我以為追悼蔡同志的第一件事，是繼承他的特點，來補救我們的短處，若能如此，則我黨的將來大有可為，而蔡同志亦可以瞑目啊！」六月一日在蔡惠如的葬儀式上，民眾黨本部即以蔣渭水說的「徹底的性格不妥協精神」十個字，寫一橫批高懸在蔡惠如的祭壇上。

一九三一年八月，蔣渭水也因病逝世，楊肇嘉在〈悼渭水兄逝世〉一文，即以蔣渭水形容蔡惠如的十個字拿來形容蔣渭水說：「……社會運動家最要緊的條件，就是有徹底的性質和不妥協的精神，我所知道的同志中，具有這兩條件的人，實在很少，唯渭水兄不但能合這性質和這精神，且有比這點更加徹底。」蔣渭水確如楊肇嘉說的「有比這點更加徹底」，因為蔣渭水最後就是在「比這點更加徹底」的情形下賫志以歿。

在臺灣近代非武裝抗日運動史上，最大的憾事之一，便是像蔡惠如與蔣渭水這種具有「很少」人有的「徹底的性質與不妥協精神」的人，不幸都在壯年即告逝世；蔡惠如逝世時才四十八歲，蔣渭水逝世時僅四十歲；而這兩位「先覺者」的先後逝世，又分別影響到臺灣地方自治聯盟的成立以及臺灣近代政治社會運動的進展。

由於具有「徹底的性質與不妥協精神」的社會運動家「很少」，在

蔡惠如告別式會場懸掛民眾黨「徹底的性格不妥協精神」輓聯。（取自《清水六然居楊肇嘉留真集》）

臺灣近代非武裝抗日運動史上，也就會出現這種憂慮：「這個現象（上層階層的運動，由第一線漸漸妥協）於我們臺灣不難看見，就是從前站在第一戰線的社會運動家，不少有尋機退出站在第二、三、四戰線的樣子。其原因：一固為下層階級運動之進展所致；第二確是沒有徹底其運動和犧牲的精神。這種現象臺灣民眾黨若不早日互相警戒，未來的進展恐怕非受阻礙不可。」將渭水有鑑於此，便於一九三〇年，公開向民眾呼籲，應認清同志與敵人的界限：「為要使解放運動迅速展開，必先發展民眾的鬥爭意識，欲發展民眾的鬥爭意識，必先使民眾分明地認識應該要糾合的同志和應該要打倒的敵人，若同志與敵人的界限認識不清，則解放運動自然很是遲鈍，從來我黨對這工作無甚注意，致阻礙解放運動的損失實是不少，尤其近來對這界限越弄越糊塗，更加使我們不得不關心……然則誰是敵人？御用紳士、鑽錢政商、利權運動家、貪官污吏、土豪劣紳等這種人就是啦。除此以外的農工商學青年婦女暨被壓迫民眾就是我們的同志啦！」

在這種呼籲與認識下，對於具有「徹底的性質與不妥協精神」的人而言，在今後抗日運動的過程中，為了維持組織與紀律，而不得不忍受內部的分裂時，自然在所不惜。因為這雖然是一痛苦的選擇，卻又是必然的選擇。

第四篇

爭鳴的領導團體

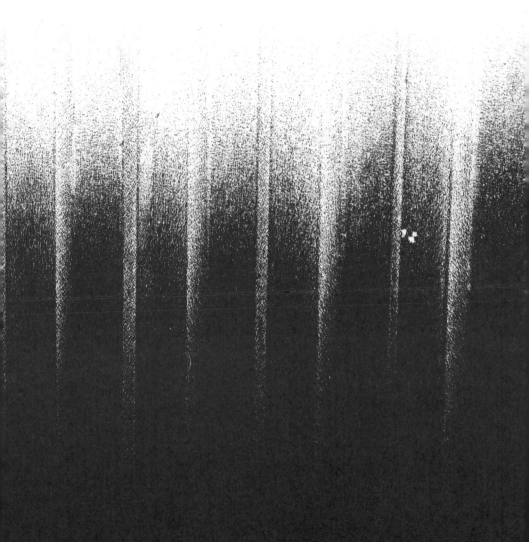

臺灣農民組合

一九二六年六月二十八日，在水到渠成的情形下，自然組成的臺灣農民組合，於成立後不久，代表大同團結的臺灣文化協會便告分裂，而臺灣農民組合又因日本勞動農民黨的指導與影響，遂使臺灣農民組合在成立之初膨脹地發展，其發展速度之快，在抗日諸團體之中，幾乎無出其右，甚至後來的臺灣工友總聯盟，也無法與之相提並論。

臺灣農民組合成立以後，由於蔗農爭議、小作爭議及拂下土地爭議的同時發生，在一九二七年至一九二八年間，經由臺灣農民組合指導的農民爭議事件，竟達四百二十餘件。由於指導的爭議事件甚多，加上日據當局壓制的不當，以及農民組合本身的團結，遂使成立時組員僅四千零七十三人，支部僅六個的臺灣農民組合，到一九二七年末舉行第一次全島大會時，支部已有十七個，組員達二萬一千三百十一人；第二次全島大會時，組員更高達三萬餘人，這是臺灣農民組合的高峰時期。

日據時期農民運動的發生，起初主要是由於總督府的產業保護政策所致，及至臺灣農民組合興起以後，農民運動才漸具有政治鬥爭色彩。相應於這種發展的，便是運動方法也由剛發動時的「陳情請願」，變成「動員大眾的示威運動」。在臺灣農民組合指導下的中壢事件、大寶農林事件、新高製糖所有地爭議、拓殖製茶會社土地爭議、辜顯榮所有地爭議及大湖庄土地爭議諸事件中，農民不僅集體示威，更進而採取包圍會社、包圍郡所、包圍住所的方法。這種方法代表臺灣近代非武裝抗日運動已推進到新的階段，並有新的發展，相對應的，犧牲的代價也更為慘重。

臺灣農民組合的創立者——牛背上的簡吉。（大眾教育基金會提供）

臺灣農民組合內幹部派與反幹部派之間的對立，隨著臺共影響力的介入，愈趨明顯，前者以簡吉、趙港為代表，後者以楊貴為代表。一九二八年六月初，楊貴一派有意和新文協的連溫卿合流，結果幹部派先發制人，經由中央委員會決議，剝奪楊貴在臺灣農民組合的一切職務，一九二九年連溫卿亦為新文協除名，連溫卿與楊貴兩人乃脫離戰線。

一九二九年二月十二日，日據當局對臺灣農民組合進行大檢舉，史稱「二一二」事件，一共逮捕五十九人，搜索三百個住家及關係團體，押收二千多件證物。經由這次大檢舉，臺灣農民組合人員由最高時的三萬餘人，減到二千五百人，而負擔組合費的，更僅剩下三百二十人左右，臺灣農民組合從此遂一蹶不振；一九三一年一月初，在嘉義竹崎舉行的擴大中央委員會，通過支持臺灣共產黨的決議，臺灣農民組合至此乃變成為臺共的外圍團體，並在臺共及赤色救援會遭受檢舉以後，也和新文協一樣，已告名存實亡。

1928年的臺灣農民組合第二次全島大會。（陳壁月提供）

臺灣農民組合聯絡系統圖

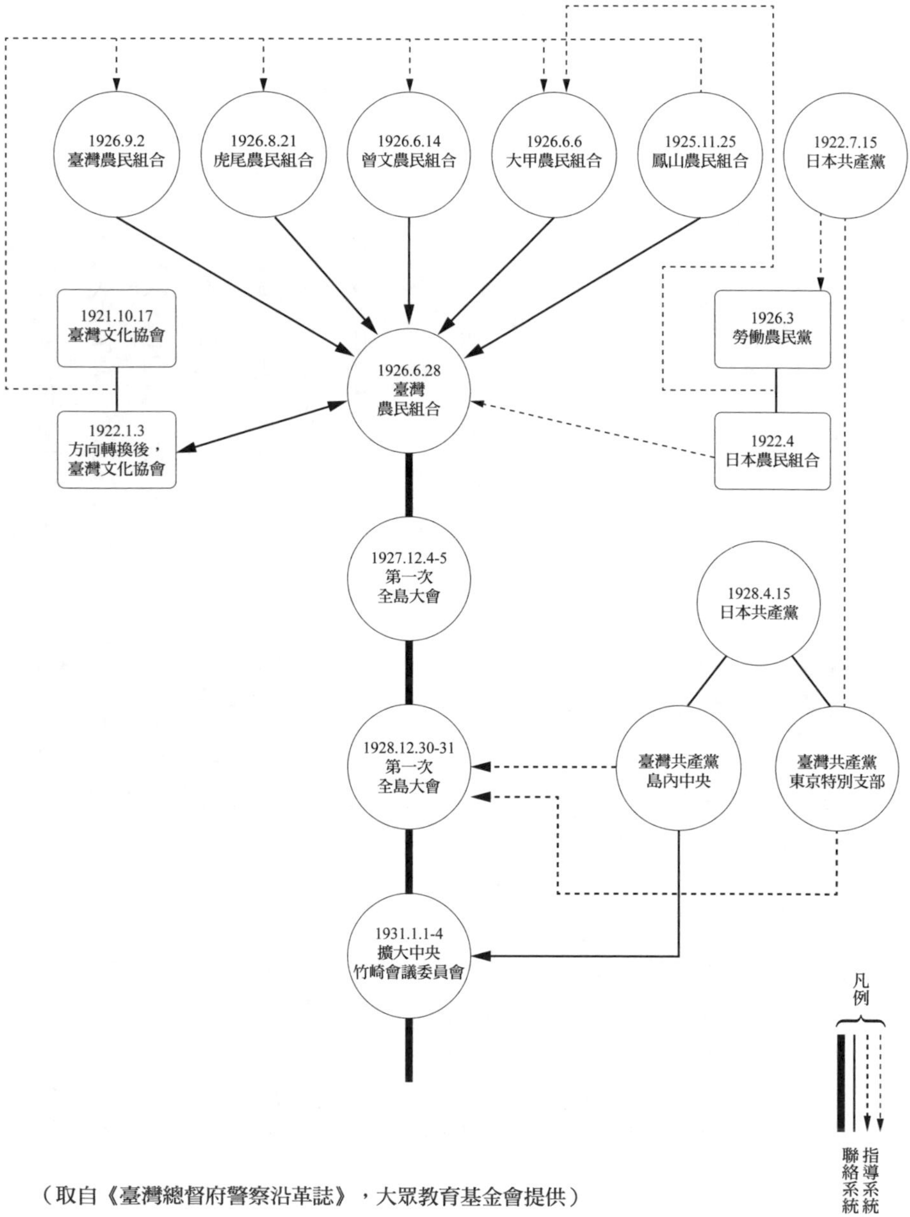

（取自《臺灣總督府警察沿革誌》，大眾教育基金會提供）

第一推手

從一九二五年初到一九二九年「二一二」事件爆發，四年之間，農民運動所以能飛躍地發展，主要歸因於兩個關鍵的團體及其領導人，一為二林蔗農組合及其「組合長」李應章，一為臺灣農民組合及其「委員長」簡吉。

李應章係彰化二林醫師，與蔣渭水同為文協發起人之一，曾參與文協大會宣言及大會規則的起草；文協成立後，獲選為文協理事，兼二林地方幹事。隨著二林農民與林本源製糖會社糾紛迭起，二林農民決議成立二林蔗農組合，並公推李應章為「組合長」。在李應章的帶領下，爆發了農民運動史上影響深

簡吉（左）與李應章（右）合照。（參閱《漫漫牛車路紀念特展》p47）

遠的二林事件，二林事件揭開農民運動的序幕，點燃農民運動的火炬，李應章儼然成為農民運動的催生者。

簡吉係高雄鳳山公學校的教師，他在「二一二」事件第二回公審的答辯中，曾自述辭教職投入農民運動的心路歷程：「我在村莊作教員的時候，生徒們概由學校歸家，卻要再出田園勞動，因為過勞所致，以致這樣的兒童，雖有往學校就讀，而教學效果便失其半。當時我想，在那裡當教員，卻是月俸盜賊，為這樣的原因，而辭去教員之職。」「鳳山地方於明治三十九年（一九〇六年）的時候，臺灣總督府為設模範的農園，強制買收該地民有地。又臺灣製糖後壁寮工廠，在該地極端榨取蔗農們的膏血，故該地的住民概是赤貧如洗，更困窮的，莫如在會社自作的賃銀勞動者，一日勞動的報酬，不能維持家族的生計，其慘澹的生活，時常目擊，在這周圍過日的我，不覺感著無限的傷心，為此決定加入農組奮鬥。」

以「月俸盜賊」為由，昂然辭去教職的簡吉，懷著化小愛為大愛的心境，毅然投入農民運動。他從故鄉鳳山開始，一九二五年十一月十五日，二林事件後不久，鳳山小作人組合改名為鳳山農民組合，公推簡吉為組合長。在「組合長」的帶領下，鳳山農民向陳中和新興會社抗爭，並取得勝利（註：陳中和新興會社同意延後七年收回鳳山街的土地）。和二林事件相比，這次鳳山農民的勝利，「是農民首度抗爭成功」，不但大大鼓舞了被壓迫的農民，各地農民也紛紛邀請簡吉前去演講「鳳山經驗」。

鳳山農民組合是簡吉參與農民運動的起點，「鳳山經驗」增加他的公信力，也加重他的承擔。一九二六年六月二十八日，在鳳山農民組合成立大約七個月之後，代表全臺灣農民大團結的臺灣農民組合正式成立，簡吉被推為「委員長」。在簡「委員長」帶領下，臺灣農民組合僅僅於兩年間，不但發展成為臺灣近代民族運動當時最大的抗日團體之一，更成為指導並引領當時農民運動發展的關鍵力量，簡吉與臺灣農民組合都可名符其實登上當時的「風雲人物」。

一九二七年二月，臺灣農民組合成立後約八個月，簡吉和他重要的戰友趙港，展開日本之行，除向帝國議會請願外，也參加日本農民組合的大會，拜訪

布施辰治（前排中）、簡吉（後排左二）、李應章（前左）、謝春木（前右）等人合照。（參閱《漫漫牛車路紀念特展》p41）

勞動農民黨，加強與日本本土社會主義團體的連結。謝春木在《臺灣人的要求》一書中即指出：

臺灣農民組合受日本農組影響不小，尤其簡吉、趙港在日本，學習到不少日本的鬥爭手法，如：排除使用陳情請願這種溫和手段，而採取直接與地主交涉談判，拒繳租金，隱藏已收割的稻作，竊回被扣押的物品，設立假債權等等。簡吉與趙港到處演講「日本農民運動」「日本農民組合」等為題提供日本鬥爭經驗，讓一九二七至一九二八年的農民運動，邁向新的高峰。

面對日本帝國主義愈走向高壓統治的現實，當臺灣農民組合愈走上國際化與階級化之路，農組的犧牲也就愈為慘重。身為農組的關鍵推動者，簡吉貫穿農民運動的全部過程，他撐起一片天，兩度入獄，第一次坐了一年的牢[5]，第二次坐了整整十年的牢。他不忘出身，教學之餘，還騎在牛背上，常說：「一塊土地，一粒稻米，都是血汗，都是眼淚。」他有著音樂家的心靈，即使再累，也要拉拉小提琴，因為「如果我不拉小提琴，才真的會死呢！」作為臺灣農民組合第一推手的簡吉，騎在牛背上和拉小提琴的畫面，在風雲雷動的一九二〇到一九三〇年代的臺灣社會運動史上，堪可成為一幅代表性的歷史畫面。

簡吉拉小提琴照。（參閱《簡吉獄中日記》p17）

註釋

5 簡吉第五個、也是最小的兒子簡明仁，在簡吉第一次入獄的七十多年後，經由他的努力，將《簡吉獄中日記》一書正式出版（二〇〇五年）。不僅如此，十年之後，二〇一五年，又為他「寡言慎行，從不提起過往事情」的母親，也是他父親「被關在獄中十幾年……最後犧牲的過程，漫長的二十多年，他完全沒有後顧之憂，因為他有一個堅強偉大的妻子（支撐這個家）」，出版《陳何女士助產學筆記》一書（日文版）。從《簡吉獄中日記》看簡吉與陳何的互動，從簡明仁為出版《簡吉獄中日記》與《陳何女士助產學筆記》二書，而探索與奔波的過程，我們既看到百年臺灣屬於黃金十年第一代臺灣人「人間真情」的畫面，也看到百年臺灣屬於悲愴年代第二代臺灣人「人間真情」的畫面。在獄中，簡吉希望陳何能將小孩培養成「有氣度的人」；簡明仁則寫道：他父親曾使用過筆名「竹間」，「而我也曾在大學時用過竹間為筆名；他（指父親）好吹口琴，我也有同好，他學過小提琴，我也學過一點，也許是巧合，也許是因緣。」

新文協

所謂新文協，是指一九二七年分裂以後的文化協會而言。在連溫卿、王敏川的領導下，新文協於一九二七年間，以文協原已建立起的基地，以及文協傳統的做法，巡迴全島演講。而此期間，文協舊幹部起初致力於組織政治結社，及至政治結社成立，又致力於組織全島支部；而新文協又和臺灣農民組合共同提攜，在這種背景下，很自然地，一九二七年便成為新文協意氣飛揚的一年。

一九二七年七月十日，臺灣民眾黨正式成立；同年十月，文協舊幹部聯名發表「脫離文化協會的聲明書」，這種發展不僅使新文協感到不安，也使《臺灣民報》愈來愈從「先覺者」的共同園地變成為臺灣民眾黨的機關報。新文協有鑑於此，便於一九二八年五月發行《大眾時報》，但《大眾時報》既難產又早夭，僅僅發行十期，到一九二八年七月，便因經營問題而告中斷。

隨著文協啟蒙運動產生的效果，本來極為平靜的臺灣青年、學生與農民，相繼發生問題，到一九二五年，在當時運動指導者之間，已流行一句「去實際運動！」「加入實際運動！」的口號。所以，新文協在文協分裂以後，便以尖銳的手段，指導爭議事件，其中比較聳動的，包括一九二七年十一月的新竹事件，一九二八年五月的臺南墓地事件，以及一九二八年十一月的臺中師範事件。

指導這些爭議事件，不僅使新文協的主要幹部先後被捕，新文協內的上海大學系統（通稱「上大派」）人員逃往中國大陸，也使新文協系統下的工人，因新文協的戰略破綻，漸漸為民眾黨系統下的工友總聯盟所吸收，而其結果便是使新文協的活動陷於停頓，並進入清理內部陣線的階段。

新文協內部以連溫卿為首的非上大派和以王敏川為首的上大派之間的對立，早在一九二七年末即已醞釀，一九二八年，愈趨表面化；此一對立一直到一九二九年十一月三日的第三次文協全島代表大會，通過除名「左翼社會民主主義者」連溫卿一派及撤廢連溫卿主持下的臺北文協支部而告一段落；幾乎在同一時間，新文協內部也發生共產主義者與無政府主義者間的爭執，結果陳嵌等領導無政府主義者於一九二九年九月脫退，別組臺灣勞動互助社；在組織上，新文協也於克服張信義等的「豐原案」後，確立民主主義的中央集權制。但隨著這些問題的解決，臺共

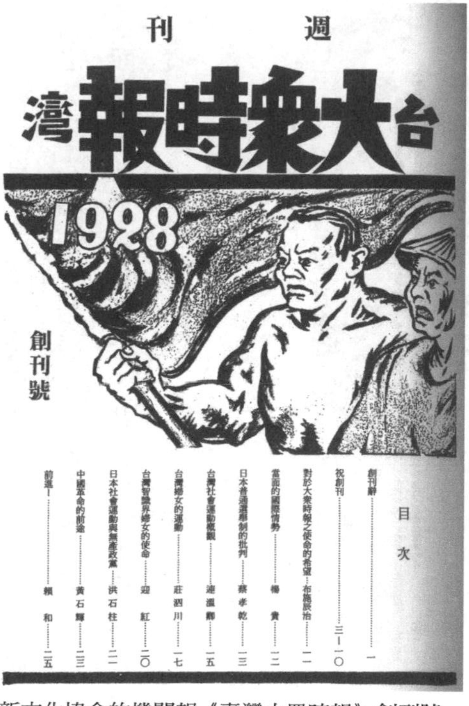

新文化協會的機關報《臺灣大眾時報》創刊號，1928年5月29日發刊，本部設在東京，每一期在臺灣都被禁。（蔣渭水文化基金會提供）

也伸入新文協的內部組織，一九三一年一月六日，經由第二次全島代表大會選出的新文協中央委員舉行祕密會議，其中決議的重要事項之一，即為支持臺灣共產黨，新文協至此也變成為臺共的外圍團體。一九三一年六月，臺共遭受全面檢舉；同年十一月以後，臺共支持下的赤色救援會也遭受全面檢舉；隨著這些大檢舉，新文協事實上已告名存實亡。

上：1927年1月3日，文化協會分裂，圖為新文協初期主要領導人連溫卿（立者右起）林碧梧、林冬桂、鄭明祿、王敏川、劉素蘭（坐者右起）。（賴和文教基金會提供）

下：1931年1月5日，新文化協會委員長王敏川（中坐者）主持第四回全島代表大會。會場張貼「打倒民眾黨」、「打倒地方自治聯盟」標語。臺上臺下都有警察監視。（莊永明提供）

民眾黨的成立

當文協分裂以後，新文協以文協本來的基礎繼續其活動，而舊幹部卻另起爐灶，致力於政黨組織，幾經波折，終於一九二七年七月十日成立臺灣民眾黨。

一九二七年二月，文協舊幹部協議組織政治結社，並決定以蔣渭水提案為主，成立臺灣自治會。臺灣自治會的綱領有二：

（一）吾人在臺灣政治上主張自治主義。

（二）吾人在臺灣經濟上主張臺灣人全體之利益，尤特以合法手段擁護無產階級之利益。

臺灣自治會因主張「自治主義」，遭日據當局事先聞知而禁止，蔣渭水不服，將會名改為臺灣同盟會，仍主張「自治主義」，又遭當局事先聞知而禁止。但舊幹部並不氣餒，乃於一九二七年五月，召開籌備會，決定將名稱由解放協會再改為臺政革新會，並於略做修改與增補後，通過以蔣渭水提案為主的草案。臺政革新會的綱領為「期實現臺灣人全體之政治的、經濟的、社會的解放」。

臺政革新會於一九二七年五月二十八日舉行發會式，會中又將名稱改為臺灣民黨，並即向日據當局提出結社申請，結果因臺灣民黨綱領使用「臺灣人全體」及「解放」七個字，被認為是「民族主義團體」而遭「禁止之」。

臺灣民黨雖被禁止，但舊幹部仍繼續努力籌組新黨，由於民黨被禁止的理由，是因「臺灣人全體」及「解放」七個字，籌畫中的臺灣民眾黨便將綱領改為：

（一）確立民本政治。

（二）建設合理的經濟組織。

（三）改除不合理的社會制度。

日據當局對這項修改案雖無異議，卻「提出蔣（渭水）君不參加的條件」，其所持理由是：

（一）於臺灣的政府不能容忍奉民族主義的團體存在於臺灣。

（二）然而，蔣渭水是極端的民族主義者，所以他加入的會，恐有被他支配大勢。

（三）所以蔣渭水參加的會難得許可。

由於這項條件，當民眾黨在臺中舉行結黨大會前夕，「臺中州警務部」便「傳達警務局的通知說：『蔣渭水不可當委員。』」因而在會上竟釀起「討論蔣君的問題」。不過，這項條件最後並未為大會接受，因為大會經過討論以後，不僅允許蔣渭水入會，且更以實際行動推選蔣渭水為中央常務委員。

「民族主義團體」與「蔣渭水」為民眾黨成立以前遭遇到的兩大問題。在這兩大問題上，民眾黨於第一個問題讓步，因之大會宣言內便稱民眾黨為「未含有任何以民族鬥爭為目的」；但在第二個問題上，民眾黨卻不讓步，因為不讓步，蔣渭水才得以發揮其影響力，以致「未含有任何以民族鬥爭為目的」的民眾黨，又因蔣渭水而「民族主義」化，最後更因「民族主義」化而遭解散。所以「民族主義團體」與「蔣渭水」，不僅是一九二七年民眾黨成立以前的兩大障礙，也是一九三一年民眾黨遭受禁止處分的兩大理由。

民眾黨成立的關鍵人物蔣渭水。（蔣渭水文化基金會提供）

民眾黨的指導原理

臺灣民眾黨雖然既難產又早夭，但在三年七個月（一九二七年七月十日至一九三一年二月十八日）的奮鬥過程上，民眾黨從創立時，「民眾的信念已極混亂，左翼份子的惡宣傳亦甚猖獗，我們的活動一時陷入極困難的地步，真有敗辛野棄樊城奔夏口之嘆」，發展而為「對內已獲得四百萬同胞的信賴和支持，對外已獲得日本、中國以及國際間的認識」，最後更因力行「真劍的解放運動」，能「撼動當局施政」，動搖日本「國策」，乃遭總督府「有計畫的絞殺」，而使成立於危難之間的民眾黨，形同「光榮戰死」。

民眾黨既係因應臺灣民黨的被禁而成立，成立初時，立黨精神不免多受牽制而無法暢言。及第二次全島黨員大會通過「對於階級問題的態度」和二次大會宣言，蔣渭水也先後在此期間發表〈我理想中的民眾黨〉、〈臺灣民眾黨的指導原理與工作〉、〈請大家合力來建設一個堅固有力的黨〉、〈臺灣民眾黨的特質〉、〈臺灣民眾黨行階級運動有矛盾嗎〉、〈民眾第一主義〉諸文；依大會通過的決議和宣言，以及蔣渭水發表的文章，民眾黨成立初時未能充分表現的立黨精神，才得到具體的闡釋。根據這些闡釋，可知民眾黨的立黨精神——亦即民眾黨的指導原理為：

（一）全民運動與階級運動是要同時並行的。

（二）擁護農工階級，就是階級運動的實行。

（三）扶助農工團體之發達，就是要造成全民運動的中心力量。

（四）企圖農工商學之聯合，就是要造成全民運動的共同戰線。

（五）本黨要顧慮農工階級之利益，加以合理的階級調節，使之不致妨害全民運動的前途。

（六）集合臺灣各階級民眾，在黨的領導下，實行全民之解放運動。

這項指導原理的主要擬定者為蔣渭水，在這項指導原理引導下，自一九二八年以後，民眾黨漸漸發展成為臺灣同胞抗

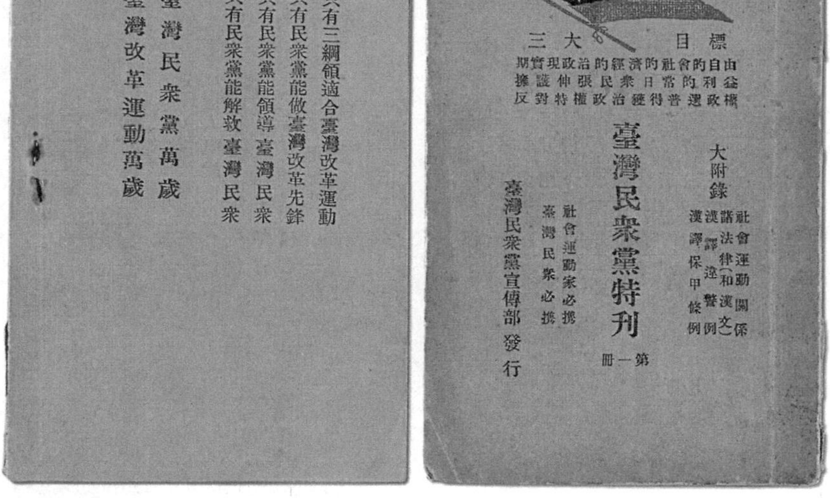

1930年出版的《臺灣民眾黨特刊》上的黨旗、綱領和口號。（莊永明提供）

日運動的最主要領導力量；及新文協與臺灣農民組合相繼受到彈壓，民眾黨又在反對鴉片新特許及霧社事件上表現出尖銳做法，民眾黨愈成為「臺灣人解放運動的總機關」；但在這種大好形勢聲中，隨著內部分裂及改組，民眾黨最後竟遭到總督府的禁止處分，致不能不在「悲壯慷慨裡告終」。

在殖民地的鐵蹄下，民眾黨的指導原理，雖使民眾黨迅速成長，但民眾黨對指導原理的力行，又使民眾黨中途夭折；所以民眾黨的指導原理既是成就民眾黨的主要因素，也是結束民眾黨的主要因素。

工友總聯盟

在臺灣民眾黨成立以後，蔣渭水一面鑑於一九二五年農民運動興起後，「先覺者」未能積極支援，以致受到日本勞働農民黨指導的教訓，一面更受到孫中山及改組後的中國國民黨一再強調「喚醒民眾」與「扶助農工」的影響，乃對正在興起中的工人運動，極力促成組織各種工會，再經由各種工會組織全島統一工會。

一九二八年二月十九日成立的臺灣工友總聯盟，正是代表蔣渭水這一概念的具體實現。工人運動於一九二七年才漸趨熱烈，但經由蔣渭水的努力，很快地即於一年之內成立臺灣工友總聯盟，成立後的臺灣工友總聯盟更於短期內發展成為擁有四十多個加盟團體，會員達一萬數千人的龐大組織。這種壯觀的成果，不僅使工人運動邁入新的階段，也使臺灣工友總聯盟成為當時抗日運動中常被提及的四大團體（臺灣民眾黨、新文協、臺灣農民組合及臺灣工友總聯盟）之一。

臺灣工友總聯盟的指導原理，是採取「組合主義」——「工人在資本制度的範圍內，工人階級的勞働條件改善維持的運動，就是組合主義」。「組合主義」有三大目的：「勞働條件的改善，勞働工資的增高，勞働時間的短縮」，這些都是「極溫和的要求，沒有什麼可驚的地方，又是由階級運動的階段上看起來，是自然成長的。」這種組合主義實內涵於民眾黨的階級運動主張之中，因為民眾黨的階級運動，即是「民生主義的階級運動，是勞働組合主義的階級運動」。

工友總聯盟和民眾黨不僅在主張上，即在人事上亦有相通之處，兩者之間也構成蔣渭水強調的「黨與民眾團體」關係的最佳典型——「黨是人頭，民眾團體是人身」，「黨可比是臂，民眾團體可比是指」。為民眾黨實質領袖的蔣渭水，在工友總聯盟成立以前為其「產婆」，成立以後又為其「顧問」；民眾黨幹部之中，有些亦為

1928年2月19日，臺灣工友總聯盟在臺北市蓬萊閣大餐廳召開成立大會。牆上懸掛「同胞須團結，團結真有力」的標語。（蔣渭水文化基金會提供）

工友總聯盟的實際領導者；因為這種深厚關係，一九三一年，當民眾黨被解散，特別是蔣渭水逝世以後，工友總聯盟也幾乎同時趨於瓦解。

日據時代的農民運動，因日本勞働農民黨的影響，漸漸走上階級化與國際化之路；而工人運動卻因蔣渭水的影響，走上組合主義之路。基於此種意義，工友總聯盟的成立與發展，不僅阻止日本本土社會主義運動團體在臺灣社會運動進行過程上的進一步介入與領導，也愈助長臺灣民眾黨的聲勢，更增加臺灣近代民族運動主體性的範圍。

文化演講與巡迴演講

新文協、農民組合、民眾黨與工友總聯盟的領導幹部，絕大多數都是早期文協的成員，早期的文協曾舉辦過定期性和非定期性的文化演講，及至文協分裂，這些成員分散到不同的團體，他們在所屬團體之內，便也如尚未分裂以前的文協一樣，舉辦巡迴演講。

文協分裂以後，各抗日團體舉辦的巡迴演講與文協分裂以前的文化演講，最大不同之點，便是前者大都是針對具體的問題與目標，提出強有力的批判與主張，以期從啟發與喚醒民眾，進而組織與訓練民眾；後者雖有時也針對具體問題提出批評，但大都卻屬於概念上的啟蒙，這種不同可從兩者的演講題目看出。

文化演講的題目有：臺灣通史、通俗法律、通俗衛生、詩學淵源、戀愛論、生活之意義、性之研究、家族制度之研究、文化主義、結婚問題之研究、道德之進化、生命觀、教育之普及、酒害的真相、臺灣違警例、有色民族之現狀、新臺灣人之生活態度、個人與社會、風俗改良、提倡建設優美之臺灣等。

巡迴演講的題目，以後來最具影響力的民眾黨為例，有民眾黨之綱領政策及工作、援助農工運動及社會團體之發達、要求學制之改革、要求改善警察制度、批評自治制度、擁護生產者之利權廢除一切榨取機關及制度、農工運動、勞動問題、勞動是神聖、要求集會結社言論出版之自由、撤廢旅券制度、要求現在政治之改善、立憲政治下之臺灣、要求尊重民意、臺灣教育制度之批評、經濟與政治、過渡時代的舵工、食飯問題、農村的振興、人生與法律之關係等。

巡迴演講與文化演講儘管有這種不同，但在精神上，巡迴演講卻是文化演講的延續。如果說文化演講「開本島農民運動與工人運動的先河」，巡迴演講便是使農工運動變為社會運

林獻堂（前排左6）率文化講演團至苑裡講演。（郭木霖提供）

1930年4月，民眾黨發起的「自治完成促進運動」巡迴講演會南北二隊辯士合影：前排左起為陳其昌、廖進平、蔣渭水、李友三；二排為許胡、梁加升（左1、3）；張晴川（三排左1）；蔡少廷（特寫左）與白成枝（特寫右）。（蔣渭水文化基金會提供）

動的主流；如果說文化演講擴大參與政治社會運動的成員與基礎，巡迴演講便是使這種擴大的成員與基礎獲得鞏固。所以從文化演講到巡迴演講之間的過程，事實上，也正是臺灣近代非武裝抗日運動進展的過程。

早期「先覺者」在非武裝抗日的原則下，先以文化演講進行啟蒙和喚醒民眾的工作，繼以巡迴演講進行組織和訓練民眾的工作，這種做法在臺灣特殊的條件下，可說是自然而又適當的選擇，所以文化演講與巡迴演講，在臺灣近代抗日運動史上，都有其特殊的意義。

不過，如果說文化演講與巡迴演講已耗盡早期「先覺者」的精力，或者將文化演講與巡迴演講本身變成臺灣近代非武裝抗日運動的目的，這種論調可說不僅不了解臺灣近代民族運動的真正目標，而且也抹煞真正民族運動領導者的成就。

鴉片問題

在臺灣民眾黨反對總督府專制政治的運動中，最刺痛日據當局的事情有二：一為鴉片問題，一為霧社事件。

日本自一八九五年入據臺灣以後，即釀成鴉片問題的討論。一八九七年，在鴉片問題上，日據當局確立後藤新平主張的漸禁政策。漸禁政策的精義，為只准已上癮的鴉片中毒者吸食，而不准新的吸食者吸食。一九二八年十二月二十八日，在日本加入國際鴉片協定生效的同一天，總督府也以律令第三號公布臺灣新鴉片令。新鴉片令原則上雖規定鴉片不准吸食，並採用治療主義，但在鴉片不准吸食下卻有「但書」：「本令施行前之鴉片癮者，由總督府特許吸食，而吸食政府發售之鴉片煙癮者，不在此限。」此項「但書」正是鴉片新特許的法令根據，也是引起民眾黨強烈反對的主要癥結。

由於新鴉片令對祕密吸食者網開一面，為取得特許而報名的潛在煙癮者，竟達二萬五千人之多。這二萬五千人不僅暴露出漸禁政策的破綻，也暴露出日據當局對漸禁政策的用力不夠，民眾黨據此便在一九二九年末理直氣壯地經由島內外，展開有系統的反對：

（一）在島內以臺灣民眾黨的名義，直接向總督府提出抗議，要求取消警務局長的聲明，並透過本身組織，展開反對鴉片新特許運動；這一反對運動，因得到各地醫師公會與如水會的支持，以及東京新民會的呼應，而聲勢愈壯。

（二）打電報給日本總理大臣及拓殖大臣，要求命令總督府停止發給新特許，並做成聲明書，分送日本重要報社，以求響應。

（三）致電上海中國國民拒毒會，要求聲援並請其轉報國際聯盟。

（四）直接向國際聯盟本部控訴，要求「速採取阻止方法」。

民眾黨這一反對運動，雖沒達成取消鴉片新特許的反對目標，但在經由國際與島內動員對總督府施加壓力的反對過程上，鴉片問題同時也由總督府和日本內閣的問題，變成為國際問題。隨著國際聯盟派員來臺調查，更將這一反對運動引到高潮，及至島內的鴉片問題國際化以後，總督府一面固然不能不對鴉片問題採取較過去更積極的治療措施，一面也因所受刺激太深而愈加深對民眾黨的痛恨。一九三一年，民眾黨遭受禁止處分時，在總督府發表的禁止理由書內，便提及鴉片

總督府發給鴉片吸食者的特許執照。（莊永明提供）

問題，且將民眾黨的反對稱為「讒誣」。日據當局對民眾黨反對鴉片新特許的耿耿於懷，從其使用「讒誣」一詞，也可略見其一二。

總督府的鴉片新特許，為民眾黨提供一次領導全島抗日戰線的良好機會；民眾黨的尖銳做法，不但無愧於這項考驗，也給該黨帶來極大的激盪與影響，其中具體可見的影響之一，便是民眾黨在揭發霧社事件時所使用的方法。

霧社事件

一九三〇年十月二十七日上午八時，臺中霧社山胞因不堪日據當局的壓迫，在番社頭目莫那魯道領導下，帶著大約三百名壯丁，趁霧社公學校舉行聯合運動會之際，襲擊「警察分室、學校、郵便局及各職員、宿舍、民家及附近十三個駐在所」，將日本官民及學童共計一百三十四名全部殺掉（另外有二名臺人被誤殺），因而造成驚動島內外的霧社事件。

霧社事件發生以後，日據當局雖很快地出動軍警與飛機，並成立以臺灣軍隊為主的司令部進行討伐；在交戰過程上，雖也使用人道所不許的毒瓦斯，並對「斯克」社番進行分化，但「持有最尖端文明利器」而又動員了二千多人的「正式軍隊」，對於這些有如處於「原始人」狀態而人數又少的山胞的抵抗，卻費時將近兩個月，才將事件敉平；在激戰過程上，起事的山胞不僅沒有一個人投降，最後更全部捐軀成仁；這種英勇的精神和壯烈的犧牲，使霧社事件成為日據晚期臺灣同胞最壯烈的武裝抗日運動。

參與霧社事件的花岡一郎和花岡二郎，在霧社事件發生後一小時，曾在花岡二郎的宿舍牆壁上，用墨汁寫了數行「聲明書」：

花岡兩人啓事：

我們兩人非從此去世不可，番人是因為過於被強制勞役，才會弄出這樣事件，雖然我們對於這等番人亦沒有法子了。

——昭和五年（一九三〇年）十月二十七日午前九時

「花崗的遺言」，正如《臺灣新民報》的形容，「可比是一道通電」，揭發出霧社事件的真正原因。這個真正原因，亦即〈霧社事件清算〉一文說的，「近則由該地的警察酷吏虐待所激發，遠則因高壓政策征服心理所醸成」，因此「霧社之變」，不僅「是十數年來治番政策之破綻，又是日本民族統治異民族失敗之一的好實證」。

霧社事件，有如鴉片新特許一樣，也為民眾黨提供一次領導全島抗日戰線的機會。當霧社事件發生時，總督府唯恐動搖人心，一意加以掩飾，但民眾黨為求案情大白，卻一意加以揭發。經由鴉片新特許反對運動的經驗與領悟，民眾黨也從島內外兩方面同時進行；對內部分便是派人到現場實地調查，並不斷報導霧社事件的新情況；對外部分便是致電日本拓殖大臣、貴族院議長、內閣總理大臣及日本大眾黨與勞農黨，要求派員調查並嚴懲事件關係者。在民眾黨雙管齊下的揭發下，霧社事件已不再是一個單純的地方問題，而變成政治問題，既變成政治問題，「霧社問題的中心」，便

「移到中央政界去了」。

由於民眾黨的揭發，總督府在霧社事件發生以後，相當狼狽，因之霧社事件也如鴉片新特許一樣，增加日據當局對民眾黨的痛恨。一九三一年，當民眾黨遭受禁止處分時，一般人即根據總督府對於鴉片新特許與霧社事件的記恨，認為民眾黨的被解散，實是日據當局的報復手段。

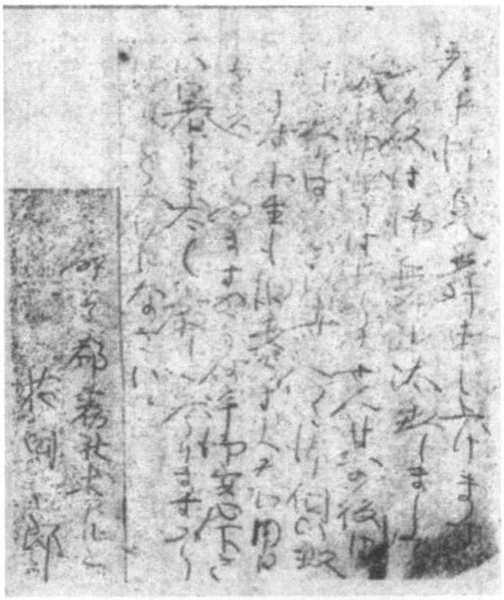

上：花岡一郎起義前，以毛筆在宿舍牆壁上寫下遺書。（取自《臺灣新民報》，蔣渭水文化基金會提供）

下：參與霧社起義的霧社分室巡查與警手花崗一郎、花崗二郎。（取自《風中緋櫻》）

民眾黨的分裂

在鴉片新特許反對運動以後與霧社事件發生以前，民眾黨經歷一次內部分裂，這便是臺灣地方自治聯盟（以下簡稱自聯）的別樹一幟。

成立於一九三〇年八月十七日的自聯，依《臺灣民族運動史》一書作者的自述，是「以向來所未有的特別性質組織成立」。「所謂特別性質有二：第一是單一目標」，專以「促進地方自治制度的實施」；「第二是計畫容納在臺之民間日本人」。由於這兩項「特別性質」，加上對民眾黨運動路線的不滿，自聯人員便以一種「猶抱琵琶半遮面」的心情，或主動，或被動的離開民眾黨。

如果探本溯源，民眾黨的內部分裂，實即醞釀於民眾黨成立之時。一九二七年十月二十八日，民眾黨中央常務委員會通過「綱領的說明及對於階級問題的態度」兩個重要提案，這兩個提案中有關「耕者有其田」及「大事業歸公共經營」的主張，提到中央委員會時，即因顧及「黨的現在有智識階級及各地方有力者，故恐惹起分裂」，以及為著「對實際問題開始活動一致」起見，被刪掉了。文字雖被刪掉，但精神卻出現裂痕，因之民眾黨舉行第二次全島黨員大會時，便一度傳出分裂；二次大會後來雖無事結束，且在宣言中揭櫫「要以農工民眾為全民解放運動的主力軍」，但隨著民眾黨愈走向「喚醒民眾」及「扶助農工」之路，亦即由「不適合臺灣現狀」的「皮相的、抽象的政治運動」，走向「深刻的、具體的從事於養成自力工作」之路時，內部卻同時發生彭華英事件，蔡培火也刊出〈謹告〉一文，而使本來就已存在的不和日趨表面化[6]。一九二九年五月，蔡惠如逝世時，蔣渭水在追悼感言中說的「徹底的性質與不妥協精神」，固然反應出蔡惠如的為人以及蔣渭水私淑重點所在，實亦針對當時已趨不和的內部情勢而發。民眾黨第三次大會宣言以及反對鴉片新特許的尖銳做法，似均加深分裂的不可避免；自一九三〇年起，儘管民眾黨一再表明立場，自聯還是在民眾黨的反對聲中成立。

自聯於一九三〇年一月發起以後，民眾黨對自聯所持的態度，隨情勢的發展，表現得頗為一致。一九三〇年三月，民眾黨中央執行委員會（中執會）在「激論將及三個鐘頭」後，發表聲明稱：「凡是黨員不得參加黨以外之政治結社及為其發起人」，這項規定當然是針對身為民眾黨黨員而又致力於正在組織中的自聯人員而發；七月，當自聯的成立已進入緊鑼密鼓的最後階段時，民眾黨中執會對於自聯問題議決二案：「第一，維持中執委決議的原案（黨員不得加入其他政治結

註釋

6 民眾黨中央常務委員會對於常務委員彭華英於一九二八年九月至十月間，三次在《新高新報》發表關於「黨是的意見」一事，認定「有違黨則」，決議對彭華英本人提出「忠告」，此一「彭華英事件」和其後蔡培火的〈謹告〉一文，都只是將民眾黨內部的不和攤到檯面上，最後經由自聯的別樹一幟，而呈現公開的分裂。

社），第二，俟違背原案時，才決定處置的態度」；八月，自聯成立後，因民眾黨黨員中有人跨黨參加，民眾黨中執會乃於九月，對這些跨黨黨員，在「費了兩個多鐘頭」以及「非常緊張」的討論後，「採決以二星期的期間，善意勸告跨黨者反省自決，若期間內無何等聲明之時，才出最後的態度」；及至「二星期」已過，民眾黨中央常務委員會便在十月決定「對加入自治聯盟的跨黨份子除名處分」，十二月更發表除名處分的名單，而使內部分裂完全公開化。

　　民眾黨自成立以後，因受到一九二七年以後抗日形勢大變化的影響，即致力於強化黨的組織與紀律，蔣渭水更一再為文呼籲建立「黨人的態度」，主張以「黨的主義」作為劃分敵我界限的標準。在這種背景下，自聯

1929年10月17日，臺灣民眾黨在新竹公會堂召開第三次全島黨員大會。（取自《蔡式穀行迹錄》）

的熱心者，在一九三〇年，欲另樹一幟而又兼民眾黨黨員的身分，對於此時已走向重視團體組織與紀律的民眾黨而言，自是一次嚴重的考驗。民眾黨為貫徹既定的方向，對於跨黨份子決定除名處分，不僅在蔣渭水預料之中，也在包括林獻堂的自聯人員預料之中，因為除名處分是當時形勢發展下的唯一結論。

自聯成立初時，因網羅不少地方上的「有力者」參加，便引起如領銜的楊肇嘉說的，「世人有批評此為資本家之結合」，「對於這個地方自治聯盟，有人譏笑說是什麼第二公益會」；以及如臺南的韓石泉說的，「有一面觀察，自治聯盟恐怕歸一部階級的人獨佔，而成為大多數的人不能享受利益的御用團體」；因此自聯成立後不僅遭到農民組合與新文協的反對，也遭到工友總聯盟的反對，「民眾黨雖沒有積極反對，卻也認為不能合作」。在這種「批評」、「譏笑」與「反對」聲中成立的自聯，為了促進「單一的自治目標」，「對外界的反對」，便採取如楊肇嘉說的，「徹底的隱忍，徹底的無抵抗主義」；林獻堂且更進一步以民眾黨為庇護說：「有人批評說，自治聯盟和民眾黨相反，其實不然，這種人實不理解地方自治為何物，亦不理解民眾黨是什麼東西，民眾黨亦為自治而奔走，自治聯盟豈不是和民眾黨為同樣的目標而奔走乎？哪有相對立的道理，我是極願主張使自治聯盟和民眾黨同時、同樣的發達而加以同樣的助力使其長成達到最終的目的。」「關於臺灣民眾黨和地方自治聯盟的關係，一部分人士似帶有誤解，其實民眾黨與地方自治聯盟在確立臺灣地方自治的一點，完全是沒有差異，絕對沒有衝突。假使有人反對，那不過是因為人的問題，如御用紳士參加云云的關係，並不是宗旨上有互相衝突的問題。然而所以組織地方自治聯盟的原因，不過是因為民眾黨的綱領政策很多，未便網羅贊成確立地方自治的臺灣同胞於其黨內活動做事，所以有決定組織自治聯盟，自治聯盟是要網羅能夠贊成確立地方自治之單一目標的各派各階級人士來參加運動而組織的，不但與民眾黨沒有衝突問題，而且可以合流於確立地方自治的。」

一九三〇年民眾黨的分裂，是民眾黨最後一次的內部分裂，也是日據時代的民族運動者，在臺灣近代非武裝抗日運動史上最後一次的內部分裂。因為隨著這次分裂，民眾黨也進行改組，而民眾黨完成改組的時刻，也就是民眾黨遭受禁止處分的時刻。

左：1931年8月16日，林獻堂在臺灣地方自治聯盟成立一週年的第一次全島盟員大會致辭。（取自《清水六然居楊肇嘉留真集》）

右：韓石泉

民眾黨的改組

隨著自聯成立，民眾黨也對綱領政策與黨章進行修改，而當修改案在民眾黨第四次，也是最後一次全島黨員大會通過時，民眾黨也同時遭受日據當局的禁止處分。

修改案的主要擬定者為蔣渭水，依蔣渭水的說明，修改的理由有二：

第一點是自立黨四年間以來，臺灣及世界的客觀情勢的變化。

第二點是立黨之精神是分散在舊綱領及第二次（第三次）大會宣言和對於階級問題態度的決議中，現在不過將過去立黨精神之抽象的、散漫的，整理為具體的、整個的，所以說是修改，不如說是整理。

其中所謂「臺灣及世界客觀情勢的變化」，依蔣渭水的見解，包括「資本主義的沒落」、「社會主義的興起」以及「黨內資產階級和反動知識份子的逃避退卻」。修改的理由，在民眾黨最後一次黨員大會上，蔣渭水更簡化為：「乃是順從臺灣客觀主觀的情勢思考出來的。」

以民眾黨中央常務委員會（中常會）名義提出的修改案，提到中央執行委員會時，曾引起陳旺成的激烈辯論，陳旺成的反對理由有二：

陳旺成

蔡年亨

（一）修改案未經諮詢中執會即先提交各地支部，於程序上不合。

（二）修改案沒確立黨精神。

關於第一個反對理由，蔣渭水的答覆是：「要使各支部黨員能參加這個試案的討論，綜合他們的意見來給中執會做參考，這是給黨員與大眾的討論，是民主主義的擴大化。」關於第二個反對理由，蔣渭水認為並無沒確立黨精神，他對陳旺成的意見，「認定僅是文字上的不同，而在意味上與修改案無絲毫差異。」反對的理由既不充足，修改案便在由蔡年亨主持的最後一次全島黨員大會上，如反對的陳旺成所說，「我預料這個試案一定通過」的情形下，「幾乎滿場」以通過」（僅有五名反對）。

陳旺成在修改案的辯論過程上，曾說民眾黨的立黨精神及最難表現的，為「民族意識」、「民族運動」。這個立論，對於強烈的民族主義者蔣渭水而言，當然深獲我心。但因民眾黨在創黨時即被銬上枷鎖，宣稱「未含有任何以民族鬥爭為目的之要素」，因之任何觸及到「民族意識」、「民族運動」的字眼，都應避免，不然便會中了總督府在允許民眾黨成立時即已安排好的陷阱，所以「以農工為中心的民族運動」，雖然一度擬明白規定為改組後民眾黨的本質，終因上述顧慮而撤消不用。

民眾黨改組是蔣渭水一生當中所經歷的最後一次政黨改組，改組後民眾黨所確立的「以農工為中心的民族運動」，堅定顯示蔣渭水自參與政治社會運動以來，至過世之前，始終是一個強烈的民族運動者。

民眾黨的被禁

一九三一年二月十八日，民眾黨在臺北民眾黨本部事務所舉行的第四次全島黨員大會，從上午十一時起，除中間休會三十五分鐘外，連續開了六個多小時，當大會以「絕對多數通過」中常會提出的修改案時，「已到六時了」，「在這個時候，警察當局派有正私服巡查三十餘名，把守樓上樓下的通路，臺北州警務部長、保安課長、總督府金田事務官皆已到會場，於是北警察署長帶同一群警官及一名通譯入該黨大會議場，即時登司會者席的臺上，在嚴重警戒的場裡，以高壓的口氣，向著全體黨員說：『政治結社臺灣民眾黨，依治安警察法第八條第二項，本日臺灣總督禁止之』，並宣告解散該大會了。於是昭和二年（一九二七年）七月十日成立以來滿三年七個月的臺灣民眾黨，在這改組的重要時期，竟然慘遭強權禁止了。」

日據當局「禁止」民眾黨的同時，也逮捕一些民眾黨主要幹部，並發表「禁止理由書」；井上警務局長也發表公開聲明；《臺灣日日新報》並曾以社論發表評論；根據這些官方以及代表官方的報社所發表的言論，可知在日據當局心目中，禁止民眾黨的真正理由，是因為民眾黨的一貫主張「民族自決」，並採取「反官、反母國」的尖銳態度所致。民眾黨被解散以後，民眾黨的主要幹部曾發表「共同聲明書」，民眾黨的實質領袖蔣渭水也曾發表談話，從「共同聲明書」及蔣渭水發表的談話，也可看出在民眾黨本身心目中，所持的民眾黨被解散的真正理由，是因民眾黨已成為一「使政府感著威脅的解放團體」，並「能撼動當局施政」，致被「視為眼中釘而不容許存在」。而在這個問題上，依當時任職於《臺灣新民報》、而比較具有歷史觀點的何景寮的看法，卻認為民眾黨邁向「真劍的解放運動」，又有能力動搖日本「國策」，才是「禁止民眾黨的主要原因」。

民眾黨在蔣渭水領導下，經過三年七個月的積極奮鬥以後，已成為「臺灣人解放運動的總機關」，所以當民眾黨

民眾黨於1931年2月18日被解散，十六名幹部被捕。2月21日被釋放的幹部，在黨本部最後留影。左起：白成枝、陳其昌、蔣渭水、李友三（左5）、許胡、張晴川、李火木。（蔣渭水文化基金會提供）

被解散以後，馬上變成為「震動全國的大問題」。自聯對民眾黨的被解散，一面表示「很遺憾」，一面即向民眾黨的地盤進軍；農民組合視為是日據當局「逆行的行動」；新文協卻認為是「當局上其當」，使民眾黨得以藉「當局之手，做光榮的戰死」；而一般民眾對於日據當局這項「有計畫的絞殺」，卻感到「悲憤激昂，惋惜追念」，以致民眾黨舊幹部基於「有此民心，不怕無黨，政府雖能禁止政黨，總不能禁止民心」的體認，決定不再組織「空骸的政黨」，而將全力貫注於三角組織的訓練與推進。

不過，民眾黨舊幹部這項計畫並沒有實現，因為在民眾黨被解散後不久，民眾黨的中心人物蔣渭水也跟著逝世，蔣渭水的去世使已被解散的民眾黨更趨解體。

蔣渭水逝世

一九三一年二月十八日，民眾黨遭受禁止處分，同年七月，蔣渭水即行臥病，八月五日，蔣渭水病逝臺北醫院，享年僅四十歲又五個多月。

民眾黨遭解散以後，蔣渭水不僅發表聲明，且一再為文表示將「依然把守我們的陣營」，但由於「嘔盡心血，遭此巨創」，不免「鬱鬱寡歡，屈居島都」；同時又因兩件事情的先後發生，遂使「鬱鬱寡歡」的蔣渭水，出人意料之外的英年早逝。

根據當時參與農民運動、而與蔣渭水比較接近的黃師樵的回憶，在民眾黨遭解散以後，「富於感情」的蔣渭水，曾為鄰居一對夫婦充當和事佬，他們一起吃冰談話，結果因談話的時間拖得很長，冰變成水，蔣渭水在喝完後的翌日，腸胃即略感不適，但因身為醫生，起初並不介意，經過時日的拖延，愈為嚴重，最後蔣渭水即因「腸窒扶斯」（傷寒）病逝。

另一更令人感傷的事，便是在民眾黨遭解散以後，蔣渭水夫人（對臺灣近代政治社會運動曾有不少貢獻，而在蔣渭水逝世後五十多年一直皈依佛門度日的陳精文女士）因病入院。陳女士的入院，使身心已經交瘁的蔣渭水，愈為勞累，加上新病的感染，蔣渭水終不能不由「在家臥病」而移

「醫院治療」：「當蔣君未病以前，先是其愛妻入臺北醫院手術，纏綿床第，將近月餘。病勢時進時退，蔣氏看護之餘，勞憂交集，其妻起床之日，而蔣氏已在家臥病了……自是病妻反為蔣君看護，後蔣君熱度不退，乃移醫院治療。」及至「醫生宣告是腸窒扶斯疾並肺部腫脹症，其家人皆憂形於色，親友聞之，亦莫不為之憂慮」，後「病勢愈趨險惡」，「自（八月）三日午後就報絕望」，以後雖每「隔一時注射一回，爾後隔三十分，隔二十分，施一回注射」，但終至「無可挽回」，而於八月五日上午七時三十分，「在諸親族及諸同志看護之下」「長逝了」。

「自蔣君罹病的消息傳出後，島都諸友人和各社會運動同志，皆異常不安，每日前往慰問者，絡繹不絕。」及蔣渭水病逝的消息傳出後，一般民眾聞之，「莫不驚惶失措」，有一部分同志更「即刻袖纏黑布表示哀悼」，「就是鄉村僻處，聽到蔣氏過世的消息，亦同時連聲喊可惜」，而各地的有志者更先後為蔣渭水舉行追悼會，也有為文追念的，或默禱致哀的，八月二十三日葬儀委員會更為蔣渭水舉行一次臺灣空前的「大眾葬」，送葬者達五千餘人。資料顯示，蔣渭水之死給臺灣民眾帶來的激盪之深與哀痛之切，亙日據時代，實無人能出其右。

由於蔣渭水患的是一種「法定傳染病，故不得不付之火葬」，八月五日下午四時半，便送往三板橋葬儀堂火葬，出發時「蒼天低迷，雷電一至，轉瞬間驟雨傾盆，恰似為蔣君之長逝而流淚」；八月二十三日上午舉行的「大眾葬」，當葬儀剛要出發時，也「天候忽變，暗雲迷空，突然降雨」；這些跡象顯示出蔣渭水的「出師未捷身先死」，不僅「長使同胞淚滿襟」，也引起雷動風雨

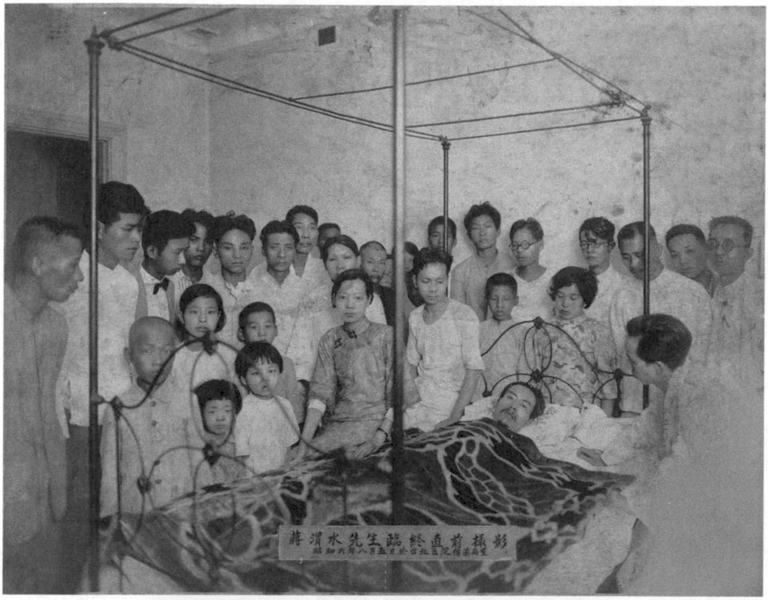

上：1931年8月5日，蔣渭水臨終前與德配石有（陳精文後）、革命夥伴陳精文、弟蔣渭川（陳精文右）及陳其昌夫婦（前右1、2）、賴金圳、蔡培火、杜聰明（立者右1、3、4）等同志攝於臺北醫院（今臺大醫學院附設醫院）。（蔣渭水文化基金會提供）

下：廖進平、梁嘉升（前左1、3）、陳天順（後左1）等蔣渭水大眾葬儀委員，佩帶黑紗表示哀悼。（廖德雄提供）

的景象。

但蔣渭水逝世的最大影響，便是使十年來一直持續高漲的臺灣近代非武裝抗日運動，奏出輓歌的哀調。因為在蔣渭水逝世以後，整個抗日戰線所表現的，有如蔣渭水「大眾葬」儀剛要出發的天氣一樣，是「天候忽變，暗雲迷空」。

大稻兩側掛滿各友誼團體弔旗以及擠滿參加蔣渭水大眾葬儀之人潮，商家休市哀悼。

大眾葬儀行進過程，「沿途堵列圍觀市民不計其數」，右下有北警署派出之武裝警察戒備，當時臺北的警察幾乎全坐鎮於大稻埕。（臺北市文化局提供）

臺灣的孫中山

孫中山自二十歲起，即致力革命，在「四十年如一日」的奮鬥過程上，孫中山曾一手締造亞洲第一個民主共和國，推翻袁世凱竊國，並從事掃蕩軍閥的工作，最後竟在全國同胞支持聲中，不幸賫志以歿，臨死時尚連呼：「和平、奮鬥、救中國。」

為了推翻滿清，孫中山曾先後組織興中會與同盟會，發動十餘次武裝革命事件；辛亥革命成功後，孫中山又先後將革命團體改為國民黨、中華革命黨與今天的中國國民黨。一九二四年，在孫中山親自主持的中國國民黨第一次全國代表大會上，通過三民主義的指導原理，並決定在喚醒民眾與扶助農工的方向上，將武力與國民相結合，發展國民革命的武力。

蔣渭水自醫校學生時代以來，即因受到身為醫生的孫中山領導革命的影響，常在校內領導學生從事洋溢著民族情操的政治運動；一九二一年，蔣渭水重燃「政治熱」以後，在「十年如一日」的奮鬥過程上，由於「徹底的性質與不妥協精神」，先後被日據當局關過兩次，拘留十餘次，也是「我臺人為公事受拘引」的第一人，最後且在臺灣同胞齊集於臺灣民眾黨旗下的大好形勢中，隨著臺灣民眾黨慘遭解散而賫志以歿，臨死時尚諄諄叮囑同志，應為未完成的革命目標繼續努力。

為了推行非武裝抗日運動，蔣渭水曾先後成立臺灣文化協會、新臺灣聯盟、臺灣議會期成同盟會、社會問題研究會，以及臺灣民眾黨；另外也擔任《臺灣民報》「褓母」，並為臺灣工友總聯盟「產婆」。文化協會是啟蒙運動中最重要的領導團體，主要目標是文化教育和思想啟蒙；民眾黨是「真劍的解放運動」中最具有影響力的領導團體，主要目標卻要成為「臺灣人解放運動的總機關」；而其所確立的「以農工階級為基礎的民族運動」的指導原理，即是蔣渭水在《孫中山全集》影響下提出的。所以《孫中山全集》，經由蔣渭水的提煉，便成為在蔣渭水影響下的臺灣近代民族運動的精神動力來源。

蔣渭水與孫中山除革命精神與革命主張有著緊密連結以外，更還有一些共同之點；兩者均為醫生而兼醫國；均為手不釋卷的好學者；均死於生命高潮的時刻並均用平民葬；在生前最後一次的政黨改組上，孫中山「曾接到海外華僑數次緘電，詢問此次改組是否改國民黨為共產黨」，蔣渭水也一再被指為走向階級鬥爭；對於社會運動的態度，蔣渭水也展現孫中山的領導格局與胸襟，這便是一面排斥階級鬥爭，一面又有自信的納社會運動於民族運動目標之內而加以領導。

基於這些比較，在臺灣近代民族運動史上，蔣渭水不僅可說是「臺灣的孫中山」，而他在歷史上所享有的地位，也正如孫中山在領導中國近代革命所享有的地位一樣，是崇高的、不朽的、不容抹煞的，尤其是不容歪曲的。

上：1929年，孫中山奉安大典在南京舉行前，北平各界在中山公園舉行迎櫬紀念大會，中書「總理精神不死」。（取自《孫中山與國民革命》）

下：1931年8月5日，大安醫院蔣渭水靈堂，中書「忠魂充漢室」，左右橫聯「精神不死」、「遺訓猶存」。（臺北市文化局提供）

臺灣共產黨

在臺灣近代民族運動史上，成立比較晚，主張最激烈，而在思想和組織上又與共產國際有著密切淵源的，便是臺灣共產黨（以下簡稱臺共）。

臺共於一九二八年四月十五日，在中國上海法國租界一家照相館樓上舉行成立大會，出席者僅九人，包括主要發起者林木順、謝雪紅及中共與朝鮮共產主義者所派的代表。會中所通過的組織大綱與政治大綱，則是臺共基於共產國際的指示，而由日本共產黨起草，並經中國共產黨承認。在組織系統上，基於「臺灣民族論」，臺共以日本共產黨臺灣民族支部而成為共產國際世界革命系統的一部分；在政治大綱上，臺共基於「臺灣民族論」，公然提出「臺灣民族獨立」、「建設臺灣共和國」的激烈主張。這是臺灣近代民族運動團體之中最激烈而又與共產國際最扣緊的一個革命團體。

與臺共建黨同時，駐上海的日本領事館相繼逮捕「上海臺灣學生讀書會」的左派臺灣人，並查獲有關臺共結黨的一些資料。這一事件影響了臺共成立後返臺的計畫，並使初期以林木順為首的臺共體制宣告終結。

留學蘇聯，為臺共建黨重要成員之一的謝雪紅，於一九二八年十一月，基於日本共產黨指令，召集林日高、莊春火三人組成「島內黨中央」，並於同年十二月，在臺北開設「國際書局」，一面宣揚左派思想，一面作為黨中央的祕密聯絡處。

從島內黨中央的確立，到「黨改革同盟」奪權前，臺共增加從日本回來的蘇新、蕭來福，從中國回來的王萬得、吳拱照、劉守鴻等主要幹部，又吸收新文協及農民組合的左翼份子相繼入黨，臺共乃先後取得對農民組合及新文協的領導權，而儼然成為臺灣近代民族運動後期左派團體之中最主要的領導團體。

一九三〇年十月，臺共在松山召開黨中央委員會擴大會議，重整黨的領導工作。同年十二月，為農民組合中央委員的陳德興從中國返臺，並帶回在上海的翁澤生所委託東方局的指示後，臺共的內部鬥爭加劇，反謝雪紅運動頓形活躍。一九三一年一月二十七日，蘇新、蕭來福、陳德興、趙港、莊守、吳拱照、王萬得決議成立黨改革同盟，改革同盟的成立，象徵臺共謝雪紅時代的結束，因為松山會議主要成員都投到改革同盟的陣營去了；同年四月，潘欽信受東方局及中共中央指令，從廈

1925年，謝雪紅（前排右2）赴莫斯科留學前，和上海大學同學合影。（取自陳芳明著，《謝雪紅評傳——落土不凋的雨夜花》）

門回臺籌開黨第二屆臨時大會；五月三十一日到六月二日，臺共第二屆臨時大會在淡水舉行，決定解散黨改革同盟，通過新政治綱領，除名謝雪紅等人，確立黨的統制權，並選出潘欽信、王萬得、蘇新為新的中央常任委員。

改組後的臺共，比之初創時的臺共有兩個特點：（一）組織系統上從「共產國際日本支部臺灣民族支部」，改變為「共產國際臺灣支部」；（二）政治綱領上比初創時更趨極左化，而把臺灣的民族資本家、中小地主，也如同日本帝國主義、買辦資本家同樣當作革命對象。改組後的臺共，在做法上也急速轉變，由過去的「關門機會主義」轉變為「開門急進主義」，並積極指導工人與農民的爭議事件，致黨員數目增加，黨支部也增加，這個階段可稱為臺共的「黃金期」，只是為時甚短。

日本繼一九二八年的「三、一五大檢舉」日本共產黨之後，又在一九二九年的「四、六」進行大檢舉，而臺共在建黨之初，即因上海讀書會事件，遭到日本警察不斷的祕密偵查。一九三一年三月，終因有關臺共第二屆臨時大會文件被發現，臺共內情暴露，日據當局乃於六月起，進行全面大檢舉，結果臺共被捕黨員及共鳴者計一百零七人，其中被起訴者七十五人，被判有期徒刑者四十七人，像潘欽信徒刑高達十五年，謝雪紅、翁澤生的徒刑為十三年，蘇新、王萬得、趙港的徒刑為十二年，而判十年以上者也有多人，這是臺灣近代民族運動後期犧牲最大、判刑也最長的一次大審判。

臺共遭全面檢舉後，其外圍的農民組合及新文協受到更大牽制，未遭檢舉的同志乃致力組織犧牲者後援會，並於一九三一年四月召開「臺灣赤色救援會籌備委員會」，決議假臺灣赤色救援會之名，繼續努力重建黨的組織，但同年十二月，赤色救援會有關運動者，也先後被捕，被檢舉者達三百一十人，其中一百五十一人被起訴，四十五人被判刑，臺共的整個組織與運動也因而遭到全面瓦解的命運。

左傾後的臺灣農民組合（上）及新文協（下），本部皆設於臺中，成為臺共的外圍組織。（取自泉風浪著，《臺灣民族運動》）

臺灣共產黨創立時的聯絡系統及組織圖

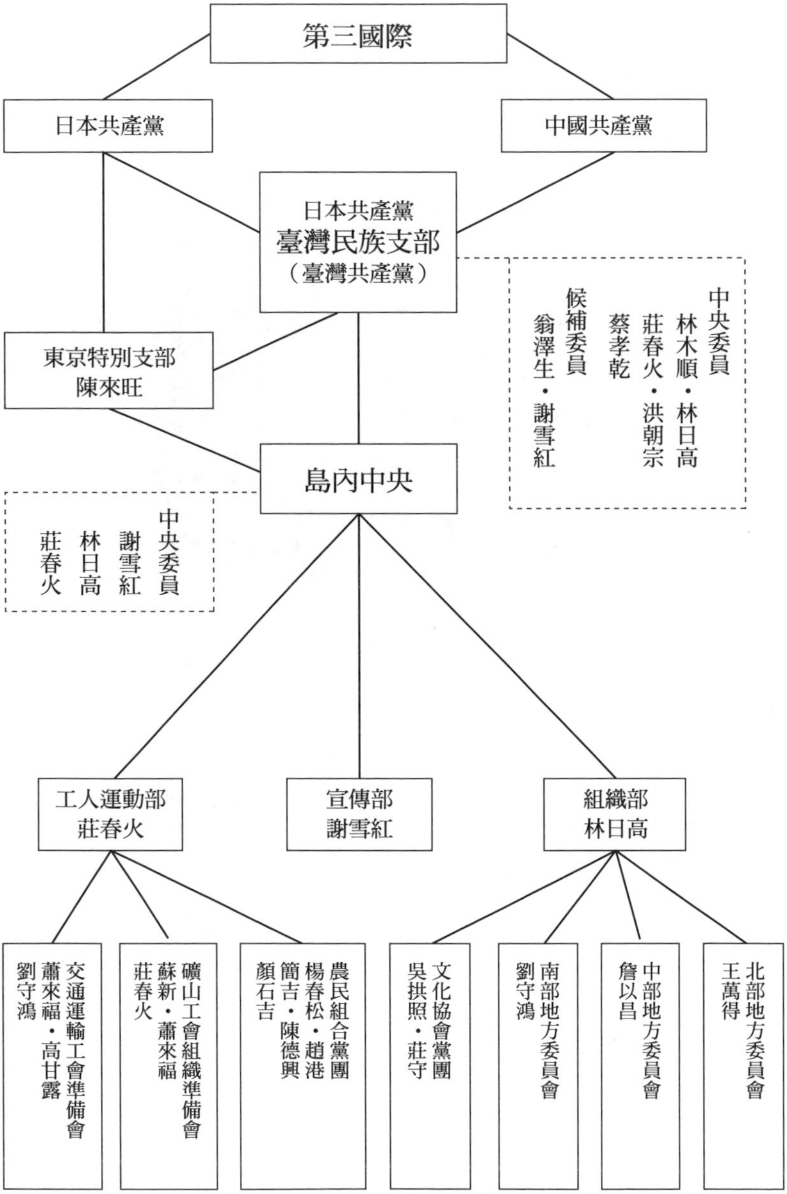

（取自盧修一著，《日據時代臺灣共產黨史》）

臺灣共產黨第二屆大會後的聯絡系統及組織圖

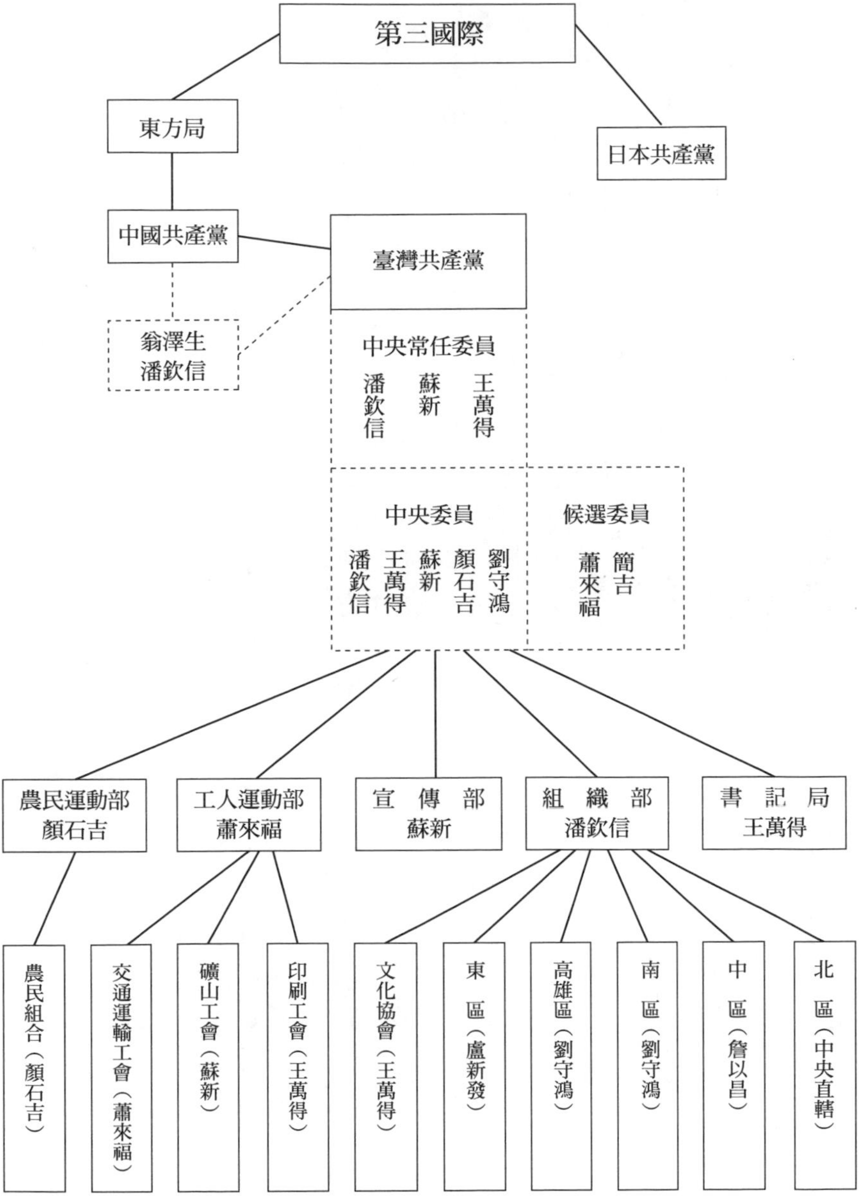

（取自盧修一著，《日據時代臺灣共產黨史》）

地方自治聯盟

臺灣地方自治聯盟於一九三〇年八月十七日成立；一九三六年八月，在召開第四次全島大會後解散，前後歷時大約六年。

以「確立臺灣地方自治」為唯一目標的地方自治聯盟，其有關地方自治的改革要求為：

第一，依普通選舉賦予公民權。

第二，確立州市街庄之自治權。

第三，改官任諮詢機關為民選議決機關，並確定其職務及權限。

第四，改革執行機關之組織，確立其職務及權限。

第五，確立州街庄之財政管理權。

嚴格地說，這些要求並沒有超出一九二八年臺灣民眾黨早已提出的有關地方自治改革的範圍，所以當抗日運動已由啟蒙運動走向實際運動，並由實際運動走向動員民眾，並採取諸如包圍會社、包圍郡所、集體罷工、集體罷耕等方法，以要求政治權利之路時，自治聯盟人員決意脫退包含有地方自治目標的民眾黨，別組離開社會運動之路的自治聯盟，而其成員又包含有「御用紳士」、「迎

上：楊肇嘉——臺灣地方自治聯盟的領銜者。（取自《清水六然居楊肇嘉留真集》）

下：臺灣地方自治聯盟主要推動者洪元煌、林獻堂、楊肇嘉、蔡式穀（前排左3、4、5、6）、葉榮鐘、張聘三（後排右3、1）等合影。（取自《蔡式穀行迹錄》）

合階級」，且又回復到採取臺灣近代民族運動剛興起時所使用的「叩頭哀求的請願」，因此不論從當時的運動洪流來看，或就宏觀的歷史觀點看，自治聯盟的成立與做法，都與當時高漲的整個抗日運動畫面不相協調。

一九三一年，民眾黨被禁後，抗日運動不免趨於寂靜，為因應這種情勢，自治聯盟內部很自然地便有改組的呼聲，改組的焦點，即為改變「叩頭哀求的請願」，並擴大運動要求的範圍。但這項改組提議，由於時間因素和自治聯盟人員「沒有政治運動的經驗」，被否決掉了，於是亙自治聯盟存續期間，促進地方自治的實現，始終是自治聯盟的中心工作。

在時局的逼迫、「先覺者」的共同努力以及地方自治聯盟的持續運動下，日本統治下的臺灣，終不能不於一九三四年對地方自治略施纏腳式的改革，其內容為：議員官派民選各半，州與市有議決權，街庄仍為諮詢機關；選舉資格限稅額五元以上。這種改革不僅今天看起來感到可笑，即便當時的地方自治聯盟人員亦不滿意，但他們在「改正自治制度，有若干缺陷，雖不能滿足，但比較舊制度已有進步」的了解下，以及在「今後為期早一日實現完全之自治制度」的心情下，還是聲援參與此一改革的自治聯盟候選人。

自「九一八」事件發生以後，日本與中國的關係愈趨緊張，日本本土軍國主義高漲，臺灣島內則右翼運動勃興，特別是大亞細亞主義運動，幾乎蔚為風潮，這些運動大都是由日人發起，其目的是為撲滅社會運動，助長日本皇威。在這樣的氣氛下，自治聯盟的存在已日愈困難，及至一九三五年末，日據期間臺灣第一次跛腳選舉結束，一九三六年，日本已進入「超非常期」，接著「祖國事件」[7]發生，自治聯盟便在這種背景下，於第四次全島大會後自動宣布解散。

註釋

7 一九三六年三月，林獻堂參加《臺灣新民報》所組織之中國華南考察團，歷遊大陸各地，在上海接受華僑團體歡迎時，林獻堂在席上致詞，有林某回到祖國之語，為日本間諜獲悉轉報臺灣軍部，官方的《臺灣日日新報》揭發此事，對林獻堂大加撻伐，此即所謂「祖國事件」。

第五篇

蘊含的民族認同

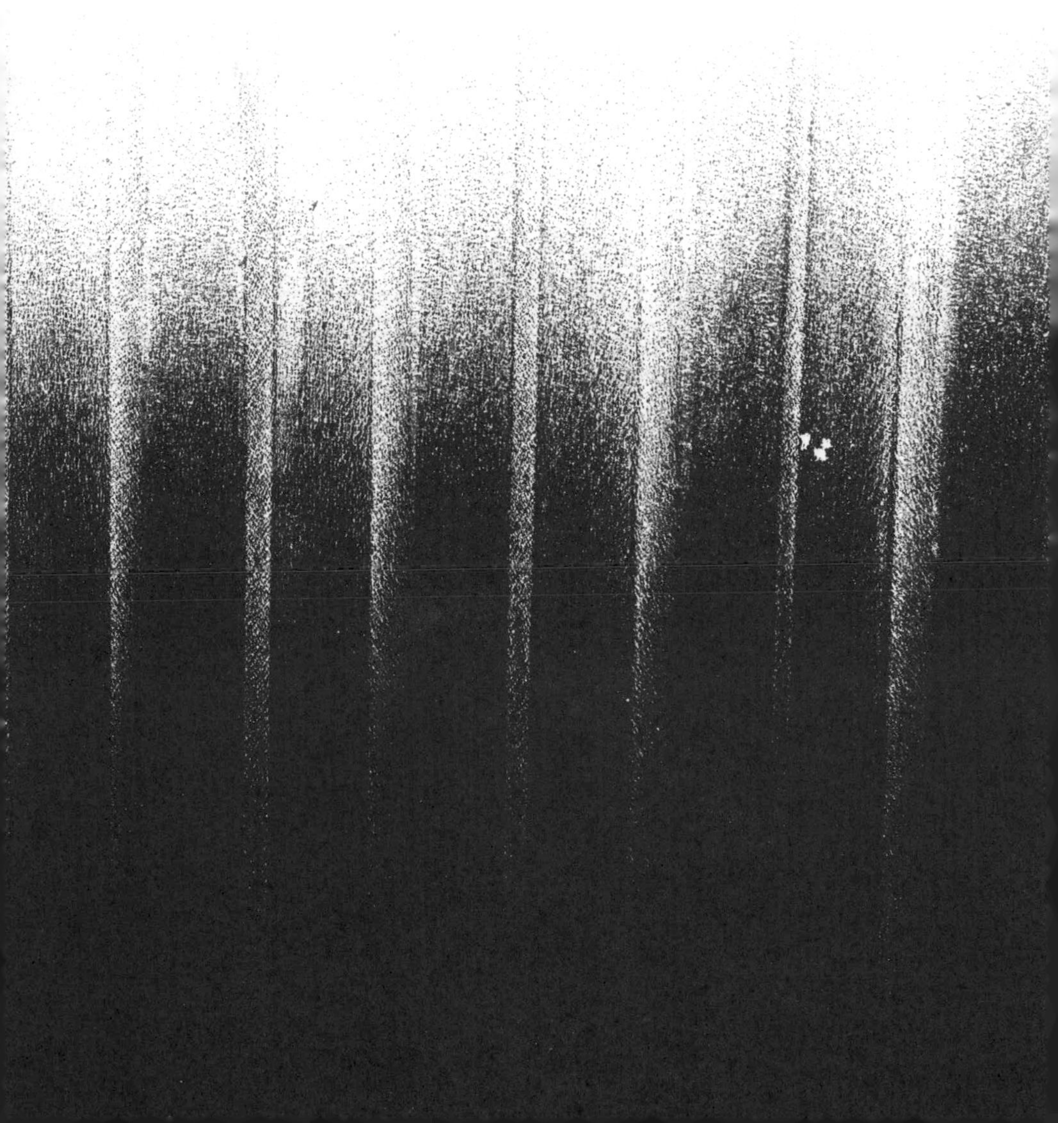

公學校、書房與《臺灣民報》

日本據臺期間所推行的二元教育政策，除遂行愚民目的以外，同時含有另一目的，汲汲乎要消滅漢文。因為只有消滅漢文，才可同時消滅臺灣同胞民族認同的根本來源——漢文所內含的文化。

由於日語與醫學構成日本據臺初期教育的主要內容，漢文便漸漸廢棄了，後來基於日常生活及實際上的需要，公學校雖將漢文列為「隨意科」，但因「教與不教的權限委任在地方的公學校長，而各地方的公學校長千篇一律，都把漢文看作是無關輕重的學科，因此大概都把漢文廢掉。」

公學校初期的不設漢文科，以及後來雖設而不獎勵漢文科，遂使漢文的傳授與研習變成民間的責任，因之日據時期的書房便特別多，最多時書房生徒總數竟達一萬七千六百四十一人。在日據時期輕視漢文的環境下，這些書房對漢文的延續，亦即對於漢民族文化的延續，實有其貢獻。

書房雖是民間自發成立的，但因和日據當局推行日語的目標有違，當局便常藉「監督指導」之名，行「取締」之實，以致書房日漸減少。一九二二年，書房生徒人數已減至一千六百七十八人，加上「舊式書房的教授法，唯有形式的講解和強制的背誦兩個方法而已」，教材又「多是從四書、五經、諸子、古文的中間選取」，所以「舊式書房」雖可成為「漢文學者的養成機關」，卻「不是日常生活上必須的漢文傳習所」。日據當局既有意輕視漢文，書房又不能成為「日常生活上必須的漢文傳習所」，早期「先覺者」有鑑於此，便創辦刊物來填補這項空缺，《臺灣民報》的出現正代表這一意義。一九二三年四月十五日，在《臺灣民報》的創刊號上，蔡惠如便這樣寫著：

我這回到東京，會過我們青年的兄弟，對我說要創辦一個民報社，專用白話文，以普及我們臺灣同胞的智識。我聽見這消息，心裡覺得很爽快，滿口就贊成他們。因為我們臺灣的兄弟，向來沒有研究漢文的人很多，在臺灣學堂裡的教科，又多不用到漢文，對於漢文一學很不用功。漢學本來是世界上最深奧的文字，不容易明白，而且學生時代既沒有受過漢文的教育，哪裡會懂漢文的理義。漢文因這樣難懂又沒獎勵的機會，所以我們臺灣的兄弟自二十年來已經廢棄不用了。噫！我想到這個地方淚珠兒直滾下來了！為什麼緣故呢？因為臺灣的兄弟不懂漢文，我所以滾下珠淚兒來咧。我們臺灣的人種，豈不是四千年來黃帝的子孫嗎？堂堂皇皇的漢民族怎麼不懂自家的文字呢……噫！我們最親愛的臺灣兄弟快快醒來！

只有了解上述背景，才比較能體會出蔡惠如寫這段話的心情，也比較能了解臺灣民眾黨為什麼要在政策內規定「公學校須以漢文為必修科」，更比較能了解「先覺者」為什麼要一再地發起「漢文復興運動」。

臺灣的《新青年》

只要是民國初年在中國大陸生長的知識份子，大概沒有人不看《新青年》雜誌，甚至可以這麼說，幾乎沒有一個進步的人敢說他沒有看過《新青年》。因為《新青年》在中國近代史上，不僅完成啟蒙運動和新文學運動兩大任務，也間接影響五四運動的爆發。

一九二三年，當早期「先覺者」決定以白話文創辦《臺灣民報》時，臺灣已脫離中國達二十七年之久，此時絕大多數的臺灣同胞不僅對中國的一切感到陌生，對漢文的使用也相當生硬。因此，在這種背景下創辦的《臺灣民報》，一方面既成為早期「先覺者」練習漢文的園地，一方面也成為早期「先覺者」移植中國文化的橋樑。

在《臺灣民報》移植的中國文化之中，根據資料顯示，移植最多的，便是《新青年》所代表的方向——啟蒙運動和新文學運動，其中有關文學改革的立論，便幾乎可說是《新青年》精神的延續。

臺灣近代的新文學運動，初時雖內含於啟蒙運動之中，而啟蒙運動又內含於政治覺醒運動之中；但當啟蒙運動已告一段落，而政治社會運動又遭壓制後，新文學運動的浪潮卻仍繼續進行。

張我軍——吹起臺灣新文學運動的號角。

來時遲而去時也遲的臺灣近代新文學運動，其主要推動者大都是留學中國大陸的臺灣留學生，其中最重要的張我軍，更是《新青年》與五四運動發源地北京的大學生。

由黃呈聰、黃朝琴點燃的臺灣近代新文學運動，至張我軍時始正式揭開論戰的序幕，他並提出改革的方向。張我軍以《臺灣民報》為園地，連續發表的〈致臺灣青年的一封信〉、〈糟糕的臺灣文學界〉、〈為臺灣的文學界一哭〉、〈請合力拆下這座敗草欉中的破舊殿堂〉、〈絕無僅有的擊缽吟意義〉、〈揭破悶葫蘆〉、〈文學革命運動以來〉、〈新文學運動的意義〉諸文，不僅向當時盛行「擊缽吟」的「糟糕的臺灣文學界」呼籲，應「合力拆下這座敗草欉中的破舊殿堂」以及寄生其中的「遊食」，更為臺灣「新文學運動」提出方向，而歸結於「白話文學的建設，臺灣語言的改造」。

「臺灣的文學」，有如張我軍說的，「乃中國文學的一支流」，當《新青年》已將中國「舊文學的殿堂」摧毀，並建立起「新文學的殿堂」時，臺灣的文學卻因臺灣割給日本的作梗，成為「中國舊文學的孽種」，而在「破舊殿堂」中「苟延其殘喘」。但隨著臺灣新文學運動的興起，這座「敗草欉中的小小殿堂」，也終為源於《新青年》的中國近代新文學運動的浪潮所沖毀。

日據時代的臺灣政治社會運動受到兩大力量——日本本土社會主義運動與中國近代國民革命運動——的影響，但新文學運動卻只受到中國近代新文學運動的影響。所以臺灣的政治社會運動儘管曾醞起民族運動與階級鬥爭的大辯論，但新文學運動卻只聽到《新青年》的聲音。《新青年》的聲音，到臺灣以後，變成《臺灣民報》的聲音，《臺灣民報》也因轉播《新青年》的聲音，而變成為臺灣的《新青年》。事實上，就歷史意義言，在這一點上，《臺灣民報》確實是臺灣的《新青年》。

留學生的去就

日據時期，由於總督府的愚民政策，在臺灣號稱望族與地主的家庭，紛紛把他們的子弟送往外地求學，求學的地方以日本本土與中國大陸為最多。一九二一年，臺灣近代非武裝的覺醒運動點燃以後，留學生的人數大為增加，成員也不再僅限於望族與地主家庭，留學日本的留學生，最多時，人數已超出三千人；留學中國的留學生也有數百人以上，由於留學人數的驟增，到一九二八年以後，在臺灣便產生所謂「留學生的去就」問題。

所謂「留學生的去就」問題，即是留學生在留學完成以後，應留在留學地方還是回到故鄉服務的問題。這個問題當然牽涉到現實問題與個人問題，這時作為民眾黨論壇的《臺灣民報》，便針對這些問題，公開呼籲「留學生諸君回鄉做事要緊」：「總而言之，現時的臺灣，還是很缺乏能給臺灣人幹點事的人才，所以對於留學生的期待，也許是臺人一致的希望；換言之，留學生的去就，大有關係臺灣社會的發達與否。中國學生慨嘆國家日趨衰弱，所以造出兩句『讀書要救國，救國須讀書』的標語，當作學界的風氣，互相勉勵。我們臺灣的現社會，老實說是糟糕極了的狀態，要改造這糟糕的社會，沒有學問是不濟事的，所以我們改中國學生界的標語說：『讀書要改造臺灣，改造臺灣須讀書』，以希望留學生諸君大家回鄉做事要緊！」這時剛從北京回來的年輕留學生蘇薌雨，也在「歸臺印象」的結論中，針對有待留學生發揮的臺灣環境，向所有的臺灣留學生提出誠懇的呼籲：「遊留歐、美、日本和中國的親愛的同胞呀！我們用臺灣父老的金錢，我們受臺灣父老的矚望，我們千萬不要以為讀書是升官發財的手段，我們故鄉的臺灣此刻已由覺醒期蹈入思想革新期了，我們應當共同拿出我們所學來改革同胞的思想吧！漢朝王褒的四子講德論裡面說：『千金之

呼籲臺灣留學生「大家回鄉做事要緊」的蘇薌雨（右）。

裘，非一狐之腋；大廈之材，非一丘之木；太平之功，非一人之略也。』」

在日據時期的臺灣留學生之中，持有「太平之功，非一人之略也」，「讀書要改造臺灣，改造臺灣須讀書」的觀念，固然不乏其人；但將留學當作是「升官發財的手段」者，也是不少；前一種人很多都已成為臺灣近代歷史上的響亮人物，而後者隨著歲月的推移，卻已遭到歷史的淘汰。

日據時期臺灣「留學生的去就」問題，再度證明沒有鄉土感情、沒有社會責任感，以及純粹以「升官發財」為目的的留學生，不但不是故鄉與歷史所需要的，而且終將為故鄉與歷史所淘汰。

留學生的怒吼

由於文協深耕的影響，臺胞的漢民族意識漸漸覺醒，其具體例證之一，即留學中國大陸的臺灣留學生漸漸增加。一九一〇年，留學中國大陸的臺灣留學生僅十九名，到一九二三年，已增為二百七十三名，增加的原因除了學費低廉、入學手續簡單，及留學生團體的勸誘以外，最主要的，還是因文協活動所產生的對「四千年傳統文化的憧憬」所致。

當時臺灣留學生留學中國大陸的主要地方為北京、南京、上海、福建及廣東，因此在這些地方便先後有臺灣青年會及學生會的組織，這些組織對臺灣總督府專制統治，都發出正義的怒吼，其中比較聳動並惹出事端的，有北京的「新臺灣安社」，南京的「中臺同志會」以及廣州的「廣東革命青年團」。

新臺灣安社是由「縱觀五百萬民眾，誰是鐵牛第二人」的范本梁，於一九二四年在北京成立。范本梁深信「一個炸彈的力量勝過十萬部宣傳書」，他成立新臺灣安社的目的，即在以暴力手段驅逐日本的強盜統治，破壞一切不合理的制度，以實現自由平等的臺灣。新臺灣安社發行《新臺灣》雜誌，作為宣傳刊物，一九二六年，因范本梁歸臺被捕且被判刑，新臺灣安社遂告解體。

中臺同志會是由留學南京的李振芳、吳麗水、藍煥呈等於一九二六年三月，在南京中山中學組成，其目的在「脫離日本帝國主義的羈絆，以期中臺民眾再度發生密切的政治關係」。中臺同志會強烈批評「六一七」紀念日，認為所謂「始政紀念日」實是「始恥紀念日」，同年七月，李振芳等三人歸臺時，即因主持中臺同志會的活動而被捕判刑。

廣東革命青年團是由留學廣東中山大學及黃埔軍校的洪紹潭、張深切、郭德金、張月澄、林文騰於一九二七年三月在中山大學組成。廣東革命青年團成立的地點和組成的人員，充分反映出當時臺灣青年對中國國民革命的期待和憧憬。同年四月，該團發行《臺灣先鋒》刊物，在〈孫中山與臺灣〉一文，戴季陶指出在孫中山逝世前二十天，孫中山曾表示對日本問題的三個主張，其中之一為：「臺灣與朝鮮要實現最小程度的自治。」由於《臺灣先鋒》的文字頗為凶猛，同年七月，隨著張月澄在上海被捕，日據當局便於八月進行大檢舉，結果多人便因違反治安維持法而被判刑。

臺灣近代非武裝抗日運動的火炬是由留學生點燃，這把火炬雖在島內持續地傳遞，但留學生並沒有脫離戰線。留學日本本土與中國大陸的臺灣留學生，或者在留學地方發出怒吼，或者帶著已經得到武裝的思想回到臺灣奮鬥，他們的組織不僅增加臺灣近代抗日團體的多元化，他們的角色也增加臺灣近代抗日歷史的複雜化，所以不管他們的路線是否相同，方向是否一致，他們的怒吼實各具有代表臺灣近代歷史聲音的意義。

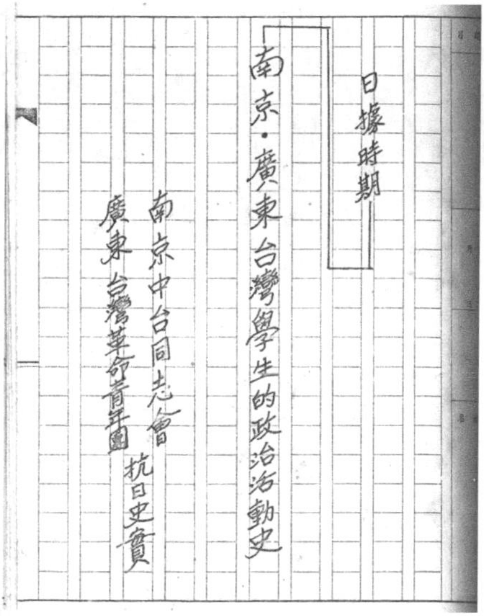

日據時期
南京・廣東台灣學生的政治活動史
南京中台同志會
廣東台灣革命青年團 抗日史實

上：廣東革命青年團創建者之一的張月澄。（張超英提供）
左下：廣東革命青年團創建者之一的張深切。（取自《黑色的太陽》）
右下：參與中臺同志會的李振芳，贈給本書作者黃煌雄的手稿影本。

始恥紀念日

隨著抗日運動的進展，臺胞的民族意識愈加覺醒，因此在一九二六年便發生因反對慶祝被日據當局視為三大節日之一的始政紀念日而釀起的「六一七」案。

一九二六年六月十七日，由臺北青年會演變而來的臺北無產青年，在臺北舉行演講大會，表示當「差別待遇有存在的一日，則我們對於始政紀念日當然沒有慶祝的必要」，致被日據當局施以司法審判。因為在日據當局心目中，「始政紀念日是本島隸屬於日本領（土）的最初的日子，本島人是從這日子做了日本的臣民，所以無論內地人（日本人）或臺灣人須要紀念這日子，慶祝這日子」，如果「在這快樂的日子，不但不慶祝，反要高呼詛咒之聲，說始政紀念日這一天是我們臺灣人被日本人征服的日子，絕不是快樂，而是大恥辱的日子，這種言行確是無法的非國民態度」。反對慶祝始政紀念日，既被視為是「無法的非國民態度」，因此儘管早期「先覺者」認為「留此紀念日，只有挑撥（日臺）民族反感而已」；「對於檢察官的求刑」也認為只是因「抱著民族觀念的偏見」所致，但涉及此案的主要人物，如潘欽信、高兩貴、王萬得、胡柳生、洪朝宗諸人，卻都成為日據時代的臺胞為反對慶祝始政紀念日而遭判刑的第一批人。

反對慶祝始政紀念日的舉動，不僅在臺灣島內發生，也在中國大陸發生。一九二六年三月，留學南京的臺灣留學生組成了中臺同志會，該會在同年六月十七日也為文反對慶祝始政紀念日，並公開宣稱所謂「始政紀念日」，實是臺灣人的「始恥紀念」。中臺同志會的主要成員如李振芳、吳麗水、藍煥呈，後來多少即因這一舉動而鋃鐺入獄。

在日本的鐵蹄下，以臺灣彈丸之地，早期「先覺者」竟敢公開反抗如始政紀念日這種重大的節日，這項行為本身，實有其深刻的意義。因為這顯示出抗日運動已不再如剛發動時的文謅謅與合法化，而是愈來愈尖銳，愈來愈革命化了。一九二七年以後，臺灣後期非武裝抗日運動所以會進入另一轉形階段，我們不僅可從反抗運動的全面化得到適當的解釋，也可從這種反抗方式的激烈化與徹底化找到合理的答案。

十九歲的王詩琅參加臺北無產青年，反對始政紀念日活動而遭判刑。（取自《王詩琅朱點人合集》）

從歷史觀點考察，一九二六年「六一七」案的犧牲，其代價是值得的。因為自一九二六年的「六一七案」發生以後，不僅在臺灣島內，即在日本本土與中國大陸，每年都有反對慶祝始政紀念日的舉動，而這些舉動已不必被判刑了，至多只是被取締，這正是犧牲與奮鬥所換來的代價。這個事實再度證明，任何權利的爭取都必須經過實踐的過程。

「日華親善」之盾

美國於一九二四年七月一日開始實施的「排日法案」，主要內容如下：

（一）允許官憲、一時的旅行者和商人入（美）國。

（二）住在美國的日人，訪問日本不得超過一年，始能復歸美國。

（三）禁止住在美國的日人，叫他們的雙親妻子入美國同住。

（四）允許日人大學教授、僧侶和其雙親入美國。

（五）允許欲入美國大學的十五歲以上的日本學生入國，但學生若不在學或在學間而已結婚，即喪失這資格。

當這項「排日法案」還在美國參眾兩院討論時，日本全國上下馬上群起反對；及至美國參眾兩院通過並經總統簽署準備施行以後，日本更提出強烈抗議甚至進行局部動員。但在這些反對與抗議聲中，美國的「排日法案」還是如期於一九二四年七月一日正式生效。日本有識之士，經過此次的刺激與教訓以後，更有感而發的提出「亞細亞民族聯盟」、「東洋民族聯盟」、「有色民族聯盟」的政治主張。

在「亞細亞民族聯盟」的政治主張下，「日華親善」不僅必要，且更是其中的主要核心。所以自「排日法案」在美國施行以後，「日華親善」愈成為日本朝野共同的一項口號。「日華親善」既是日本政策一部分，這句口號自然便成為懷有強烈漢民族情操的早期「先覺者」一塊相當有利的盾牌。

臺灣人唯一之言論機關

週刊

臺灣民報

每星期日定期刊行

昭和二年一月十六日發行

第一百四十號要目

社說
中國國民政府承認問題……一
評論
此後的對華政策如何？……二
革命軍的將來與[illegible]的影響……三
職工組合的組織……四
[illegible]……四
時事
中英關交之危急……五
廣州臺灣學生的活動……五
「盲人耳目」的教育……五
日華人衝突事件二審公判……六
臺灣協進青年會成立了……六
用私財救貧民的日本人[illegible]……六
新竹文化[illegible]的計畫……六
臺灣同盟[illegible]被解散……六
小言
有錢[illegible]無錢……七
[illegible]……七
論壇
產業政策與[illegible]（上）……八
向那一條路？……九
雜錄
農民運動的階級化……一一
[illegible]之廣東政府……一二
小[illegible]民之呼籲書……一四
不平鳴……一五

中國國民政府承認問題

中國自起第一次革命打倒滿清以來、迄今滿十五年間無一日不是革命狀態、因爲滿清的專制帝室打倒後、洪憲的專制相繼而起、再起革命推倒老袁之後、則無數的專制軍閥到處簇生、所以爲民生民權的革命不得不再要繼續以至於今日。但是有思想而爲主義之戰、畢竟必獲勝利、現在國民政府的革命軍、戰無不勝攻無不克、將大中國已經占領三分之二、中央政府也已遷移武昌、於是乎國民政府的承認問題已經成爲國際上的大問題了。

向來在北京的北方政府、不過是北方軍閥的緩衝機關而已、並不是奉張的勢力可全支配的、又不是直吳浙孫等的實力可全左右的、至於不是代表全國民的政府是更不待言了。所以北京的政府完全是北方軍閥的傀儡、執政的也是那班奴顏婢膝的善婦軍閥的老朽輩、老早就不成體統了。何況現在北伐革命軍戰捷、直吳失敗浙孫將倒的北京政府的無實力和廢頽的狀態已至於極点了。

一方面觀察國民政府的實力如何？如在廣東省的一隅孤立無援之間、兼之受列強種々的壓迫干涉之下、而於一年之間得伸展至現在的實力、不久定能統一中國、這觀察過去的結果已經是很明瞭的事實。南方政府不但是在武力能得占領全土而統一中國、國民政府的政綱和人材是足以拯救全國民而統一中國的、現在的三民主義已經傳遍全國、國民政府已經統一了全國的民心了。所以這樣的實力人材和人心的歸向、足以証明就是中國唯一的統一的政府了。

若將南北兩政府的實力比較、列國是當然要承認國民政府的。但是有的懷抱野心恐怕喪失利權、有的帶着恐怖病驚怕赤化、至於大勢既定的今日、還是或公然或秘密去帮助北方、這不但是干涉內政、並且是貽禍於中國、是中國四億國民共根的仇敵。我們爲中國的幸福世界的平和、很盼望列國持公正的態度、對國民政府承認問題着實去考慮。而希望日本以過去和將來的密切的關係、鼓舞勇氣率先去承認國民政府。

1927年1月16日，《臺灣民報》社論：中國國民政府承認問題。（蔣渭水文化基金會提供）

蔣渭水創立文協的動機之一，即因體認到「臺灣人負有媒介日華親善的使命」；國民政府北伐時，「先覺者」所以建議日本應承認已佔有三分之二中國土地的國民政府，即因承認符合於「日華親善」；在北伐過程中，民眾黨所以反對日本出兵干涉，也因干涉破壞「日華親善」；所以「『日華親善』這句日人的口頭禪，由臺灣人的嘴講出來，其涵義比較字面上的意義，就更加複雜更加微妙了，有時候還包藏一種對日本人的譴責，甚至表示抗議的意思。」因此這句口號，便成早期「先覺者」「借日人的酒杯來澆自己的壘塊」、「以其矛攻其盾」的招牌。蔣渭水在「七一與五九」的「隨感錄」內，即在這種心情下，調侃地說：

七月一日是日本的國恥紀念，五月九日是中國的國恥紀念。日本的國恥紀念，是紀念米（美）國對日本移民法案的實行；中國的國恥紀念，是紀念日本強他為二十一條的承認。從來中國排日的手段，是公開演説、散發傳單、示威遊行、抵制日貨，今則日本一律抄襲，轉對於美國身上施行，這豈不是奇事嗎？不知道日本國民，做何感想呢？

「日華親善」既是日本官方掛在口頭上政策的一部分，早期「先覺者」便常在這塊盾牌的避風港內，毫無顧忌地發揮感人的「磅礴的正氣」。

孫中山先生紀念會

亙日據時代，中國大陸人士之中，影響臺灣同胞最深、最為臺灣同胞尊敬的，便是一九二六年，當國民政府尚未北伐，中國尚未統一時，即被《臺灣民報》尊為「國民之父、弱小民族嚮導者」的革命領袖孫中山。

一九二四年十二月，孫中山在手持「革命領袖萬歲」、「孫中山先生萬歲」的四萬歡迎群眾聲中進入北京，旋即抱病，後來傳出死訊，此時《臺灣民報》即以充滿感情的標題，表示「願中山先生之死不確」，及「孫文沒有死」。一九二五年三月十二日孫中山逝世，確定的死訊傳到臺灣以後，文協人員即在臺北文化講座，為孫中山舉行追悼大會，「到會者有二千餘人」，以「文化講座之寬大，亦至無插足餘地」，而臺中、彰化以及在臺的中華會館，也分別舉行追悼會；同時，《臺灣民報》更以〈哭望天涯弔偉人〉為題，向「自由的化身」、「熱血的男兒」、「正義的權化」的孫中山致最高敬意說：「孫先生雖死，而三民主義還活著，他的熱血還熱騰騰地湧著，而且永遠湧著！泰山頂上的鐘聲停了，但餘響嘹亮著，酣睡著的人們也漸漸醒來了！」

從一九二六年起，臺灣每年均舉行「孫中山先生逝世紀念會」。一九二六年的紀念會，在臺北文化講座舉行，「自午後六點多鐘，一個寬大的講座竟被人山人海填密了」，上臺演說的除蔣渭水、王敏川、連溫卿等人外，也有來自中國大陸的宋淵源；一九二七年的紀念會，由於在三民主義影響下的北伐軍節節勝利，在臺北文化講座舉行的二週年紀念會，更出現空前的盛況：「這一夜的聽眾約有四、五千人，因為會場不能容納，在外面徘徊的聽眾比在會場內多數倍，有的登上厝頂由通氣窗聽落來，真是未曾有之狀況和未曾有的民眾熱心。」上臺演講的除蔣渭水、連溫卿、蔡培火外，也有「北京僑務局專員施文杞」；一九二八年的三週年紀念會，由臺灣民眾黨分別在大稻埕與艋舺舉行，這一年也是日據當局允許臺灣同胞追悼孫中山逝世紀念的最後一年。

一九二七年，由於紀念會的轟動，臺南市興文堂所賣印有「孫總理遺囑」的「中山墨條」及「模型」，竟被日警押收，押收的理由為「臺灣是殖民地，殖民地的人，不可認中山為殖民地的偉人，殖民地的人崇拜孫中山是於自己不利，殖民地的人不可崇拜孫中山」。及至一九二八年，北伐完成，中國統一，這種情勢自是日本帝國主義不願看到的發展，因此在北伐完成後的次年（一九二九年），日據當局便禁止臺灣同胞紀念孫中山，「從來逐年皆許臺灣人開之，而本年只許中國人開之」。但日據當局雖能禁止臺灣同胞對孫中山表示尊敬的行為，卻無法禁止或消滅臺灣同胞對孫中山所懷的崇敬心理，因為在日據當局壓制下的臺灣同胞心中，孫中山不僅是「漢民族領袖」、「東亞的大明星」，也是「世界的和平神」、「弱小民族的救主」。

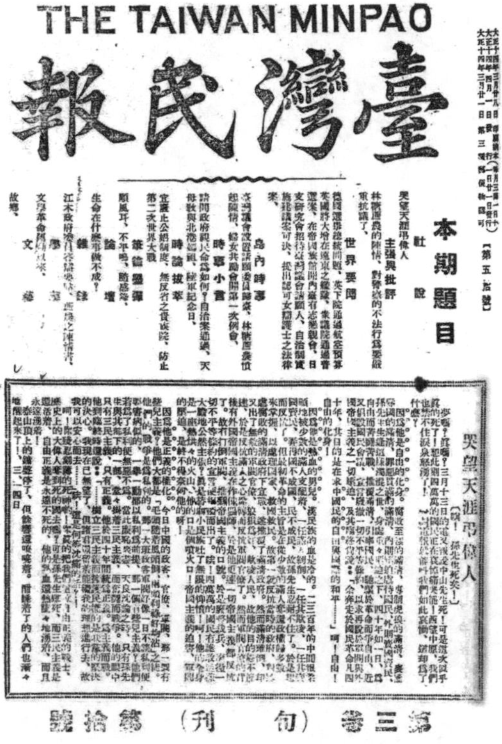

THE TAIWAN MINPAO

臺灣民報

本期題目

社說

哭望天涯弔偉人

主張與批評

世界要聞

島內時事

時事小言

時論拔萃

筆鋒墨彈

論壇

雜錄

文藝

哭望天涯弔偉人

第三卷（旬　刊）第拾號

上：《臺灣民報》以社論〈哭望天涯弔偉人〉，哀弔孫中山逝世。（蔣渭水文化基金會提供）

下：1925年3月24日，臺北有志者在臺灣文化協會港町（今臺北市貴德街）文化講座舉辦追悼孫中山先生大會，會場擠進二千餘人。（取自《臺灣民報》）

|第六篇|

精神遺產與評價

臺灣近代「先覺者」的精神遺產

臺灣近代非武裝抗日運動是由「先覺者」發動、延續並推展出來的，所以一部臺灣近代非武裝抗日史，也可說是一部臺灣「先覺者」的奮鬥史。

從一九二一年開始的臺灣近代非武裝抗日運動，其醞釀與準備階段，早在一九一九年即已發生。東京的臺灣留學生，在歷史條件的成熟與配合下，集合一切可能集合的力量，以一種昂然奮進的心情，主動地撐起此一工作。及至抗日行動在臺灣實際展開以後，島內的「先覺者」更動員一切可能動員的力量，並以一種「雖千萬人吾往矣」的精神，無畏而又不懈地繼續撐起此一已帶動的工作。在「先覺者」「浩然之氣」的支持以及緊密團結的步調下，臺灣近代非武裝抗日運動變成一部可歌可泣的歷史。

以「資產階級與知識份子」為核心所構成的非武裝抗日力量，剛開始是多管齊下：議會請願運動代表上層的政治改革要求；文化協會則從文化和思想著手，為社會大眾進行啟蒙工作；而《臺灣青年》、《臺灣》與《臺灣民報》不但響應、支持、鼓吹議會請願運動和文化協會的所作所為，也為廣大的臺灣同胞提供表達心聲的園地，同時更肆無忌憚地對日據當局的「惡政」提出強烈批評。

在「先覺者」這樣的多管齊下，臺灣的民氣漸漸高漲，抗日運動的層面也隨之擴大，並更往下紮根。但隨著這些新因素的出現，以及因這些新因素而產生的新問題，加上來自日本本土及中國大陸影響力量的介入，終使開始時團結一致的抗日戰線，從一九二五年末、一九二六年初起醞釀不和，並逐漸表面化，而至於一九二七年的公開分裂。

在抗日戰線尚未分裂以前，「先覺者」的奮鬥目標是一致的。由於目標一致，精神和力量也就用得集中，因為精神和力量集中，儘管「先覺者」缺乏近代政治社會運動的經驗，但他們仍為臺灣歷史與後代子孫留下寶貴的精神遺產。這些精神遺產並不因「先覺者」的存在與否而遭抹煞，也不因「先覺者」後來的分裂與對立、乃至被日據當局屈服而遭抹煞；相反地，這些精神遺產乃是超越時空、超越個人而存在，因為這代表臺灣近代「先覺者」整體的歷史紀錄與歷史貢獻。

如從歷史觀點考察，自一九一九年開始一直到一九二七年抗日戰線分裂以前，臺灣「先覺者」整體所留下的精神遺產，大致可歸納成六點說明：

（一）自覺意識

臺灣近代非武裝抗日運動是在世界潮流的衝擊下發生的。第一次世界大戰後美國總統威爾遜高唱的民族自決浪潮、日本本土風行的民本主義思想，以及辛亥革命對同屬於漢民族的臺灣同胞的打氣，加上同屬於日本殖民地的朝鮮發生「萬歲事件」的刺激，終逼使耳目較為靈通的東京臺灣留學生，不能不對自己生長故鄉的政治情況進行嚴肅的思考。這種思考，在當時可資比較的情形下，必然導致思考者的覺醒，因之自覺意識便成為推動臺灣近代非武裝抗日運動的精神酵素。一九二〇年出版的《臺灣青年》創刊號的卷頭辭，對於這種自覺意識，提供了最原始的解說：「厭惡黑暗而仰慕光明——這樣的醒了。反抗橫暴而從正義——這樣的醒來了。排斥利己的、排他的、獨尊的野獸生活，而謀共有的、犧牲的、互讓的文化運動——是這樣的醒來了。瞧！國際聯盟的成立、民族自決的尊重、男女同權的實現，勞資協調的運動等，無一不是這個大覺醒的賞賜，臺灣的青年！我人還可儘默著不奮起嗎？不解這種大運動的意義，或不能與此共鳴的人，已失其為人之價值了。」於是經過「深思熟慮的結果」，「先覺者」「終於這樣醒悟了：即廣博地傾耳於內外的言論，將應取的東西，無大小之別，取之為我涵養，而不遲疑地將所涵養得了的力量，向著內外以盡，這正是我人的理想而當勇進的目標。我敬愛的青年同胞！一同起來！一同進行罷！」

這種自覺意識，亦即蔡培火說的「不死之心」，是當時「先覺者」共有的體認。在《臺灣青年》的創刊號上，林獻堂即以「天助自助者」的觀念與青年共勉；林呈祿也以「凡我島之有心青年，亟宜抖擻精神，奮然猛省」要青年自勵；王敏川則以「吾輩青年其可不知所以自奮乎」要青年自惕；蔡惠如更以「平等與自覺心」，為「我之所望於青年」，蓋「人類欲期真正之平等幸福，必先有自覺心」。但這種普遍存在於「先覺者」之間的自覺意識，「先覺者」並不以本身的自覺為已足，而是要在本身自覺以後，還要與「我敬愛的青年同胞！一同起來，一同進行」，也就是說，要自覺覺人，要為尚未有自覺意識的廣大同胞進行啟蒙工作。由於這種自覺覺人的需求，「先覺者」大都能「抖擻精神」，發憤用功，他們的肚子因而愈為充實，同胞的民智也因而愈為提高；相對於這種情形的，卻是日據當局的碼頭觀念，以及因權力而衍生的腐敗肚子；於是一個代表手無寸鐵而精神能源滾滾的上升力量，一個代表手握統治工具而精神能源空虛的下沉力量，這兩種力量的對抗，正代表臺灣近代非武裝抗日運動過程上所出現的對立形勢。

自覺意識點燃臺灣近代「先覺者」的精神火炬，自覺覺人意識又燃起臺灣近代啟蒙運動的火炬，所以包含有自覺與覺人的「不死之心」，便成為「先覺者」推動臺灣近代非武裝抗日運動最主要的內在動力。

（二）啟蒙精神

臺灣近代非武裝抗日運動在初期所以主要由「資產階級與知識份子」領導，如果追根究柢，實與總督府的二元教育政策有著密切關係。由於總督府的愚民政策，臺灣的世家或地主，紛紛將他們的子弟送往外地，特別是日本本土求學。這些留學生在外地得到實足的成長，而在臺灣，在初期的教育政策限制下，最高的學歷卻只是臺北醫校、國語學校或總督府農事試驗場的畢業生。這種背景解釋出臺灣近代啟蒙運動為什麼首先由留學生發動，發動以後立即得到臺北醫校學生的響應，而留學生和臺北醫校學生又構成啟蒙運動的主要力量。由於愚民政策，臺灣在割給日本二十餘年後，文明的水準自無法與世界或日本本土相提並論，「先覺者」有鑑於此，也深以為憂，乃自動地肩負起啟蒙的重任。留學日本早稻田大學的王敏川，便在這種體認下寫道：「吾臺學校教育之未普及，已深足致憾；矧所以補其不及之家庭教育、社會教育，又不完備；無怪乎文化愈趨愈下。吾人生長期間，安能任歲月推移，無所覺悟，視桑梓文化之墮落，猶秦越人肥瘠乎。故提倡教育，實為吾輩今日所當有事。是後對於學校教育，固當企望當局之改善；而所謂家庭教育、社會教育將何以啟導之而使之發達，則吾人之職責也。」這種以「社會教育」為「吾人職責」的想法，正是「先覺者」啟蒙精神的具體表現。這種精神到了一九二一年文化協會成立時，臺北醫校的畢業生蔣渭水說得更為清楚：「簡單說來，臺灣人是握著世界和平第一關門的鍵啦……我們一旦猛省了負有這樣重大的使命，那麼就要去遂行這使命才是……然而臺灣人現時有病了，這病不癒，是沒有人才可造的……我診斷臺灣人所患的病，是知識的營養不良症，除非服下知識的營養品，是萬萬不能癒的，文化運動是對這病唯一的原因療法，文化協會就是專門講究並施行原因療法的機關。」

為了推行「社會教育」，並醫治臺灣人「知識的營養不良症」，「先覺者」不惜人力物力，經由讀報社、講習會、夏季學校、戲劇活動、文化講演，以及提供大眾論壇為同胞進行啟蒙工作。在當時的社會情形下，以「先覺者」具有的條件，他們從事啟蒙運動實是一件自我犧牲的工作，但「先覺者」卻樂此不疲，且以此為己任，這種莊嚴的心境，不僅使「先覺者」受到歷史的懷念，而且也為啟蒙運動的豐收帶來最堅強的保證。在臺灣近代非武裝抗日過程上所出現的各種運動之中，大都以悲壯告終，或以悲劇收場，而啟蒙運動卻是在產生空前的波瀾壯觀影響後，結束歷史的任務。啟蒙運動不僅激盪青年學生運動的發達、助長農工運動的興起、聲援婦女解放、鼓吹白話文學，而且也批評時政，反對惡俗，並要打掃「偶像」；在啟蒙運動的壯觀影響下，抗日運動出現了新的形勢；這種新形勢為一九二七年以後，被連溫卿形容為「想要脫離模仿缺陷」的新抗日方式奠定不可或缺的基礎。

啟蒙運動代表臺灣近代史上高潮的前奏曲。在短短的幾年間，「先覺者」合奏的這首前奏曲，其影響層面之廣與程度之深，不但足以傲視歷史，而且也足以使「先覺者」引以為慰。

（三）純樸的動機

「先覺者」在推動抗日運動時，或為地主，或為世家，或為留學生，或為島內具有最高學歷的畢業生，以他們的資質與背景，如果他們安於故常，應可享盡世俗虛榮，受到世俗羨慕，但「先覺者」不但捨此而不為，反而走上一條會影響他們既得地位與利益，甚至傾家蕩產的道路，而他們做這種決定時，既不計利益，也不求名位，而是基於一種純樸感人的動機，這便是充滿對鄉土的感情以及為同胞求幸福的願望。

這種純樸的動機，如和當時的社會風氣以及俗夫之所追求相比，愈顯出「先覺者」的可敬。文化協會的旨趣書，對當時的風氣做這樣的描述：「回顧島內，今也新道德之建設未成，而舊道德早已次第衰頹，緣此社會制度墜地，人心澆漓，唯利是爭，無智蒙昧之細民固不待論，位居上流者，概以揣摩迎合是務，以博取一身之榮達為能事，青年多安於眼前之小成，薄志弱行，更無確乎不拔之志，甚而至思想流於過激，既無國士之風，而有盜賊之行。」蔣渭水在〈臨床講義〉一文，也指出當時社會的現症為：「道德頹廢、人心澆漓、物欲旺盛、精神生活貧瘠、風俗醜陋、迷信深固、頑迷不悟、罔顧衛生、智慮淺薄、不知永久大計、只圖眼前小利、墮落怠惰、腐敗、卑屈、怠慢、虛榮、寡廉鮮恥、四肢倦怠、惰氣滿滿、意氣消沉、了無生氣。」在這種風氣下，俗夫之所追求的，便如蔣渭水在〈送王君入監獄序〉一文說的：「人之稱凡俗夫者，我知之矣。利權求於官，名聲臭於時，走於衙門，諂媚百官，而佐桀為虐。其在外，則樹狗黨，飼爪牙，使其亂吠，愚者盲從，傭用之人，各助其非，巴結而附和。喜有賞，怒有罰。臭類滿前，道奸巧而譽才情，入耳而不煩。曲眉豐頰，清聲而便體，秀外而惠中，穿高鞋，著短衣，塗粉點臙脂，列屋為藝妓，嫖來又嫖去，肉林而酒池。凡俗夫之得寵於官府，活動於當世者之所為也。」「先覺者」對於俗夫因「伺候於高官之門，奔走於權勢之途」，而「得富且貴」之「所為」，並非「愛此而難求」，而是「不義焉，不屑貪而致也」。這種「不義焉，不屑貪而致也」的情操，與蔣渭水所謂「與其有譽於官，孰若無毀於其民，與其有財於身，孰若無害於其心」的情操，正是「先覺者」純樸動機的具體表現。這種純樸的動機，可以稱為氣節，林呈祿在〈濟濟多士〉一文，對於這種氣節做了非常中肯的界說：「大凡可以稱士的人，定要超然站在普通人的水平線上，專以社會為前提，視民眾為指歸，確立根本的主義，堅守不變的精神。若主義未達到，精神未貫徹以前，像負荷行百里一樣，中途不敢休止，雖是逢著飢寒，不能損害他的心志，困苦亦不能阻礙他的進行，千折百回，必達所期而後已。」

「先覺者」因具有這種氣節，且「專以社會為前提，視民眾為指歸」，面對世界思潮的鼓舞與臺灣現狀的刺激，一項嚴肅的課題與歷史責任，便落在「先覺者」身上，這便是：「我們臺灣人甘自認做劣敗者麼？願受人淘汰麼？」面對這項歷史的挑戰，王敏川答覆道：在「世界改造之路程上，我們臺人要如何奮鬥才不負人生的意義，這是很重要的問題。故我們自奮的時機已經到了，世界的大勢，已迫使我們不得不奮鬥了。」林獻堂的答覆更為積極：「天助自助者，吾人為貫徹目的……必須研究比今天更加美麗的新臺灣的方法，這是需要不屈不撓的努力。」所以「振起同胞元氣，以謀臺灣幸福」，以及「研究建設比今天更加美麗的新臺灣的方法」，便成為「先覺者」純樸動機的最後目標以及面對這項歷史挑戰的共同答覆。

「先覺者」這種純樸的動機，也使臺灣近代史充滿著香氣。王敏川、施至善、黃呈聰等在《臺灣民報》上循循善誘的言論，一直是今天老一輩的臺灣同胞引為談話的資料；林獻堂的仗義疏財，特別是他熱誠幫助一些困苦青年，也使他很自然地受到一些「先覺者」的懷念；蔣渭水的豪爽磊落，散盡家財的徹底做法，更使他的老同志常會情不自禁脫口而出地說：「感心。」（臺語發音）「先覺者」這些永遠使後代子孫感到芬芳的行誼，證明「先覺者」的純樸動機，雖然曾一度受到現世的折磨，但卻光耀了臺灣近代史，同時也成就「先覺者」在臺灣近代史上的地位。

（四）政治經驗的累積

臺灣自割給日本以後，雖然「三年一小變，五年一大變」，但這些武裝抗日運動，因缺少組織、缺乏思想，以及未能經由啟蒙運動以動員民眾，所以這些經驗，對於「先覺者」在推動臺灣近代非武裝抗日運動時，並無助益。「先覺者」既缺少歷史遺產，總督府又力行愚民政策，必然的結果，便是使「先覺者」在推動非武裝抗日運動時，「完全沒有近代政治運動的經驗」。因為「完全沒有近代政治運動的經驗」，「先覺者」在推行抗日運動時，不僅要確定抗日運動的目標，更要尋找達成目標的具體方法；而「先覺者」之中，又因雜有王詩琅說的「小冊子」人物，這些因素的匯合，遂使初期的抗日運動幾乎變成「先覺者」的訓練過程。

「先覺者」並不諱言他們缺少「近代政治運動的經驗」，事實上，他們是在坦承這種弱點下，懷著戰戰兢兢的心情進行的，林呈祿在〈懷舊譚〉一文，這樣回憶道：「《臺灣青年》創刊號寄到臺灣的時候，臺灣警官就大起干涉，到處對讀者都要沒收。而且第四號在內地因被內務省誤解而受禁止發賣，真可謂雷雨一時齊到了。那時神田錦町警察來召峰山君到警察署，要說明禁止問題，當時我們都是未曾受過召喚到警察署的經驗，所以一時心裡就怕起來，峰山君也覺悟給他拘留，我也恐怕如果有事時，需要設法，故跟他到警察署，在門外等他的消息，等了半勾鐘還沒出來，我心裡也著急起來，剛想要進去探問，他才跑了出來。這樣在今日看起來，簡直是一種笑話，但在那個時候，實在是這樣戰戰兢兢的狀態。」這種「在今日看起來簡直是一種笑話」的「戰戰兢兢的狀態」，正是當時「先覺者」在缺乏經驗的背景下，推動抗日運動的心理寫照。他們以勇氣和熱情來克服這種弱點，蔡培火在一九二五年自述道：「那時當事人等，都是隨時生擒活捉的青而虎，哪裡曉得什麼六韜兵法，但憑一個『敢』字直進，逢著山就想開路，遇著水便學造橋，這輩青面將軍，雖說是常遇過了奇想天外的阻撓，也未曾想退半步。」這種「逢山開路，遇水造橋」，而「未曾想退半步」的「敢」字精神，正是「先覺者」缺乏「近代政治運動經驗」而又能完成黎明期政治運動使命的最主要原因。賴和的〈前進〉一文，對於這種精神，做了最恰當的描述：

在這被黑暗所充塞的地上，有兩個被母親所遺棄的孩童……他倆不知立的什麼地方，也不知什麼是方向，不知立的地面是否穩固，也不知立的四周是否危險，因為一片黑暗，眼睛已失了作用。

他倆已經忘卻了一切，心裡不懷抱驚恐，也不希求慰安；只有一種直覺支配著他們——前進。

他倆感到有一種，不許他們永久並在同一位置底威脅的威力，他們覺得他們所立腳底下的土地漸漸鬆懈，他們的腳漸漸陷入地面去。他倆便也攜著手，堅固地信賴地互相提攜；由本能的衝動，向面的所向，那不知去處的前途，移動自己的腳步，前進……只是前進，互信相賴，互相提攜，為著前進而前進。

向著面前不知終極的路上，不停地前進……在這黑暗之中，竟也沒有行不前進的事，雖遇有些顛蹶，也不能擋止他倆的前進。前進！忘了一切危險而前進。

「先覺者」以本身的智慧、熱情與勇氣，在「忘了一切危險」、「為著前進而前進」的精神支持下，所從事的以有組織、有系統、有思想，以及經由喚醒民眾以動員民眾的政治運動，在臺灣歷史上都代表第一次實驗。這次實驗的代價雖然壯烈，但其成果卻也驚人，因為「先覺者」經由實驗的累積，不僅將抗日運動的理論與實踐（特別是一九二七年以後），愈推進於世界的水準，同時經由實驗的過程，更為臺灣歷史與後代子孫留下寶貴的政治資產。

（五）打破隸屬觀念

「先覺者」在推動抗日運動時，平均年齡還相當年輕，治警事件的三好檢查官在求刑論告中便稱：「本案臺灣議會設置期成同盟會員中，最年長者是三十左右，其他均係二十歲前後，剛度過書生生活而已。」由於臺灣議會期成同盟會會員多為推動抗日運動的核心人物，所以「先覺者」的一般年齡，也僅是「剛度過書生生活而已」。這種年齡已比日本統治臺灣的期間為短，也就是說，「先覺者」自出生以後，即一直生活在日本統治的事實之中；這個客觀現象，加上西來庵事件的慘痛教訓，遂使三百萬以上臺灣同胞的民族意識一時陷入冬眠狀態。以《臺灣青年》發其端的新抗日方式，打破了這種天然隸屬觀念，並叫醒了一般民眾，〈轉換期的文化運動〉一文說道：「思想落後的臺灣，自從大正九年（一九二〇年）七月《臺灣青年》發刊以來，才發現『臺灣是臺灣人的臺灣』，才曉得講究『自新自強』之途。」「臺灣的經濟和政治權都操在日本人的手掌，在客觀條件是這樣，所以那時臺灣人的思想都是屬於統治者的。《臺灣青年》一出現，才把隸屬的思想打破，才發現了『臺灣是臺灣人的臺灣』，臺灣的思想界才有些生機了。」賴和也說：「《臺灣青年》的誕生，恰似由臺灣上空投下了一個炸彈，把還在沉迷的民眾叫醒起來。因為由沉迷的夢中，跑到這個不平等的現實的社會裡頭來，他們平靜的血，哪裡不會滾起來呢？於是就發生了臺灣議會請願運動和打動全臺灣的臺灣治安警察法違反事件啦！」

隸屬觀念的打破，叫醒了「沉迷的民眾」，民眾覺醒的結果，使二百多年來一直居住在臺灣的漢民族，自覺的產生一種民族意識，這種自覺的民族意識，又因日據當局的差別待遇和民族歧視而愈強化，終而凝結成為一個代表社會勢力的「太陽」。這個太陽和具有割據意識的日本少數統治階級所代表的政治勢力的「太陽」是對立的，對立的結果，使「先覺者」一如賀川豐彥所說的「生番的好漢」一樣，要「揹孩子上射太陽的長途」。打破隸屬觀念的最終目的，既為射落代表政治勢力的「太陽」，隨著抗日運動形勢的進展，「先覺者」不僅要「助長臺灣文化之發達」，設置臺灣特別議會，且更進一步要求臺灣自治，並制定臺灣憲法。一九二七年，在臺灣民眾黨成立已進入成熟階段之際，仍為當時「社會之木鐸」的《臺灣民報》，便這樣莊嚴地要求：「臺灣議會的要求，只是要求特別立法及預算的議決權而已，未曾要求臺灣內閣，未曾談及臺灣司法獨立。極言之，即未曾要求臺灣完全自治的憲法。這是本來臺灣人太謙讓的態度使然，並不是臺灣人不曉得要求臺灣人完全自治。又是向來臺灣當局太無理解的彈壓使然，並不是臺灣人不知道終局的目標。然而這番革新黨……既認定臺灣有特別制定臺灣憲法的必要，即是認定臺灣有施行特別的立憲政治，即須有特別的臺灣議會、特別的臺灣行政內閣、特別的臺灣司法獨立機關，而此三權各直屬於本國主權者的統轄，這是當然的既定結論，不容後人有糊塗曲解了。」這種莊嚴地要求，證明隨著時勢的進步，「先覺者」已一步一步提高政治運動的目標。

隸屬於日本統治者的思想，一度使臺灣同胞「沉迷」，這種隸屬思想的打破，不僅激發臺灣同胞的團結意識，也激發臺灣同胞的漢民族意識。前者使臺灣同胞的抗日運動步步高升、節節擴大；後者則武裝臺灣同胞的精神信心，並使臺灣同胞以漢民族為榮。

臺灣近代「先覺者」的主要搖籃地——臺灣總督府醫學校。（取自《臺大醫院壹百年》）

臺灣近代「先覺者」的搖籃之一——臺灣總督府國語學校。（臺北市文獻會提供）

連溫卿

王敏川

蔡惠如

蔡培火

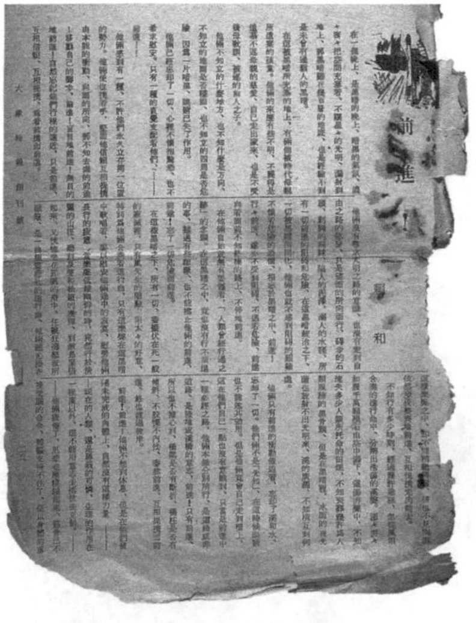

前進

賴和

〈前進〉（賴和文教基金會提供）

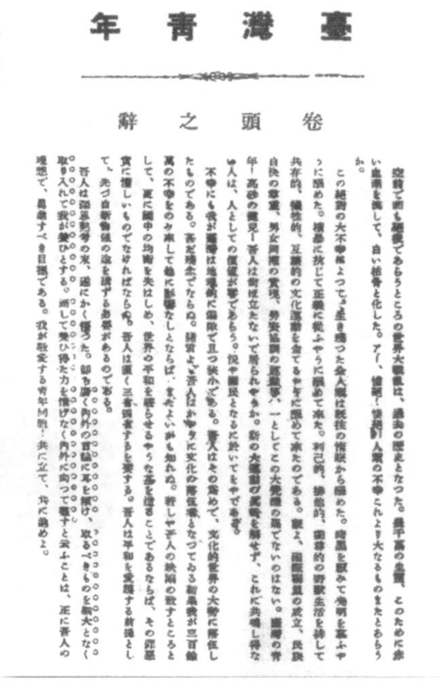

臺灣青年

卷頭之辭

空前で而も絶後であらうところの世界大戰亂は、過去の歷史となつた。幾千萬の生靈、このために赤い血潮を流して、白い枯骨と化した。アヽ、悽絶！悽絶！人類の不幸これより大なるものまたとあらうか。

この絶對の大不幸によつて生き殘つた全人類は既往の惰眠から醒めた。暗黑を厭みて光明を慕ふやうに醒めた。橫暴に抗じて正義に從ふやうに醒めて來た。利己的、排他的、獨尊的の野獸生活を排して共存的、犧牲的、互讓的の文化運動を企てるやうに醒めて來たのである。觀よ、國際聯盟の成立、民族自決の尊重、男女同權の實現、勞資協調の運動等、一としてこの大覺醒の賜でないのはない。臺灣の青年！高砂の健兒！吾人は猶ほ立たないで居られやうか。この大運動の眞意を解せず、これに共鳴し得ない人は、人としての價値が零であらう。況や闘與となるに於いてをやである。

不幸にも我が臺灣は地理的に偏陬で且つ狹小である。吾人はその爲めて、文化的世界の大勢に落伍したものである。甚だ殘念でならぬ。諸賢よ、吾人はかやうに文化の落伍者となつてゐる結果我が三百餘萬の不幸をのみ來して他に影響なしとならば、まだよいかも知れぬ。若しや吾人の缺陷の致すところとして、更に國中の均衡を失はしめ、世界の平和を擾らせるやうな事を惹すことであるならば、その罪惡實に懼しいものでなければならぬ。吾人は須く三省猛省するを要する。吾人は平和を愛護する前提として、先づ自新自強の途を講ずる必要があるのである。

吾人は深思熟考の末、遂にかく悟つた。即ち廣く内外の言論に耳を傾け、取るべきものを細大となく取り入れて我が養ひとする。而して養ひ得た力を惜げなく内外に向つて盡すと云ふことは、正に吾人の理想で、畢竟すべき目標である。我が敬愛する青年同胞！共に立て、共に邁めよ。

《臺灣青年》卷頭辭

賴和

林幼春

葉榮鐘

施至善

昭和二年五月十五日　臺灣民報　第一百五十七號

評論

制定臺灣憲法

此即革新黨政綱之一

昨九日革新派關代議士許議員聯合大會協議之結果、豫定來月實行組織一革新黨、以期革新政界之宿弊、建設以正義公平爲基調的新社會。其所擬政綱之中、有『要制定施行於朝鮮及臺灣之憲法』的一項、此乃現在日本各政黨的政綱中之一特色、又是打破內地延長主義的政界唯一之先鋒。

關於制定臺灣憲法之說與我們要求臺灣議會之聲、實有互相響應的關係、本報一四二號的社說、已有略爲言及、玆不多贅。我們在此只要再附加一言吧了。

臺灣議會的要求、只是要求特別立法及豫算的議決權而已、未曾要求臺灣內閣、未曾談及臺灣司法獨立。極言之、即未曾要求臺灣完全自治的憲法了。這是本來臺灣人太謙讓的態度使然、並不[illegible]治。又是向來臺灣當局太無理解的彈壓使然、並不是臺灣人不知道終局的目標。然而這番革新黨所欲制定的臺灣憲法之內容如五何？固不得而知、但既認定臺灣有特別制定臺灣憲法的必要、即是認定臺灣有施行特別的立憲政治的必要了。既有臺灣特別的立憲政治、即須有特別的臺灣立法議會、特別的臺灣行政內閣、特別的臺灣司法獨立機關、而此三權各直屬於本國主權者的統轄、這是當然的既定結論、不容後人稍有糊塗曲解了。

總之、臺灣憲法的要求、進出臺灣議會百步、這是證明時勢已經進出我們六年前的主張百步了。現在如倘有敢看臺灣議會的要求爲危險過激的人、這是舊時代的遺物、不但可憐其太頑迷、實在怕要阻碍臺灣統治的前程不少啊！

中臺改革運動兩潮流

國民黨分左右派
文協也分左右派

最近中國國民黨分裂做左右兩

1927年5月15日，《臺灣民報》正式提出：〈制定臺灣憲法——此即革新黨政綱之一〉。（蔣渭水文化基金會提供）

蔣渭水夫婦（右起1、2）與黃呈聰夫婦在大安醫院自宅合影。（蔣渭水文化基金會提供）

黃朝琴

林茂生

吳三連

陳逢源

（六）漢民族情操

臺灣自割給日本以後，和中國大陸的政治關係雖已告斷絕；但臺灣同胞和漢民族的關係，並未因政治斷絕而斷絕；相反的，在大和民族統治下的「先覺者」以及在「先覺者」影響下的臺灣同胞，雖然被日人以「清國奴」一詞譏笑，但因日人的民族優越感以及日據當局實行民族歧視政策，反而對漢民族具有濃厚的認同感，並對漢民族寄予高度的期望。

這種漢民族情操，主要是經由文化認同和日據當局的壓迫產生出來的。關於這一點，葉榮鐘有著深刻的分析：「我們出生於割臺以後，足未踏祖國的土地，眼未見祖國的山川，大陸上既無血族，亦無姻親。除文學歷史和傳統文化以外，找不出一點聯繫，祖國只是觀念的產物，而沒有經驗的實感。但是我們有一股熱烈強韌的向心力，這股力量大約就是所謂『民族精神』。」由於這股「民族精神」的力量，「先覺者」推動抗日運動的兩大「欲求」之一，便是「對祖國眷戀的心情」，而「對祖國眷戀的心情」，除因民族血緣與文化認同以外，也正如葉榮鐘說的，「是由日本帝國主義統治的壓制、榨取，與歧視所激發的民族意識與近代民主主義思想中心，而增強對祖國民族的向心力所凝結而成。」

在這種背景下「所凝結而成」的漢民族情操，對「先覺者」而言，具有兩種特殊意義：

（一）臺灣同胞既為漢民族同胞，自和屬於大和民族的日據當局不同。所以「先覺者」強調漢民族，無異強調和日據當局的民族區別，而強調民族區別，是有助於「先覺者」激發臺灣同胞的團結意識。

（二）和大和民族相比，漢民族是一歷史悠久而文化深厚的民族，認同漢民族，對當時處於被壓迫地位的臺灣同胞而言，不僅可以得到心靈的慰藉，而且也有武裝他們精神的效果。

漢民族對「先覺者」因具有這兩種特殊意義，「先覺者」不僅在口頭上樂於提起漢民族，即在主張和行為上，也都含有濃厚的漢民族情操。新民會決定的三大目標之一，即為「圖謀與中國同志的聯絡」；帶著「愛民族、愛國家」的心情揮其「禿筆」的吳三連，在〈呈文學士林茂生君〉一文，所極力強調的一點，便是漢民族觀念；但最足以表露「先覺者」民族情操的，還是治警事件發生後，在日本法庭上，以林幼春、林呈祿、陳逢源、蔣渭水、蔡培火五人為代表所做鏗鏘有力的答辯詞，其中的蔣渭水，在答辯中即正氣凜然地說：「以中華民族做日本國民的臺灣人」，「這樣的臺灣人不論怎樣豹變自在，做了日本國民，便隨即變成日本民族，臺灣人明白地是中華民族，即漢民族的事，不論什麼人都不能否認的事實。」

也正因為這種漢民族情操，「先覺者」才對代表中國近代革命主流的孫中山充滿著尊敬與懷念，才對孫中山影響下的北伐軍寄予高度的期望。根據資料顯示，在當時世界上，最哀悼孫中山的逝世，最期望孫中山影響下的革命力量完成統一中國的巨大工作者，除了中國大陸上三民主義旗幟下的革命團體、一般青年學生以及遭受軍閥蹂躪的民眾以外，便是被滿清割給日本，而在日本統治下已經經歷一代以上時間的漢民族的「先覺者」，以及在「先覺者」影響下的臺灣同胞。

從民族觀點言，日本統治下的臺灣，正如黃朝琴說的，「是漢族國民性之試驗場」，而「先覺者」以及在「先覺者」影響下的臺灣同胞的表現，確切地證明「漢民族不能被同化」。這種結論，才適足以正確地表達「先覺者」以及在「先覺者」影響下的臺灣同胞的漢民族情操。這種結論，從歷史觀點言、從政治觀點言，都是了解臺灣同胞應有的心理基礎與心理認識。

臺灣近代民族運動的評價

臺灣近代民族運動最熱烈的期間，大致地說，前後大約十年左右——始於一九二一年的臺灣議會請願運動，一九三一年隨著蔣渭水的「大眾葬」而唱出輓歌。在這十年間，臺灣歷史卻經歷一次史無前例的洗禮。為數甚多的「先覺者」，直接或間接，長期或短期地先後登上臺灣近代歷史的舞臺。他們有的或首先揭開運動的序幕而於中途倒下，也有的於途中加入而持續不懈，更有自始至終一直站在第一線上而鞠躬盡瘁的。在這批「濟濟多士」的「先覺者」引導下，臺灣近代歷史不僅譜出啟蒙運動的前奏曲，也譜出大眾運動的交響曲，而思想界更出現絕無僅有的百家爭鳴現象。

評價一種時代性的運動，絕無法從狹隘的觀點、一時得失，乃至表面現象得到完整的結論。有關臺灣近代民族運動的任何評價，即必須持有這種了解，才不致流於偏頗；特別是當有關此期歷史的介紹，還止於說明「事實」與「過程」的階段時，這種態度的建立，對現在及將來而言，尤其顯得重要。

從歷史觀點看，對臺灣近代民族運動如想有比較成熟而中肯的看法，除了必須考慮到此種運動的組織、方法、成果，構成運動主體者的水準、精神外，也必須考慮到當時的日本思潮、總督府的取締政策和臺灣的特殊情況；當然，為了增加視線，也可將當時的世界思潮和不同殖民政策的影響提出比較。

就運動的組織而言

扼要地說，臺灣近代民族運動可粗略地劃分為兩大期：一為文協分裂以前，一為文協分裂以後。在文協分裂以前，雖然曾興起臺灣議會請願運動、青年運動以及農民運動，但就組織而言，這些抗日團體都是相當鬆懈的，有些甚至連組織也沒有。

臺議運動是此期內最主要的政治運動。但臺議運動剛發動時並無常設組織，後來雖有意成立專門機構——臺灣議會設置期成同盟會，卻因而惹出治警事件，終遭扼殺。所以臺議運動在「先覺者」領導下，儘管得到民氣的支持，並發展成為一九二六年以前政治運動的主流，但終因缺少常設組織，僅僅變成為「先覺者」定期性發起的一種帶有危險而又寓有反映人民期待實現某些政治願望的簽名運動。

文化協會是此期內最主要的啟蒙團體，也是最主要的具有組織的領導團體。依據章程規定，文協設有總理、協理、理事的領導系統，也有本部與支部的設立，最高決議機關為會員總會。但就全部條文及實際運作而論，文協的組織是粗糙而鬆懈的，所以儘管章程第十條規定有除名處分，事實上，一直到文協分裂以前，除了主動退出之外，文協並未除名任何會員。這種現象固然與此期文協領導者的心境有關，也與初期文協的一片團結氣氛有關，而這種心境與氣氛，又使此期領導者視鬆懈的組織為當然，如此交相循環的結果，遂給「野心家」可乘之機。

一九二六年末、一九二七年初，所謂「左派份子」為奪取文協領導權所使用的伎倆，不但使舊幹部感到悲痛與厭惡，也使從此以後的抗日團體大都採取和文協分裂以前大不相同的組織形態。

成立於一九二六年六月的臺灣農民組合，分裂以後的新文協，一九二七年七月成立的臺灣民眾黨，一九二八年二月成立的臺灣工友總聯盟，一九二八年四月在上海成立，旋即被檢舉，而於同年十一月在島內成立不完全黨中央的臺灣共產黨，儘管彼此間的路線不同，做法不同，但有關團體的組織，卻都採取頗為一致的形態，這便是：

（一）強化組織：所有團體都設有地方支部與中央本部，支部分別成立委員會，並選派代表參加本部的中央委員會，中央委員會再選出中央常務委員會。中央常務委員會內分設各部，分掌職權，有些團體於中央常務委員會中再選委員長，或設主席，也有些採合議制。雖然所有的團體名義上都以全島代表大會或全島大會為最高機關，但實際上是中央常務委員會透過組織系統來領導，這是強化組織的必然要求。隨著組織的強化，中央領導權威也隨之確立。

（二）嚴格紀律：貫徹中央領導權威的方法，除了強化組織系統以外，更須嚴格要求紀律。此不僅講求「鐵的紀律」，不准說「嗳喲」的左派如此，即便包含有士紳階級的民眾黨也是如此。所以在文協分裂以後，團體紀律對社會運動家而言，已不再僅是文字的意義，而是有實質的意義。

由於具有實質意義，團體成員不僅會感受到紀律的壓力，而且也視紀律處分為與個人名譽有關的事，這些幾乎都是文協分裂以前不可想像的事。由於組織強化、紀律嚴格，在一九二七年以後的抗日團體內部之間，便常常發生一九二七年以前很少發生的內部分裂及除名處分現象。農民組合於一九二八年，發生幹部派與反幹部派的對立，結果反幹部派的楊貴在農民組合內的一切職務均遭剝奪；新文協於一九二九年，發生上大派與非上大派的對立，結果非上大派的連溫卿遭上大派除名，同年又發生無政府主義者與共產主義者的衝突，結果導致無政府主義者陳崁等的退出；成立甚晚，存在甚短的臺共，也在三年左右的時間內，幾經對立，不僅有改革同盟與舊中央的對立，也有日本共產黨與中國共產黨指導系統的對立；甚至較有親和力的民眾黨，也於一九三〇年發生分裂，結果另組地方自治聯盟的黨員，除林獻堂外，均遭該黨除名。

在一九三〇年以後成立的抗日團體中，自聯的組織是很特別的一個。自聯的組織系統並沒有採用當時的一般團體採用的委員制，而是採理事會制；又設有一般團體所未有的評議員會；另外，自聯雖也有除名處分的規定，但並未徹底執行，整個來說，自聯的組織形態和一九二七年以後的運動風潮實不協調。

就運動的方法而言

臺灣近代民族運動是在看到、聽到或感受到西來庵事件的慘痛教訓以後發動的，所以在方法上，便採取和西來庵事件以前完全不同的做法，這便是由武裝抗日變為非武裝抗日。

在非武裝的原則下，除了難得的例外，所有的運動都是在被壓迫的情形下，以弱者的姿態，用和平方法進行。任何非武裝反抗運動如欲獲得廣泛共鳴，必須獲得民眾支持，而欲獲得民眾支持，必先喚醒民眾，然後才能組織民眾——這個過程也正是臺灣近代民族運動動員民眾的過程。

文協在分裂以前最主要的貢獻，便是完成喚醒民眾的工作；而喚醒民眾的最主要方法，便是文化演講。文化演講並不是「先覺者」刻意的創造與安排，而是從留日學生組團回臺的巡迴演講中得到靈感與鼓舞。一九二三年，日據當局弄巧成拙的治警事件，無疑地，對這種演講的漸趨熱烈增添媒介與助力；及至一九二五年，因治警事件而入獄的「先覺者」出來以後，文化演講更達到空前的高潮；到了二林事件發生並進入審判程序以後，由於實際利益遭受壓迫，覺醒的民眾便邁入行動階段；所以喚醒民眾的工作大概隨著農民運動的興起而告一段落。

由於民眾覺醒與組織強化，在聳動社會的二林事件發生以後，所有的抗日團體便都以積極的方法來動員民眾。它們大都透過本身的組織系統，針對具體的目標，展開宣傳，呼籲所屬民眾，齊一步驟，互相聲援，以團體的精神，持續而無畏地奮鬥。在這種動員民眾的新做法下，在二林事件發生以後的一連串事件中，便一再地發生集體請願，集體包圍會社、私宅、警察署，以及集體罷耕、罷工的場面。由於民眾已告動員，農民組合才能在成立以後的短短一年餘，指導農民爭議事件達四百多件；工人運動也才能於興起後不久，紛紛成立工會組織，並頻頻發生罷工。在非武裝的原則下，抗日運動能發展到這樣壯觀的地步，在當時的條件下，「先覺者」實已運用所能運動的一切方法了。

在抗日運動走向大眾化時，既能「把持理想」，又能「凝視現實」的「先覺者」，於體認臺灣的特殊條件後，極力呼籲民眾應採取如甘地採取的「無抵抗的抵抗」方法，因為「弱者所有的無抵抗的抵抗之力量，較之暴力是強大得很」。這種「無抵抗的抵抗」方法，可從兩件實例中得知梗概，從這些實例中，也可清楚看出當時民眾所受的壓迫以及他們講求團結以後的反應之道。

鳳山農民組合的檢舉

（一）事件的經過

九月二十日夜，鳳山農民組合長簡吉氏，在鳳山郡大寮庄翁公園，蔡招婿之宅裡，要開個講演會。那時的聽眾，大約有三四百人，無一不向前，要聽此後的運動方法。不料下午九時，某巡查部長，突然命令解散。簡氏責問其理由。他說：「我認定是屋外講演，因未曾有

『屆出』之故，」簡氏不服說：「第一，這裡係屋內的空地，前頭三四回都認做屋內講演。第二，你是巡查，不該有解散的權限。」如是，簡氏不倸睬他，仍然繼續講演。那個巡查部長無法可施，隨即打電話報告鳳山郡警察課。警察課馬上派一個臨監官，率一隊巡查乘一臺自動車，跑來講演場。然而講演會已經告終，他們因此而生氣，便可想而知了。

二十一日下午，黃石順氏往鳳山郡役所，會警察課長，告訴昨夜巡查部長的處置不當。他又提出屆出書，說今夜要在前演講場的鄰比，繼續開講演會，那時，警察課長並沒有說什麼話。那夜，穿官服和私服的巡查多數臨場。簡氏上壇說：「我們設鳳山農民組合的動機，為要解決這地方的土地問題起見的，因有這個組合，才促進了臺灣各地漸有農民組合的設立。我這二三月間，大都為各地設支部去奔走，所以沒有來這裡，不意組合員的一部分，被人們迷惑起來，當真是可以長嘆的。」他說到最後這一句，便受臨監的警官命中止。

簡氏下壇，追究解散的理由，臨監官不答。他昂然登壇，厲聲喝解散，然而民眾絲毫也不動。那時，官私服的巡查，齊聲喝解散，民眾依然不動如山，他們又喝道，「不從命令的就要縛」，民眾仍取無抵抗主義，不言不動。這中間，有個鐵道驛夫陳湖，被一個巡查一步一步地逼退，最後退到牛車旁，不能退後了。那個巡查，說他是反抗者，和三四個同僚不分青紅皂白便亂打一場，然後把他縛起來。一般民眾，冷靜地向前傍觀而已。只有張滄海走過來，一面說警察是要保護人民的，怎麼倒反欺負人民。一面起手攔阻。因此，他也被他們縛住，同時他們打著、踺著，吃了一頓虧。到了此時，民眾方忍不住、有的嚷出不平、有的出手阻擋、吵鬧得了不得。三四個巡查看見這樣，各把他們所佩的刀，一齊拔出一二寸來威壓民眾。民眾齊聲應道：「若要我們的頭，隨便斬吧！」說了，各伸出頭來。他們即時否認說：「我們不曾拔刀，」如是演出了一場好戲。

隔日，簡氏往警察課，訪問立野課長，追究昨夜解散的理由。他答道，「為唆使民眾、煽動民眾，以致那時的民眾殺氣騰騰，故命令解散。」簡氏說，「我說什麼話煽民眾？」他說，「現在取調中。」簡氏知道不能得要領，憤然告退。

（二）檢舉後的民眾

二十二日，警察課的司法部警部補和巡查數人，以及寫真師，往昨夜的講演場攝影。二十三日上午十一時，把簡吉、黃石順、徐世英、張滄海、蔡其仕、洪勤、林大堂等八人拘入郡役所去了。大寮庄附近的人民聽了這層檢舉，都很感不平。那日的下午五時，他們陸續往郡役所門前，約有百餘人。他們對當局說，「我們的組合長並沒有做過什麼犯法，又斷沒有逃走之虞，快給我們保釋吧。或是我們替他拘留，也是一法。如果不允許，我們明日定邀多數的人民來保釋他。」

二十四日上午八時，約有六七百名的農民，聚集於鳳山郡役所之前，聲聲句句說要保釋我們的組合長。因郡守缺員，庶務課長代理郡守說：「你們若不立刻退卻，定要命令解散。如果不從，由高雄召二三百人的巡查把你們一一縛起來。」他們齊聲應道：「不要縛，不要縛，我們自首就是了。」說罷，大家要闖入郡役所門內，守衛的巡查十餘人很是興奮起來，都想要出手起事。幸得水野保安課長一面阻止巡查的行動，一面制止群眾，方才無事。那時，保安課長託謝賴登氏向他們說，「在這裡不好相量，大家往大廟（媽祖廟）聚集，保安課長有話要說。」他們再大舉入大廟裡頭，保安課長向他們說：「你們多數來這裡，總沒有什麼見效。簡吉氏、黃石順氏不論有罪、無罪一二日中定要釋放。他們二人若是有罪，也是罰金而已。你們明日若再來，實有阻害著我們的調查，倒使拘留的日子愈久。你們若不聽，一定被解散。一回、二回、三回的解散不聽，定歸拿騷擾罪來辦你們。」他們因聽見保安課長說不日要釋放組合的幹部們，所以承諾明日不來吵鬧，紛紛而退。

二十五日，大寮庄附近的人民依然放心不下，三三五五都來鳳山街打聽消息，至少也有五六百名。但是，他們都不往郡役所吵鬧，或在各處徘徊，或駐在組合事務所而已。大甲農民組合、蒜荳農民組合、竹崎農民組合等的幹部們六七名前來聲援。又大甲農民組合長趙港氏對他們宣明說：「簡氏不在中，我要在這裡代理，你們不要客氣，事事要拿來相量。」他們聽著都喜出望外。

（三）組合的幹部釋放了

徐世英氏被檢舉後，隨即釋放，組合長簡吉氏、幹部黃石順氏於九月二十九日上午六時也釋放了。其外，張滄海氏等五名，同時由鳳山乘自動車，直接送入臺南刑務所去了。

「這回的檢舉」，因為「沒有像在來那樣的亂牽連」，根據當時《臺灣民報》記者的看法，「算是臺灣警察界進步的一現象」；同時經由這次檢舉的教訓，「始知道警察界的威力，已不能打破有訓練的民眾的團結。」

高雄淺野會社罷工

因「上了會社的當」才興起的高雄淺野會社罷工，由於是會社「計畫的陰謀」與有「組織的誘導」，表面上雖然幾經調停，但終歸失敗。因此，基於罷工需要而成立的洋灰罷工團，便發出強硬的「決裂的聲明書」，並成立「食飯隊」，以「無抵抗的抵抗」方法與之周旋：

在於每次的罷工中，工人方面為戰術上組織種種部隊，如宣傳隊、情報隊、救濟隊、糾察隊，這些是極平常的。

然而此回高雄的洋灰工場的罷工中最為得力的，乃糾察隊與新案的食飯隊。糾察隊分為

上：淺野水泥會社高雄員工，1928年4月14日發動罷工。工友會設立二十個臨時出張所（事務所），監督罷工。右側有文化劇團公演慰勞的廣告。（蔣渭水文化基金會提供）

下：淺野水泥罷工，歷七十八天，全島同情罷工約二萬人，為日據時期最大的工運。陳天順、「爭議罷工團」糾察隊長梁加升、總務部長黃賜及張晴川（前坐左起）等四十二人被捕，1928年12月28日出獄，與支援的同志合影。（莊永明提供）

六班，即平地三隊、海面一隊、山路二隊，每隊十名置一隊長，在總機關置總指揮二名，其活動甚為綿密敏捷，在最緊張的時候每日的最高報告有三四百通，在稍靜的時候也有三四十通云。

至於新案的食飯隊，這是依據罷工團的契約所組織的。因為他們在罷工時候，為要使罷工團結的鞏固，所以互相作成了契約，聞其中有一條是若違約和私自復職者要負擔罷工者的生活費（衣食住）。因此對去復職的四五十名職工的違約，當然在罷工中的工友們就要對他們履行契約了。於是乎組織了所謂「食飯隊」，其職能是極其快活容易的，無他，乃是以十數名或數十名為一隊，隨便到私自復職的工人家裡去作食客，要求私自復職的家人炊飯供吃。罷工中的工友總共七八百人，一日三餐個個都可作食飯隊的隊員去活動，所以食飯隊初到的時候，要求作飯，那班家裡的人都以為是戲弄的話，及至其要求益切的時候，也就不得已去炊飯，食飯隊便在屋裡頭等執行其要務，一桶飯一隊二三十人霎時間就吃得乾乾淨淨，尚且不足就再命她炊出，甲隊去後乙隊、丙隊……陸續而至。婦人們大有應接不暇之勢，有時候就逃避，但食隊卻不客氣，自己就去作飯而食。為此私自復職的家裡的婦人們，真是為此食飯隊吃得了不得，有的就去請警官要來鎮壓，但食飯隊乃是由契約而發生的，除履行契約食飯之外並沒作出不法行為，故警官雖來也無奈他何。於是私自復工的人一日所得的一二塊錢，供給食飯隊還為不足，所以他們的家人自感著復職比於罷工還沒利益，不若罷工在家閒居，省得食飯隊來較鬧了。故此婦人們就去同他們丈夫或兒子計較休息，然而復職工人在工場內好似被監禁一般，沒有出入自由，所以他們家裡人就去同會社較鬧討人，為此脱出逃回的工人非常之多，而以後沒有人敢再去復職，以此看來食飯隊的活動比於糾察隊更為奏效了。此後這個新案的食飯隊定必流行吧！

由於向來罷工失敗的原因，為工人「急於飯碗，沒有持久性的結果」，所以指導罷工的罷工團，不僅成立「食飯隊」以維持生計，也做成口號以加強團結：

打狗大罷工
工人走空空
煙筒無火煙
機器未振動
會社用計策
四處騙工人
社員做看守
工場準監房

大家著注意
被騙先不通

在這些方法的綜合運用下，此次的罷工先後「動員工人在一萬五千人以上，迫得工廠停工四十餘天，參加工人達全臺灣工人的二成半」，這是日據時代最大的一次罷工紀錄。

從這些實例中，均可看出「無抵抗的抵抗」方法，「較之暴力是強大得很」，同時也因這種方法「是強大得很」，臺灣近代民族運動才得以有效地展開。

獲得日本本土力量的支持，始終是此期抗日運動的基本方法之一。揭開此期運動序幕的臺議運動，剛發動時，留日學生的呼應即比島內民眾更為熱烈，而日本本土一些名流學者的贊助，多少也造成一種可以牽制總督府對臺議運動發動者施行壓迫的氣勢。及至島內抗日戰線一分而未能復合以後，所有的抗日團體更都致力爭取島外力量的支援，但在做法上卻有很大的差別：一者是在確立本身的理論與行動路線以後爭取外援；一者則是本身的理論與行動路線殆受外力指導。大致地說，這種不同也是一九二七年以後所謂民族運動者與左派的根本差別之一。

宣傳的成功是臺灣近代民族運動最大特色之一。在大同團結時期，宣傳的共同園地《臺灣青年》、《臺灣》與《臺灣民報》，在治警事件持續期間，《臺灣民報》的發行量很快地激增到一萬份，最高時，依總督府的記載，曾達二萬份。抗日戰線分裂以後，新文協另發行《大眾時報》；民眾黨分裂以後，民眾黨也擬另發行黨報；所有的抗日團體除了以機關報推行文字宣傳以外，更針對具體的目標，以巡迴演講的方式進行口頭宣傳。就非武裝抗日時期「先覺者」的所有行事而論，宣傳活動應是其中做得最主動、最有活力而又最有成果的一種。

就運動的成果而言

悲壯的結局

從積極的觀點看，臺灣近代民族運動戳力以求的目標，除了悲壯以外，幾乎都未能實現。

在政治上，臺議運動雖曾轟動一時，並為時甚久，但最後卻自行收場；隨著臺議運動進展而提出的「自治」要求，乃至制定臺灣憲法，要求「政治獨立」，雖然也是「先覺者」追求的目標，但恪於形勢，至多只能技巧地、委婉地形之於筆，從未釀成如臺議一般的運動；而在既成制度下，有關改革專制政治的要求，如確立「行政立法司法的三權分立制」，實施「民眾自主之地方自治制度」，撤廢「壓迫殖民地民眾之諸惡法」，撤廢「一切民族差別待遇」，及「言論出版集會結社絕對自由」等也均未能實現。

在經濟上，當「日本資本隨日本國旗來到臺灣」，並「終於形成帝國的及地方的獨佔」時，有關實施以臺灣人為本位的經濟政策的期望乃完全落空；不僅如此，民眾黨與農民組合等為佔人口絕對多數的農工大眾所提的廣泛要求，如「耕作權的獨立」、「土地要排下給耕作者」、「打倒中間榨取機關」、「工場法之制定」、「最低工資法的制定」、「確立八點鐘勞動制」、「勞動者健康保險法之制定」、「團結權罷工權團體協約權及示威運動絕對自由之勞動組合法之制定」等也均未能實現。

雖然，就以上的觀點看，臺灣近代民族運動的成果令人沮喪，但這並非表示一無所成，因為這種運動在當時仍有幾種具體的收穫。

具體的收穫

（一）它在爭取大的、原則性的目標上雖然失敗，但在一些具體的爭議上仍有所獲：例如牽涉到二萬住民的竹林問題，即因「緣故地」居民的據理據情力爭，才迫使三菱略做讓步而達成妥協性的解決；又如工人運動興起以後，一些資方人物，也常在罷工發生前後，自動或被動地和工人解決爭端。也有些事件，在爭議當時雖然沒有即時收到效果，但在事件結束以後卻仍收到效果。例如鴉片事件，在事情發生的一段時間，民眾黨的氣派和要求似一無所得，但後來總督府卻不能不採取一如民眾黨所提出的積極治療政策。類似這些事件所以能有這種收穫，主要即是受到這種運動所形成的如火如荼的氣勢所助。

（二）它對人權的爭取不遺餘力：臺灣近代民族運動興起以來，和代表官方的人物接觸最多，又受其壓迫最大的便是警察。日據時代的警察，因為太橫暴，不僅被一般人民形容為「豺狼」、「田舍皇帝」，而且也成為「民眾怨府」的主要淵源。因之「先覺者」在推行這種運動時，不可避免地會和這些「豺狼」發生衝突，所以「先覺者」不僅強烈批評警察，更強烈批評造成警察如此橫暴的一切支持力量，而在進行這種無情而嚴厲批評的同時，臺灣近代史上，事實上，也經歷一次以知識份子為主體而又具有代表人民呼聲的人權運動。就此一意義而言，臺灣近代民族運動的要求之一，正如曾使很多人感動得流淚的清瀨一郎在治警事件的法庭辯論上所說的，「是民權的要求」。「先覺者」在日據期間對「民權的要求」的不遺餘力，並沒有完全徒然，即以最具有壓迫代表性的警察為例，從二林事件到鳳山事件到淺野罷工事件，就當時的第一手資料判斷，都顯示出這些「豺狼」的行動，面對人民「民權的要求」，也已漸趨人性化。這是當時人權運動具體而微收穫的例證。

（三）它迫使總督府不能不放寬統治尺度：總督府統治臺灣的心理基礎為碼頭觀念，任何運動只要違反其碼頭利益，不管這種運動如何地適合潮流與人民所需，都會遭到總督府的強力壓制。由於這一心理作祟，一九二一年臺議運動興起時，總督府即視所有參與者為「非國民」；一九二三年治警事件發生後，又視為是「土匪事件以來天下之一大事」；一九二五年二林事件發生後，也想以擾亂罪和妨害公務執行的重刑來殺雞儆猴。但隨著農工運動的熾烈化，大眾運動的蔚為主流，不僅在一些「先覺者」和日本社會運動家眼中，視臺議運動為「微溫」的，即使開始時大驚小怪而又小題大做的總督府，在一九二（六）七年以後，也不再對諸如臺議運動與治警事件水準程度的運動，分散過多的精力，進行無謂的壓迫。這個事實充分說明，隨著情勢的進展，總督府已被迫不能不放寬其頑冥的統治尺度。

不過，除了有形的收穫以外，這種運動的最大意義，還在它的無形貢獻——包括政治意義和歷史意義的無形貢獻。

政治意義

就政治意義而言，這種運動確切地表達在殖民地政策統治下，被壓迫的臺灣人的要求。由於臺灣是依馬關條約而割給日本，在一些日本人眼中，便視臺灣為戰利品。這種心理狀態具體表現在政策上，乃至行動上的，便是民族歧視。由於民族歧視的刺激，隨著這種運動的進展，很自然地便激發臺胞的民族意識與民族團結，臺灣人的觀念也於焉產生。因此以被歧視的臺灣人利益為主體的要求，便成為這種運動的根本要素。

這種運動不僅引發臺灣人的觀念，也確認臺灣人的尊嚴與價值。面對日本統治階層以「佩劍時代」的封建思想（意指由武官出任臺灣總督）作為統治基礎的狂妄心態，「先覺者」在得到世界思潮的武裝以後，再也無法忍受了。他們以智慧和勇氣，經過十年如一日的持續努力以後，不僅打破日人這種狂妄心態，更確立臺灣人的尊嚴與價值。這種現象可以從有資格當最好的「辜顯榮」

而又不屑當「辜顯榮」的林獻堂受到一些日本人士的敬重，以及「出師未捷身先死，長使同胞淚滿襟」的蔣渭水逝世後，能被在臺日本人所辦報紙尊稱為「臺灣人之救主」之事看出。這種尊嚴與價值，絕不是迎合階級以迎合方式，成為日本「治臺三策」運用下的籌碼而獲得的任何頭銜所能比擬。因為這種尊嚴與價值，象徵著臺灣近代人士千古不移、永垂不朽的正氣。

以知識份子為主體的這種運動，在「走向農村」、「走向工場」、「走向實際運動」的實踐中，同時也對廣大人民進行廣泛的政治教育。這是臺灣歷史上第一次出現的全面的政治洗禮，這項政治洗禮不僅「振起同胞元氣」，也帶動臺灣空前的大眾運動，而這種大眾運動又使總督府引以為憂，迎合階級知難而退。

歷史意義

從歷史觀點言，這種運動是臺灣歷史上第一次出現的以有組織、有系統、有思想並經由喚醒民眾以動員民眾的和平而又正氣凜然的政治運動。這項政治運動的過程、內涵以及其中的教訓，無疑

臺灣人之救主
蔣渭水先生長逝

1931年8月13日，日系報紙《新高新報》以「臺灣人之救主」為題，弔唁病逝的蔣渭水。（蔣渭水文化基金會提供）

地都將成為臺灣歷史與後代子孫最寶貴的遺產。

這種運動也是知識份子在臺灣歷史上第一次表現出集體狂熱的愛鄉運動。知識份子為了理想，為了鄉土，所懷抱視「協力建造我們的金字塔」為個人的「義務與責任」的觀念，以及視在鄉土地面創造「天國」為己任的「天職」觀念，都是任何時代任何地方的任何知識份子應持有的情操。臺灣近代知識份子在臺灣近代史上，為了擁抱鄉土、改造鄉土所做的奉獻與犧牲，不僅將永遠成為臺灣歷史最光輝的一部分，且將永遠成為後代子孫汲取精神能源的來源。

這種運動在激發臺胞民族意識的同時，也激發臺胞對這種運動在開始時尚處於分崩離析狀態的中國的民族認同；因這種運動孕育而生的臺灣近代新文學運動，又強化這一民族認同的要素與內涵。亙日本據臺期間，所以始終想切斷臺灣和中國大陸之間的政治、經濟，乃至文化關係，推其政策著眼點，即是想切斷臺胞這種民族認同的根源；同樣地，抗戰勝利以後，臺胞所以會那麼熱烈地歡迎中國派來接收臺灣的人員，追根究柢，也導源於二十多年前這種運動所喚起的民族認同。

就運動的領導者而言

「白面書生」

由留學生、島內具有最高學歷的畢業生、醫生與地主所構成的臺灣近代民族運動主體的知識份子，在剛推動時，除了林獻堂等少數人外，「最年長者是三十歲左右，其他均係二十多歲前後」，這種年齡乃使他們被形容為「剛度過書生生活而已」的「白面書生」。這些「白面書生」，本身因缺少經驗，又無歷史遺產可繼承，便只能在摸索中累積經驗來推動這種運動。

幸好，初期運動的主流與主要工作，給這些「白面書生」帶來很好的成長機會。臺議運動代表初期政治運動的主流。這一運動在日本本土不僅得到名流學者的支持，也收到相當良好的宣傳效果，因此儘管「先覺者」在推動時迭遭困擾，但經由此一運動的洗鍊，增加他們不少閱歷與信心。

喚醒民眾代表初期運動的主要工作。由於總督府愚民政策的影響，「先覺者」剛好得以發揮所長，所以在持續的文化演講中，「先覺者」不僅增加與民眾接觸的經驗，而且也贏得民眾的支持和信賴。

但隨著運動的往下紮根，問題的呈現具體化、現實化與複雜化，以及日本本土與中國大陸影響力量的介入，「先覺者」在一九二六年以後，終於暴露出「白面書生」所無法避免的缺點。

一九二六年以後，臺灣思想界曾出現短暫的百花齊放現象。這種現象並非自動產生，而是因現實運動所迫，並在日本本土與中國大陸情勢的影響衝激下產生。當時的所有運動者，包括蔣渭水在內，對於這種熱烈而又令人困惑的局面，嚴格地說，並無確切的把握。面對這種大變局，有些「先覺者」不經消化地全盤接受外在系統包括觀念與行動的指導；有些「先覺者」卻視若無睹地仍想維持傳統「慈善家心腸」的做法；有些「先覺者」則於體認外在情勢，並融合理論心得與本身經驗以後，依據臺灣特殊情況而提出新的路線。大致地說，一九二七年以後所出現的多元化的抗日戰線，與其說是文協分裂的結果，毋寧說是對這種大變局反應不同的結果；一九二八年以後，在所有抗日團體內部繼續出現的分化，基本上，仍可視為是對這種大變局反應不同的延長。

這種背景說明出，這種運動由民族統一戰線時期走向多元化的分裂道路時期時，也正是這些「白面書生」由磨練而走向成熟的時期。經過變局、理論與經驗的衝激與洗鍊，這些已告成熟的「先覺者」，在一九二七年以後，便以一種領導者的姿態，從事「真劍的」解放運動。

「吞天地的氣概」

一九二七年以後出現的主要抗日團體，無論就理論、組織與行動而論，大都均已具有革命化、尖銳化、大眾化與國際化的特質。由於具有這些特質，此期的抗日運動和一九二七年以前不僅有著如何景寮說的「遊戲的」與「真劍的」不同，而且也變成為臺灣近代民族運動史上戰術最講究、方法最激烈、動員人數最多、爭議事件最多、被檢舉次數最多、入獄次數最多、入獄時間最長的時期。在「先覺者」悲壯感人的領導下，臺灣近代民族運動晚期能創下這樣輝煌的紀錄，不僅是一種可貴的成就，更是「先覺者」能力成長的最佳證明，因為這種戰績，即使以最嚴格的觀點來衡量，也已接近世界水準。所以「先覺者」能力成長的更深遠意義，便是使這種運動得以光榮地邁向世界歷史舞臺。

「先覺者」起先雖然經驗不足，但熱情卻有餘。他們當初雖然缺少受警察署召喚的經驗，但當治警事件發生後，卻個個充滿著元氣入獄；他們不但不否認自己是「白面書生」，反而以日本明治維新時代「白面書生」的成就來為自己答辯：「試看維新當時的諸傑，可不是二、三十歲的青年而創維新的大業。當時的政府也大多數是這等的青年，故能一瀉千里，勢如破竹，沒有些兒阻滯，費了三十年間，即可與歐美並肩，實出歐美先進國的意料。」「追想那時的青年何等豪傑，氣宇何等軒昂，可不是有吞天地的氣概嗎？日本有今天的地位，豈不是此等青年血戰苦鬥結晶而來的嗎？」這種「吞天地的氣概」，正是「先覺者」在缺乏經驗與遺產的情形下，仍能繼續撐持這種運動於不墜的主要動力。

日本明治維新的代表人物——伊藤博文。

到了一九二七年以後，這種「吞天地的氣概」，不僅表現在「先覺者」的行動上，也表現在「先覺者」所成立的團體宣言內。這些團體，不論是民眾黨、新文協、農民組合或工友總聯盟，雖然都傷痕累累，但其為臺灣民眾追求幸福解脫苦難的精神卻仍然十足，像一九二九年以後，已成為全臺灣最有影響力量的臺灣民眾黨，在其第二次全島黨員大會宣言內即稱：

我們考察島內的形勢，知道民眾之趨向已是信賴本黨，我們因此益感責任之重大……本黨欲以最短期間實現本黨綱領政策——達到人類解放之目的，需要同胞多數參加，是以不得不希望我臺灣同胞，必須切實明白今日之臺灣，只有本黨能圖謀民眾的利益，只有本黨能為民眾利益而奮鬥，對於本黨需以督責和擁護，使本黨成為代表臺灣民眾利益的大眾政黨，這是本黨唯一的希望。

這種精神與氣概也正是此期內會產生像蔣渭水那樣偉大的民族運動殉道者的根本原因。不過，「先覺者」在一九二七年以前經驗雖然不足，精神上卻呈現空前的大同團結；一九二七年以後能力雖然成長，精神上卻因抗日戰線的分裂而陷入內訌，並因而衍生「妥協反動」的「老衰症」作風以及「輕率過激」的「小兒病」作風。

就總督府的取締政策而言

臺灣近代民族運動最熱烈的時期，也正是日本處於歷史上大正民主的時代。

大正民主時代是日本思想界的黃金時代。此時不僅自由民主思想大為興起，社會主義思想也頗為風行，因之在日本本土不僅興起許多自由民主的要求，也釀起不少社會主義的運動，這些要求與運動，都直接、間接影響臺灣近代民族運動的發展；及至日本本土軍國主義興起，所有的自由民主風潮和社會主義運動均趨式微以後，臺灣近代民族運動也差不多接近尾聲。基於此論，臺灣近代史上所出現的壯觀的民族運動，幾乎成為日本歷史上大正民主特定條件下的產物。

這個運動發動的時間是在日本據臺已逾二十多年，進入文官總督，並施行所謂「同化主義」、「內地延長主義」的時期。此期內的歷任總督雖然是文官，但對於臺灣並無感情，且都以臺灣為政治跳板（人在臺灣，心望日本），因之對臺胞的民族運動，便一貫地採取高壓與分裂兩種政策來肆行消滅。

日據當局對於青年團體的取締、學生運動的壓制，以及有意惹起的三個影響深遠的事件——治警事件、二林事件、臺灣鐵工所事件，都是高壓政策下的產物。日據當局這種高壓政策亙這種運動持續期間，雖不憚其煩地使用，但「先覺者」並沒有因此而被嚇退；事實上，高壓政策反而助長民氣，並帶動這個運動所需的浪潮（此在初期尤然）。所以高壓政策雖然是促成臺灣近代史充滿悲壯的主要原因，但從另一角度看，又是促成這個運動能夠產生那麼波瀾壯觀影響的有力因素。

分裂政策

分裂政策與高壓政策是同時並行的。當「臺灣青年會」成立時，即有「臺灣會館」的團體出現；為了對抗臺議運動，也有「向陽會」的組織；為了對抗文化演講，又有「時事問題批判演講會」；以後更有有力者大會與無力者大會、公益會與文協派的公然對立。大致地說，在一九二七年以前，由於民氣高漲，先覺者的元氣十足，而精神上又表現出一片大同團結的氣氛，此種分裂政策的收效可謂甚微；而迎合階級大多也頗識時務，知難而退。及至一九二七年以後，因對路線和做法的意見不同，加上文協分裂的慘痛教訓，「先覺者」內部之間，竟自覺或不自覺地產生空隙，遂使日據當局有機可乘，以致抗日戰線不僅彼此之間分裂，戰線內部更先後再行分化。這就是為什麼心地善良而又心智鍛鍊不夠的「先覺者」，對於這種分裂政策總要心存餘悸。

分裂政策的目的既在分散抗日團體的力量，執行時便須視情況而定。大致地說，一九二七年以後，由於政策的運用，抗日戰線已趨多元化，日據當局不僅要加深這種外部對立，也從內部進行分化，以便經由內部分化與外部對立使抗日團體自相消耗、無暇他顧。

高壓政策

但高壓政策則不同，高壓政策是經由政治體系以強力進行壓制的政策。持平而論，這種政策在當時多少有其一定的取締標準，而其中最常援引的法規，便是治安警察法和治安維持法。這兩個法

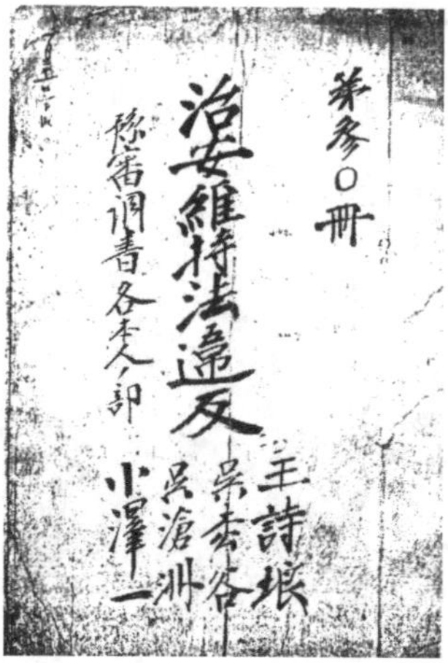

臺北無產青年違反治安維持法判決書。（取自《王詩琅朱點人合集》）

規的尺度，又影響到臺灣近代民族運動可能的發展和發展的限度。

治安警察法第二十八條規定：「組織祕密結社或加入祕密結社者處六月以上一年以下之輕禁錮」外，其餘違犯規定者均處六月以下的禁錮。即以治警事件而論，從「三好」變為「三惡」的檢查官，其依治安警察法第八條第二項規定，所能求的最高刑責，也不過禁錮六個月；其他的，有些只禁錮三個月以下、二月以下甚或一月以下，有些更只有罰金而已。基於這種規定，任何政治結社或政治活動，只要依法成立或依法申請，不管成立前後或申請前後受到如何的壓迫與干涉，但多少仍保有一定程度的自由範圍。這個法定所容許的自由範圍，既是臺灣近代民族運動能夠活潑開展的主要原因，又是這種運動所能開展的最大限度。

一九二五年日本樞密院在通過普選法案時，也以「飴」與「鞭」的雙管政策，同時制定治安維持法。該法第一條規定：「凡以變革國體否認私有財產為目的而組織結社，或知其情而加入的，處以十年以下的懲役或禁錮」，一九二八年以後，最高處罰更改為極刑，這種重刑實較治安警察法嚴酷。因此當此法也在日本殖民地的朝鮮與臺灣適用後，儘管即被「先覺者」譏諷為「無食柑也著清掃，無吐瀉也著隔離」；但此法對「先覺者」以及這個運動而言，都構成相當大的心理威脅與實質威脅。及至治安維持法的重刑在臺北無產青年、中臺同志會與廣東革命青年團諸案適用以後，「先覺者」更體認到，在臺灣特殊的環境下，任何過激的行動與過激的主張都無法公開進行。因此治安警察法雖使臺灣近代民族運動得以在一定範圍內進行，而治安維持法卻又限制這種運動只能在一定的前提和條件下進行。臺灣近代民族運動在目標上有時候所以顯得很朦朧、很模糊，在方法和文字上有時候所以顯得很技巧、很彈性，整個運動所以又無法表現出很徹底的個性，歸根結柢，都與總督府這種亦放亦拉的高壓政策有關。

美國總統威爾遜高唱民族自決。

就世界思潮與殖民政策的比較而言

「軍國氣質」的殖民政策

從世界思潮說，臺灣近代民族運動只是當時全世界弱小民族普遍要求民族自決聲浪中的一股浪潮而已。

第一次世界大戰結束以後，由於美國總統威爾遜的高唱，在歐洲、亞洲以及非洲的弱小民族都正風起雲湧地興起民族自決或民族獨立運動。這種全世界性的民族運動不僅改變一些古老帝國的版圖，也將世界地圖做了部分的改造。

面對這種以民族為基礎的弱小民族的要求，大帝國在其無法挽回的範圍，除了必須忍受領土的變更外，在其尚有餘力管轄的殖民地土地上也被迫做政策的改進，以符合殖民地原住民的需求。因此一些大帝國在第一次大戰以後所推行的殖民地政策便和以前有很大的不同，這種不同代表時代潮流的進步。

這種時代潮流不僅點燃臺灣民族運動的火炬，也為這種運動提供努力的方向。

臺灣是日本第一個據有的殖民地，據臺之初，適逢兵馬倥傯，日本遂以「無方針為方針」來治臺；及至大致穩定以後，又因缺乏管理殖民地的經驗，乃「常欲求範於世界之殖民政策，然不幸遭逢軍閥全盛之秋，視新殖民地儼若軍閥特別之領土，於是遂開創例，若非軍人不得為總督」；進入文官總督時期以後，「又將軍國氣質中最浸染之獨逸（即今德國）之屬地統治思想適用於此地（臺灣），日同化、日統一、日命令服從等之標語，奉之若金科玉律，由是……遂惹起種種之問題矣。」當時代潮流已逼使一些帝國不能不讓一些民族國家獨立，或不能不在其殖民地施行較開明的自治政策時，日本的殖民政策才剛由「軍國氣質」浸染中漫步進入「命令服從」的「同化」政策，這種落伍的政策，當然要引起已受過時代潮流洗禮的「先覺者」以及一些日本有志之士的強烈批評。

「先覺者」中，對於殖民地政策最有研究的林呈祿，在這種運動剛開始不久（一九二三年）即委婉而肯定的說：「凡世界殖民國，統治殖民地之方針，或以專制主義，或賦予自治權，或併合於母國內地，除此三種之外，別無他道可求。但專制主義，係非能永續之制度，而依民智發達，社會進步，及時勢推移，必漸近於同化主義，或自治主義，此自然之理也。又同化主義，除施行於人口稀少、土地狹隘，或野蠻未開之種族外，對於具有特殊之文化、思想、習慣、制度、信念等之民族，絕難收其效果也……要之，凡世界殖民史上之對人政策，由奴隸時代而進於民權尊重時代，由民權尊重時代而進於自由平等時代，此自然之進化的路徑者也。」

對殖民政策素有研究的日本眾議員永井柳太郎，也在一九二四年，根據世界殖民政策的變遷說道：

世界的殖民政策，從思想上看來，大概可分經過四期變遷。

第一期就是由哥倫布發現亞美利加至十七世紀之間，當時各國政府的殖民政策專以充足君主和貴族的財政欲望為根本方針……十八世紀殖民地的反抗，不外是對第一期的榨取主義、貿易獨佔主義、以殖民地民做犧牲而貪暴利的失敗的當然反對……歐洲各國的君主和貴族，明白這個道理，給殖民地自由，開放貿易，從此就進入自由貿易時代了……到了十九世紀之初，資本家要擴張自家的商品的販路，又再起了獨佔殖民地的思想，弄成資本的帝國主義生出競爭，到頭弄出未曾有的大戰爭，實行資本的帝國主義，都為政策的犧牲，無分勝負陷落破產的狀態……資本的帝國主義，不但自滅，又自覺也會滅人，所以現在將要進入第四期的殖民政策了。此後的殖民政策，已經不容榨取他國勞力了。不容任意向殖民地強制命令納貢了。此後殖民政策的根本精神，要使各民族能夠十分發揮其天賦的個性，給他們有十分的自由和環境為本國的使命。

在當時一些大帝國所推行的殖民政策中，最常受到「先覺者」和日本一些有志之士援引，並期望日本能多加學習與效法的，便是英國的殖民政策。英國殖民政策的最大特色，便是賦予殖民地高度的自治權。但由於民族主義旗幟的高漲，英國這種自治主義政策，並無法完全滿足其所屬殖民地的要求，因此在愛爾蘭和印度都掀起反抗英國以求完全獨立的民族運動。

愛爾蘭和印度的鼓舞

愛爾蘭和印度的獨立運動，是「先覺者」在進行民族運動時最常提到的兩個弱小民族奮鬥的例子。這有特殊的理由和意義。

由於民族、信仰和歷史等的不同，愛爾蘭問題一直是英國殖民政策中的「癌症」。為了解決此一

「癌症」，英國在一八八六年便提出愛爾蘭自治法案於議會，幾經努力，終於一九一四年通過，但此時一些前進的愛爾蘭人，已不再滿足自治的要求，更進而要求完全獨立，英、愛之間才繼續發生衝突。愛爾蘭這種奮鬥的精神，無疑地，給「先覺者」極大的震撼。因為「先覺者」剛推動民族運動時，最初的政治要求，只是設置享有立法權和監督權的臺灣議會，不僅不敢提出民族獨立，甚至也不敢提出民族自治，因此面對愛爾蘭搭他們奢求不到的自治於不要，而進一步要求完全獨立的精神，當然會給他們帶來強烈的刺激，並增加他們奮鬥的勇氣。

在甘地領導下的印度獨立運動，所以廣受「先覺者」的注意和介紹，除了因印度和臺灣同屬於東洋弱小民族，同處於被壓迫地位，因而易於產生認同感外，更重要的，還是受到甘地的人格和他的非暴力主義做法吸引所致。甘地為了印度獨立犧牲一

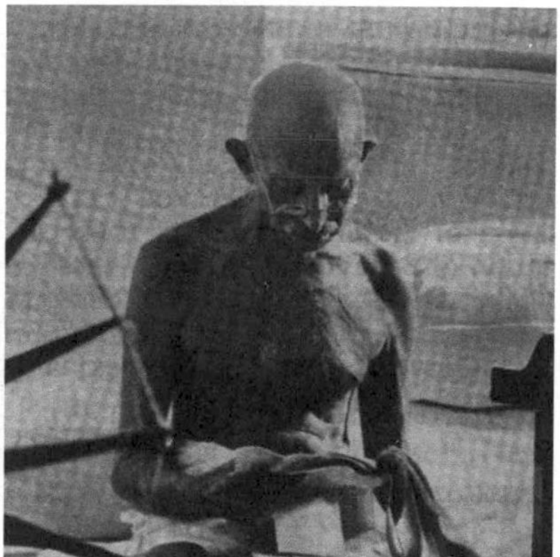

左：孫中山。
右：甘地領導印度人民對英國殖民統治發起非暴力運動。

「臺灣的孫中山」——蔣渭水。（臺北市文化局提供）

切名利的奉獻情操，不僅鼓舞「先覺者」的奮鬥精神，而他的非暴力主義做法又剛好可在臺灣特定的時空條件下派上用場。由於這些因緣，甘地的肖像不僅被懸掛在文協初期所設置的讀報社內，而甘地本人更是一九二七年以前，除孫中山以外，最常被「先覺者」提起的政治領袖人物。

印度和愛爾蘭的獨立運動雖均鼓舞「先覺者」的努力，但嚴格而論，「先覺者」並沒有公開發起如印度和愛爾蘭所發起的獨立運動，也沒有達成如印度和愛爾蘭所達成的運動目標；這其中原因雖然很多，但最主要的，還是和日本的殖民政策以及臺灣的特殊情況有關。

日本雖以經營臺灣的成績自喜，且又贏得一些讚譽，但平實而論，日本在臺灣所行的殖民政策，和當時進步的殖民政策相比，顯然還在「軍國氣質」的「同化」政策中徘徊。這種政策在本質上，是透過既成的政治體系，以強制的力量和手段，達成民族壓榨的目的。因之這種政策既不容許對既成體制做全面的否定，也不容許追求潮流所風行的民族自決，甚至連低調的僅要求享有立法權和監督權的議會設置都無法消化，所以在這種政策統治下的殖民地，自無法培養出如英國法官能判決英領總督敗訴的統治型人物，也無法培養出如甘地般被壓迫型的領導人物。由於政策主導下的格局所限，加上統治者的昧於大勢，儘管「先覺者」之中，有不少具有如甘地一般奉獻情操的人，但在臺灣近代民族運動整個過程上，最多也只能培養出如蔣渭水那樣偉大型的人物，而如蔣渭水其人，在日據時代已是不可多得了。這種扼殺臺灣近代人物走向世界歷史舞臺的做法，實是日本落伍殖民政策不可原諒的錯誤之一。

臺灣的特殊情況也助長日本貫徹其落伍殖民政策的氣焰。因為類似近代的民族運動，在臺灣歷史上並無先例；經過西來庵事件的慘痛教訓以後，一時「臺灣民眾的鬥爭力量尚不夠堅強」；臺灣又為海中孤島，交通的限制不僅使臺灣缺少外部刺激，也不易與外界連成一氣，而「先覺者」在開始進行這種運動時又多為「白面書生」；這些因素的匯合，很自然地使臺灣近代民族運動在持續發展的過程上，大都表現出被強制下的悲壯行為，或被壓迫下運用出來的勝利，而很少為主動創造出來的勝利。這個事實也間接說明出臺灣近代民族運動過程上，具有「軍國氣質」的日本「同化」殖民政策始終居於主體地位；「先覺者」集體的奮鬥既未曾改變日本殖民政策的「軍國氣質」，臺灣近代史當然幾乎變成一部以殖民地人民的血淚寫成的悲壯歷史。這是作為殖民地的臺灣人民的悲哀，也是全世界所有處於殖民地地位的人民共同的悲哀。

贊助臺灣近代民族運動的日本人士的評價

爭取贊助的必要

臺灣近代民族運動發起的時候，臺灣的地位是日本殖民地；在這種地位下的臺灣同胞便成為日本民族歧視政策下被壓榨的「羊羣」。

日本領有臺灣以後，由於「頗有窮人得寶的氣味」，加上臺灣又為海中孤島，在臺日人為了壟斷這種既得利益，一面固然要醜化臺灣，一面更要隔絕臺灣，因此他們由碼頭觀念便漸漸衍生而成一種被「先覺者」視為是「統治臺灣的癌症」的「特殊部落心理」。

第一次世界大戰以後，日本正處於歷史上的大正民主時代。這時全世界的民族自決和民本主義思潮，也在日本的輿論界、學術界和政治界風行。這些思潮所代表的精神，便在日本本土形成一股莫之能禦的力量。

在時間上比臺灣還遲變成為日本殖民地的朝鮮，卻比臺灣還早地興起近代民族運動。日本本土以日本平和協會為代表的名流宣稱，只要這種運動承認日本的主權，「雖內部擬定大改革案，我們不惜任何困難，亦要共同努力使其成功」。

揭開臺灣近代民族運動序幕的東京臺灣留學生，由於他們所受薰陶，也由於他們的身分，加上以上因素的考慮和啟示，遂自覺地感到在推行運動初期，必須致力爭取日本本土人士的支持；這項決定又和當時留學生團體——新民會——的領導者林獻堂，於一九一三年直接、間接聽自梁啟超和戴季陶的忠告相吻合。因此爭取日本本土人士的支持，便成為「先覺者」剛推動臺灣近代民族運動時的主要工作與主要方法之一。

贊助的理由

日本本土包括輿論界、學術界和政治界的一些日本人士，所以贊助臺胞這種運動，就其所發表的理由加以歸納，大概可分成以下幾點：

（一）基於對人道或人權的支持：

臺灣近代民族運動興起的時候，正值日本處於大正民主時代；而總督府在臺灣不論是政治、經濟、教育諸方面所行的歧視措施，以及執行時所表現的橫暴態度，都與這種思潮所代表的精神相抵觸；因此受過大正民主薰陶的日本人士，基於對人道的支持，很自然地便以一種當仁不讓的心情來贊助臺胞的要求。

與留日的臺灣留學生持有聯繫的明治大學校長木下友三郎，在《臺灣青年》創刊號上寫道：「概以臺灣政治，不能十分滿足，至其不滿足之點，要之皆以臺灣政治上，對於臺灣人不施與內地人同樣之待遇，即待遇上有差別，為不平之最主要點」；「以余所知臺灣島人之教育，與內地人之教育，實有差異……計（留日的臺灣）留學生全體之半數為中學以下之學生，是即可以證明臺灣之普通教育機關，為不十分完備者矣，且其中為小學校之生徒，其數不尠，此尤可怪者……余以為當全然撤廢其差別，內地人臺灣人，均得受同等教育之便宜，尤以使臺灣教育機關十分完備，並注意其內容之改善為最急務也。」

為臺灣朝鮮留學生監督的貴族院議員永田秀次郎，根據其與臺灣學生的實際接觸，也指出：「我內地人（日本人）輒有輕蔑臺灣人及朝鮮人之風」，「此就弱者觀之……為憤慨之原因也」；其他如「下級官吏之橫暴」，「旅居臺灣之內地人之傲慢」，以及警官如同「蛇蠍」等，均是導致臺灣人「不平不滿之鳴」的原因。

日本人士不僅贊助「先覺者」的要求，也鼓勵「先覺者」應以持續此一要求視為己任。早稻田大學教授內ヶ崎作三郎即說：「臺灣人諸君萬事須抱盡善盡美之覺悟……努力為之使見者佩服，無疑置辭方可，是即諸君須發揮自己之實力，為臺灣為日本為世界皆可以表示諸君之氣概也……除非自進而求，諒不能有所得，故持堅忍不拔之精神，正正堂堂而奮鬥之是為最要。」

在早期贊助「先覺者」的日本人士之中，議論最刺激總督府，並因而引起御用報紙圍剿的，便是被「先覺者」形容為「真正的內地人」的明治大學教授泉哲。泉哲教授在臺灣近代民族運動剛興起（一九二〇年）時所寫的被《臺灣日日新報》詆為「毫無責任的暴論」一文——〈敬告臺灣島民〉，其中鏗鏘有力的論點，不僅代表正義和人道的光輝，更對當時的「先覺者」作了最莊嚴的鼓舞：

「我國（日本）統治臺灣以來，已歷二十有餘年……在物質方面……當知從前之方針，為本國本位，而非殖民地本位。本國本位之殖民政治，為經濟本位之統治方針……若於精神文化，而觀總督政治，曾為幾何之貢獻，余輩欲斷其為無有也……夫物質之富，內地人或得取之而去，至精神之富，則何人所不能奪者也。

島民諸君若以臺灣島為諸君世界上唯一的居所，則當自進而圖文化之發達……吾意島民果自斷行如此之大決心，無論何人，亦無可抗之理由，且內地之有志者，必起而贊助如斯之美舉。臺灣非總督府之臺灣，實為臺灣島民之臺灣。

最後余之推察，（關於政治上的權利）則以進於島民自治臺灣之域，為島民諸君之目的，即臺灣島民之目標，在於自治的臺灣之域，為島民諸君之目的，即臺灣島民之目標，在於自治臺灣，毫無容疑也……島民諸君之幸福，不宜坐待總督府之設施，而必自當其任，此余輩所以促諸君之一大奮發也。」

這種「臺灣非總督府之臺灣，實為臺灣島民之臺灣」的驚人之論，對有意將臺灣「縱覽謝絕」

的總督府而言，無異晴天霹靂，難怪此論一出，「真正的內地人」的泉哲，幾乎又被這些在臺的日本「特殊部落」打成為「非國民」。

在大正民主時代，日本輿論界對於人權的爭取實不遺餘力，其銳氣所及，對於總督府及在臺日人的「逆」時代做法自不免多所批評。治警事件發生以後，《大阪每日新聞》即斥為是「臺灣總督府的無理解」，同時由於總督府壓制所有有關此案新聞的報導，該社乃稱「實際上於今日的臺灣島民，全然沒有言論集會的自由，要說的事不能說，要議的事不能議，現時稱為言論機關的《臺灣新報》，《臺灣日日新報》及《臺南新報》皆是御用的機關」；對於「先覺者」所發起的議會請願運動，殖民雜誌認為如「加以反逆運動的名目來排斥」，無異犯了「思想的色盲」，並肯定危害臺灣進步的，將是在臺日人這種「抑壓民意的教權主義」；至於在臺日人堅持「須以內地人為主以本島人為從」，即「一視同仁政策非也，宜依內地人偏愛主義」的心態，《大阪朝日新聞》更指為是「在臺內地人之僻根性」，由於這種「僻根性」作祟，在臺日人遂以一種「優越感情、征服感情接近臺灣人」，而這種「宛如封建時代的思想」，正是爭取人權所應剷除的障礙，因此日本本土的輿論界便熱烈贊助「先覺者」這一合乎潮流的要求。

（二）基於對殖民政策的批評：

第一次世界大戰以後，民族主義的浪潮橫掃歐、亞、非三大洲，由於這種浪潮的衝擊，有些帝國的版圖變了，有些帝國的殖民政策也變了。在殖民政策走向自治主義的一片聲浪中，日本卻還在

「軍國氣質」的「同化」政策中徘徊留連，這種落伍做法自然會引起有志之士的抨擊。

眾議員田川大吉郎在〈回想關於臺灣之議論〉一文，確切的說：「總而言之，余對於新領土之統治，誠欲持自治之方針者也。即欲認英國流之殖民政策者也，非膾炙人口之佛國（法國）流，或和蘭（荷蘭）、西班牙流之古派殖民思想，如斯之思想，到底不能適合今日之時勢也。」

早稻田大學教授五來欣造在〈將來之殖民政策〉一文也說：「從來無論何國之殖民政策，殆莫不以征服主義貫之。征服主義者，動則以謂威壓殖民地為本國求益上最便利之法，究其實，乃

大正13（1924）年12月25日，前眾議院代議士田川大吉郎（前排右2）到臺灣探望因治警事件入獄的人士蔣渭水（後排右）與林呈祿（後排左）、蔡培火（前排右3）、洪元煌（前排右1）、黃呈聰（前排右4）。

對本國最危險之政策……綜覽今日世界大勢……征服主義早已淪亡，共存主義代而興矣」；「余之愛慕我國毫不讓人，又無時不希望臺灣永作日本領土也。對臺灣政策乃由此一誠而出，故斷征服主義無可期其成功；誠非尊敬臺灣人，開發文化，置彼等之利益於眼中，以文化的指導之、啟發之，求彼之利益，增進其幸福，則不能達永久領有之目的，以如此敬愛臺灣而行政治者，實欲使其永久從屬日本唯一之良方也……今日之臺灣人中，其肯擔日本之國難，為日本流血者，果有幾何歟，恆念及此，前未嘗不悲愁矣。」

逝世時被《臺灣民報》形容為「日本政治家中之第一人格者」，眾議員島田三郎也說道：「臺灣非征服之地，緣何抱有征服思想而施惡政者，且又將軍氣質中最浸染之獨逸（德國）之屬地統治思想適用於此地，曰同化、曰統一、曰命令服從等之標語奉之若金科玉律，由是容易經營之臺灣統治，遂惹起種種之問題矣」；「要之治臺之方針究竟有兩潮流，一則嚴守本土與屬地之區劃，而立腳於差別精神之舊思想；一則視臺灣純為日本之一部分……以島人治島民，務期統一與自治併行，使島民衷心感念以合併於日本為幸福，而無生起分離之心，為治臺前途之主眼，是為新思想派也。吾人深翹望有濶步於日本國旗之下，而自詡為日本人之臺灣人者也。久居臺灣之官吏，緣其不吸外界之空氣，成為臺灣舊保守者之事，可無疑也，新總督若以此等周圍之事作地盤，統治資料僅徵是輩之報告，欲蟬脫此空氣而行文化新政，不亦難矣哉！」在其《日本改造論》一書，島田三郎更肯定地說：「要之，因一般俗吏不明於大局，軍人不解於政治，或徒飾外觀，或拘束形式，或步德國同化政策之後塵，無包容襟度。或為政商結託小吏，壟斷島民利益，以招島民之不滿，已成為根本宿弊。換言之，今日我國人對歐美諸國或唱人類平等，或求差別撤廢，而自身則反蔑視同文同種之中國、朝鮮民族，極行差別待遇，莫怪中國、朝鮮民族遠交於歐美而近攻於我也……余敢斷言，治臺治鮮之方針，全歸於失敗者也。」

眾議員永井柳太郎也指出：「凡新領土的統治精神，非像英國裁判官的態度不可」（英領西印度總督與人民爭訟，結果英國裁判官判決該總督敗訴）。因為英國裁判官的判決，雖使「英國失了一個總督，然可以收服西印度的人心」；此種可以「收服」殖民地「人心」的殖民政策的根本精神，便是「要使各民族能夠十分發揮其天賦的個性，給他們有十分的自由和環境以為本國的使命」。

（三）基於政治上的考慮：

所謂政治上的考慮，又可分為三種情況。第一是基於「日華親善」的需要：自一九二四年美國實行「排日法案」以後，「日華親善」愈成為日本朝野掛在口頭上政策的一部分。臺灣因曾隸屬清朝，又和中國同文同種，這種歷史、文化與民族的因緣，乃使日本統治下的臺灣，「負有特殊的天職」——成為「日華兩國結合中心機關之使命」。關於這種論點，島田三郎說道：「以歷史的發展而論，臺灣三百五十萬之島民入我統治範疇，與我國人發生直接交涉者，是乃天命彼等作我中日兩國之連鎖，豈非兩國親善之絕好機會乎？」當過朝日新聞社派駐中國部長的神田正雄，說得更為清楚：「日本常覺於生存上，有與中國共同提攜之必要，而若於欲求一方法之際，幸而領有此臺灣，往時原係中國之領土，有歸化人民，以此等人為介，以與中國本土人握手，實得最大之便宜，故先求此臺灣之人，得完全之諒解，乃最要之急務也。」

第二是基於對民族尊嚴的維護。由於總督府在臺灣所行的歧視和壓榨政策，無法見容於當時的時代潮流，日本本土人士為了維護大和民族的尊嚴，便稱在臺的日本人不能代表真正的日本人。法學博士平沼淑郎便這樣說：「統治臺灣當初，渡臺之內地人，決非內地一流人士，大半二流三流或其以下之人居多」；曾在臺灣實際領教過總督府干擾滋味的神田正雄說得更為透澈：「顧（日臺）差別待遇之由起，乃自二十八年前，日本與中國開戰，因得連戰連勝之餘威，遂養成一種自大之惡德。兼之，數百年來之封建思想，沉浸入於人之腦筋，爰為造成階級思想而發差別待遇之兆也……當時蒞任臺灣之官吏，皆抱此種思想，其胸懷氣宇，蓋可想見矣……質言之，當時渡臺之日人，悉在本國為飢寒所迫，不得不冒險渡臺。若善意解之，則為有欲望、有勇氣之志士，若惡意解之，則為社會之落伍者，不能脫出封建時代之思想者明矣。查臺灣人之性質，極溫和、極恭謙之民族也，而日本竟驅此封建遺物殖民於彼地，其不逆時代者幾希。日本明治維新爾後，封建打破，四民平等，因是彼等封建遺物，則從此侵入臺灣深地，堅城固壘，復興封建故物，所施政策則儼若佩劍時代。」

第三是希望臺灣不要成為日本的愛爾蘭。英國的殖民政策在當時是最常受到「先覺者」和日本人士援引的例子，但愛爾蘭卻成為英國殖民政策的「癌症」，以致英愛之間困擾迭生；日本的殖民政策既遠不及英國，一旦臺灣對日本引發如愛爾蘭對英國式的反抗，日本將更陷於困境。日本有志之士有鑒於此，乃深謀遠慮地以贊助「先覺者」的要求來化解此一可能的趨向。島田三郎便是在這種了解下，有感而發地說：「臺灣之政情恰如平穩無事之表皮裡，含有不穩多難之毒瓦斯，設使臺灣島民若精悍如愛爾蘭之克爾托民族，則三百五十餘萬之島民對二十萬之內地人，恐不免如愛（爾）蘭人之對英（格）蘭的安格爾薩孫民族同樣之態度，吾人所希望者，非欲臺灣為英蘭之愛蘭，乃望臺灣為英蘭之蘇格蘭。」

贊助的方式

贊助「先覺者」要求的日本人士，其贊助的方式，隨臺灣近代民族運動的發展而有改變。一九二七年以前，臺灣近代民族運動的政治要求之一為設置臺灣議會；同時為了喚醒民眾，「先覺者」也不遺餘力地揭發並批評總督府的惡政，因此，日本人士的贊助方式首先便表現在輿論和行動的聲援。

《臺灣青年》和《臺灣》可說是日本人士以輿論贊助「先覺者」要求的最佳見證。在這已重新刊行的十二冊雜誌內，不少有地位、有身分的日本名流與學者，分別以理論的心得和實際的體驗，或對日本政府表示殷切的期望，或對總督府提出嚴正的批判，或對「先覺者」予以有力的鼓舞。及

《臺灣民報》問世以後，「先覺者」更常轉譯這些日本人士聲援的文章，其中也有極有深度，並產生極深遠影響的。例如山川均的〈弱小民族的悲哀——在「一視同仁」、「內地延長主義」、「同化融合」政策下的臺灣〉一文，張我軍在結尾的「譯者附註」中，便這樣說：「我在翻譯之間，一陣陣的悲哀、慚愧和痛快之感，輪流著奔到心頭！有許多自己所不知的、或知而不詳的事，山川先生都詳詳細細地在日本第一大雜誌《改造》宣布出來；又有許多自己所不敢說的，或說而說得不痛快的話，山川先生都替咱們痛快地吐露於日本第一有權威的雜誌《改造》上面。」當此文在《臺灣民報》連載時，正值臺灣農民運動急劇興起之時，由於時機的適當和內容的深刻，山川均便發揮經由文章聲援的最大效果。

行動的聲援主要表現在對議會請願運動和當「先覺者」處於被壓迫時的支持。「治警事件」發生時，為了支援「先覺者」的處境，清瀨一郎即親到法庭「揮淚激辯」；發生以後，田川大吉郎又親到臺灣作「慰安」訪問；而議會請願運動的提案，雖然每次均遭到帝國議會的「冷淡」，但江原素六、田川大吉郎、清瀨一郎、山脇玄、神田正雄、渡邊暢、中野寅吉等還是以「請願介紹議員」的身分，持續地為「先覺者」向帝國議會提出。

一九二七年以後，臺胞抗日戰線呈現公開的分裂。分裂以後的抗日團體，由於組織嚴密、注重紀律、強調主義，在實際做法上，便和一九二七年以前有著很大的不同，這種不同也影響到日本人士贊助方式的改變。

如果說一九二七年以前的「先覺者」，是懷著「慈善家」做「慈善事業」的心腸來推動臺灣近代民族運動，那麼贊助這種運動的日本人士，儘管有不同的動機，但在意識上實和這些「先覺者」差不多一樣，也是懷著「慈善家」的心腸來做「慈善事業」。但一九二七年以後，也正如臺胞抗日戰線的發展一樣，除了必須具有「慈善家」的心腸以外，更強調政治意識的契合；由於強調政治意識，日本人士的贊助方式也採取新的做法。

這種新的贊助方式，便是將以往僅止於口頭、文字以及間歇性行動的聲援，一變而為包括對理論、路線以及行動的全盤指導。這種一如日本勞働農民黨與臺灣農民組合之間的贊助方式，也正如一九二七年以後的臺灣抗日戰線所表現的形勢一樣，必須放棄個人基調，而植根於對整個運動的追求與執著。這種新的贊助方式，因具有這種尖銳的特質，一面固然加強贊助人士或團體與被贊助人士或團體之間的親密關係，但同時也使已經分裂的臺胞抗日戰線一分而未能復合。

不過，一九二七年以前的贊助方式在一九二七年以後並沒有完全消失。民眾黨對於議會請願運動的態度，以及後來地方自治聯盟的做法，大體上還是承襲這種舊的方式。

一九二七年，矢內原忠雄到臺灣訪問所以受到干擾，除了因時間的不巧和感情用事以外，最主要的還是受到臺胞抗日戰線走上強調政治意識契合的影響所致。所以「矢內原事件」如從這個觀點來觀察，其意義便是它代表臺胞抗日團體強調政治意識契合以後，反射到贊助的日本人士的一個轉捩點。也因為有這種轉變，矢內原才會成為唯一因贊助臺胞要求反受臺胞騷擾的日本人士，不然以矢內原的學術聲望和言論內容，他的臺灣之行，應如一九二七年以前所有贊助臺胞要求的日本人士來訪一樣，受到「先覺者」以及民眾的熱烈歡迎才對。

贊助的影響

贊助臺灣近代民族運動的日本人士，或為名記者，或為名學者，或為政界的長青樹，他們不僅享有地位，更享有聲望。他們以其具有的地位和聲望，對於臺胞的要求，不惜經由言論和行動表示公開的贊助，對這種運動、總督府以及「先覺者」而言，當然會產生極為深遠的影響。

「先覺者」在發起議會請願運動以後，因即被日據當局視為「非國民」；而總督府又一再地在這種運動的過程上，對他們施行軟硬兼施的壓迫，且又將其一手惹起的「治警事件」和土匪事件相提並論；在這樣的氣氛下，儘管「先覺者」精神十足，臺灣同胞民氣高漲，但如果沒有這些有地位、有聲望的日本人士，在政治界、學術界以及輿論界表示強有力的聲援，臺灣近代民族運動在初期即使不慘遭大折，也必然要在運動過程上付出更高更大的代價。

日本人士的贊助，也使「先覺者」有效地達成經由日本中央對總督府施行牽制的效果。儘管總督府有意將臺灣造成「白色鐵幕」，以利其壟斷碼頭利益，但因這些有地位、有聲望的日本人士的揭發與抨擊，總督府的碼頭心理，便完全暴露於國人之前，因此，面對時代思潮的衝擊，總督府乃被迫不能不放寬其頑冥而落伍的統治尺度。所以「先覺者」這種經由「和日本中央權要結識，獲得日本朝野的同情，藉其力量牽制臺灣總督府的施政，以期緩和他們壓力」的方法，在運動初期可謂完全成功。

對於「先覺者」而言，日本本土的贊助，不僅鼓舞他們，而且在運動初期也使他們感激不已。「先覺者」發起運動時，多為「白面書生」，他們雖然正氣凜然，卻又經驗不足，所以面對這些有地位、有聲望的日本人士的贊助，當然會受到極大的鼓勵。這些日本人士不僅贊助他們的要求，且更鼓勵他們應為此一要求而「奮發勉勵」，並「自當責任」。「先覺者」在受到這些令他們尊敬的日本人士的激勵下，不僅愈增加他們的精神動力，也愈增加他們以改造臺灣視為己任的「天職」觀念。

從「先覺者」對贊助他們的日本人士所表示的感激與尊敬，也可清楚看出他們所受於日本人士的影響。「治警事件」二審時，因深受清瀨一郎的「揮淚激辯」感動，《臺灣民報》社長林南強即以「沉沉人海起雷聲，萬弱歡迎百姓驚，吾骨早枯心早死，得公熱血欲重生」一詩相贈；為了「慰安」而來臺灣的田川大吉郎，沿途均受到臺胞充滿激情的歡迎；而島田三郎逝世時，更被「先覺者」形容為「全身皆是正義的結晶」；諸如這些例子，都可看出「先覺者」對贊助他們的日本人士的感激與尊敬。這種感激與尊敬之情，實與「先覺者」在島內受到臺胞的感激與尊敬一樣，都是出自真誠的人格感召所致。

不過，隨著抗日情勢的進展，以及一些事實的教訓以後，「先覺者」對於日本人士的贊助，已不敢作過分的憧憬。一九二六年末，當無產政黨已在日本興起時，「先覺者」便在這種體認下，反而強調自力：「像臺灣議會請願運動……多數的憲政會議員，在野時，豈不是很贊成，以為合理的運動嗎？但他們組閣之後，對於請願運動的態度就變了……每次的請願委員會，不是以時機尚早，就是以審議未了為口實，或以臺灣議會內容的不明為理由，故意來遷延」，故「將來的進行，不論對於什麼政黨，我們總要立定主意，對付他們，注意他們

大正13（1924）年10月，治警事件受害者蔣渭水（後左）、陳逢源（前左）與蔡培火（前右），和來臺為治警事件辯護的眾議員清瀨一郎（前中）。

的誠意怎麼樣，我們才可以進而提攜，以圖互相利益進步，若不是這樣，雖任我們殖民地住民抱十二分的熱望，他們依然牢守舊套以對待我們。這可斷定決不會生出什麼好效果的。」

由於這種體認，一九二七年當抗日戰線分裂以後，所有的抗日團體便亟力強調意識的契合。只要意識契合，目標便一致，自應為共同的理想而奮鬥；既為共同的理想而奮鬥，自應各盡本份，精誠團結，攜手前進。由於這種觀念的成長，在一九二七年以後的臺胞抗日運動史上，便很少再出現像一九二七年以前那樣充滿著一邊倒的「感激」之情的文字，此不僅形式上自命前進的左派抗日團體如此，即尚包容有士紳階級的民眾黨也是這樣。一九三〇年，在神田正雄的歡迎會上，蔣渭水即以「特望今夜臨席的神田、清水雨先生，爾後特寫盡力……以期改革臺灣的政治，使臺灣人能夠得到幸福的生活」的語氣發言；甚至連穩健的林獻堂也以「希望其（神田）為日本國家的將來計，倍加愛顧」的話致詞；面對這種「特望」與「希望」，神田也謙稱他對臺胞的贊助，毋寧說「是一種義務」。這樣的對話，在一九二七年以前幾乎不曾有過。這種贊助方式改變最大意義，便是使日本人士的贊助，由容易令人感激的溫情的慈善事業性質，變成為嚴肅而不能規避的共同義務和歷史責任。

贊助的意義

日本治臺政策對於大正民主而言，不啻是一項諷刺；總督府及在臺日人的火上加油，愈使這項諷刺變得尖銳；面對這項諷刺，受過世界思潮洗禮的日本人士，敢於拋棄民族偏見，並贊助臺胞的要求，這種做法，無論如何，實有其深刻的意義。

第一，這表示任何違背時代潮流與大多數人民利益的專制統治，都會引起正義力量的反對；這種正義力量或者發生在其可行使管轄的土地內，或者發生在其無法行使管轄的土地外，或者由其統治下的同胞發起，或者由其統治外的人士發起。臺灣近代民族運動雖是由總督府可以行使管轄與統治而又與總督府不同民族的臺胞發起，卻得到在總督府無法行使管轄與統治而又與總督府相同民族的日本人士的贊助。這個事實充分說明：所有合乎時代潮流與大多數人民利益的要求，不僅可得到自己同胞的支持，也可得到自己同胞以外的人類正義力量的支持；這個事實也無異在向全世界以及歷史上的所有統治者昭示：一旦統治違背時代潮流，違背大多數人民的利益，不管其統治時間多長，統治手段多嚴，終將引起其統治下和統治外的所有正義力量的反對。

第二，這表示在日本盛行落伍的殖民政策時，在日本人士之中，尚有了解時代潮流的日本人。儘管這些日本人的呼籲，無法變成為具體的政策，但他們的存在與聲音，至少表示在大和民族「舉族皆醉」之時，尚有「獨醒之人」。所以對大和民族而言，在當時令他們不悅、甚至受到他們干擾的這些日本人士的義行，在歷史上，反而變成為大和民族的精神食糧，這種精神食糧且將隨著時間的拉長而愈成為民族珍品。此項意義也在向全世界所有的民族提示，不要也不應對同族中的「獨醒之人」，以任何方式的「出草」肆行撲滅。這種撲滅行為，固然可使「獨醒之人」受到傷害，但因而受害最深的將是民族本身，因為在傷害「獨醒之人」的同時，事實上，也斷絕民族的精神食糧。基於這種邏輯，所有蓄意傷害民族「獨醒之人」的牽涉者，最後都將免不了淪為該族的民族罪人。

第三，這表示人類對於人道的厚重、人權的維護，在一些情況下，已可超越狹隘的民族偏見。臺灣是因為清廷戰敗才割給日本的，臺灣同胞又屬漢民族，雖然如此，面對總督府有背人道的歧視政策，有違人權的蹂躪行為，身為大和民族的日本人士，還是極力為之爭取和維護，這種行為充分證明隨著時代的進步，人類的理性已經漸漸開展了。日據時代贊助臺胞要求的日本人士，所表現的寧願尊重人道，維護人權，而不惜置民族本位於不顧的風範，實已對全人類留下共同的遺產。這項遺產對於歷史而言，既代表一種喜訊，又可成為推動歷史繼續開展的有利動力。

贊助的限度

贊助臺胞要求的日本人士，不管其贊助的動機如何，贊助的方式怎樣，贊助的影響如何，他們的贊助仍有一最高的限度，這便是對臺灣近代民族運動最後的目標，嚴守日本公民的立場。

臺灣近代民族運動的政治要求，隨著設置議會的提出，漸漸有民族自治的呼聲，進而更隱約有政治獨立的醞釀。這種民族運動最後的願望，嚴格而論，實無法使任何贊助這種運動的日本人士消化，因為當時這些日本人士所能做的最高限度，也正是朝鮮民族運動發生以後，日本平和協會所持的，這便是在承認日本主權的前提下，盡一切力量與之共同奮鬥。

這種贊助的最高限度，不僅運動初期如此，即在日本本土社會運動興起以後也是如此。在形式上號稱應聯絡全世界所有被壓迫民眾共同奮鬥的所有社會主義政黨，基於國家利益的考慮，並沒有任何一個人，或任何一個團體，敢於公開提出殖民地的民族獨立。因為基於民族國家立場，類似這種主張一旦公開提出，雖然提出的個人或團體已由日本公民變成世界公民，但這種以世界公民身分所表示的態度，在日本公民看起來，卻剛好變成為「非國民」。

——原載於《自立晚報》（民國六十六年十一月三日至十一月十三日）及《這一代》雜誌第六期

附錄一

我在「渭水之丘」

今天大家齊聚在櫻花陵園，為的是即將長眠於此的蔣渭水先生。我在這「渭水之丘」，回顧過去幾十年來所感受到的，是一種歷史的踏實感，一種溫暖。一度為人所遺忘、為社會所遺忘，甚至令人噤聲迴避的蔣渭水；通過我的研究與發現，他的精神復活了，經過時間的洗鍊，我們從過去濃濃的傷感走出，從那戒嚴的陰影、對臺灣史的無知與權力的傲慢中走出來，得到心靈的安慰；過去三十多年，從個別的到黨外的紀念，到兩大黨的紀念成為國內共識，爾今又跨越了兩岸，蔣渭水成為華人社會共有的紀念。現在，我們「感心」地說，經歷八十四年漂泊、三度遷葬流離的蔣渭水終於回到了故里。

「渭水之丘」，這位於蔣渭水故鄉的丘陵，背山面海，經由剛才大家一起步行，以蔣渭水的別號「雪谷」命名的步道慢慢跋涉，來到這裡眺望蘭陽、龜山島與太平洋之美。而站在我們的土地前方，有水平線浪花起伏的極致，之後更有片片浮雲，點太清裡；雲的後面更有無垠的藍天通往世界的想像。這漸層的畫面，有如出生於宜蘭的蔣渭水，發皇於臺北，精神馳騁於臺灣，影響及於後世的過程。蔣渭水，從「熱血男兒」、「文化頭」、「政治社會運動第一指導者」到「臺灣人之救主」，他漂泊在外的靈魂如今在大家的見證下隆重安息，我們來此祝禱所感受到的是，他和大眾站在一起，洋溢著公義、平等、尊嚴與永不屈服之氣。他的英靈，一方面守護蘭陽故鄉，又在俯瞰太平洋的同時守護著臺灣。

然而「蔣渭水精神」究竟是什麼？他的格局何在？為什麼經過將近一世紀後的今天，我們大家要齊聚於此紀念他，牢記他的話，甚至實踐他的理想？作為全世界第一本《蔣渭水傳》的作者，守護蔣渭水三十多年，我站在風光明媚、視野遼闊的「渭水之丘」，可以肯定說，「蔣渭水精神」就是站在接上地氣、有思維高度的「臺灣精神」與「民族正氣」，這兩者並且有其內在的關連：都是以日本殖民帝國壓迫為對立面的臺灣本土與漢民族的認同。

而此時，我在「渭水之丘」，想著日本統治下「兩個太陽的臺灣」：一個在人口上佔少數，但在政治、經濟、教育上卻居於統治地位，屬於大和民族的日本人，構成的是「政治勢力的太陽」；另一個是在人口上佔多數，但在政治、經濟、教育上卻居於被統治地位，屬於漢民族的臺灣人，構成的是「社會勢力的太陽」。兩個太陽照耀下的臺灣，所呈現的是民族歧視和差別待遇。這正是蔣渭水投入臺灣近代民族運動的大背景，憂心忡忡的蔣渭水說，「同胞啊！臺灣是我們的臺灣，臺灣的社會是我們的社會，是不得袖手旁觀，放棄責任的。」

從生命史來看，蔣渭水，一八九一年出生於平民之家，來自基層，出入廟會之間，但天資聰穎，以第一名考進影響他一生命運的臺灣總督府醫學校。在醫校時期，蔣渭水是個「熱血男兒」，懷有民族情愫，並以實際行動表達對同為醫生的孫中山所展現的革命精神與主張的認同與支持。

臺灣先覺者們率先倡導的臺灣議會請願運動，重燃蔣渭水的政治熱。他創立了臺灣民族運動史上代表大同團結、文化啟蒙的「臺灣文化協會」。爾後，他又成為臺灣人唯一喉舌《臺灣民報》的褓母，不斷批評時政、巡迴深根、數度入獄，甚至被獄友稱為「文化頭」。隨著啟蒙運動、文化運動、青年運動、學生運動和農工運動的相繼興起，這些風起雲湧使得一九二〇年代的臺灣，變成一幅全面社會運動的歷史圖像。

在這樣空前的衝擊下，我在「渭水之丘」如此懷想，具有科學精神、客觀主義，又有實踐能力的蔣渭水，面對臺灣抗日戰線的多元化、衡量新的形勢，幾經波折，成立臺灣史上第一個現代化政黨「臺灣民眾黨」，又催生臺灣第一個具有全島性的工人團體「臺灣工友總聯盟」。在一九二〇年代抗日後期，當並列為抗日四大團體的「臺灣農民組合」和「新文化協會」相繼被取締，臺灣民眾黨乃成為被壓迫臺灣人唯一的「解放運動的總機關」。再歷經鴉片事件與霧社事件的抗爭與領導，蔣渭水變成「政治社會運動第一指導者」，民眾黨也成為總督府的眼中釘，一九三一年在悲壯聲中終遭禁止；五個月後，蔣渭水齎志以歿，得年不過四十。

八十四年飄忽已過，我在「渭水之丘」上懷想，遠方冷冷的海水徜徉著一個關於臺灣的動人故事。我們的蔣渭水先生，「臺灣的孫中山」，經過「十年如一日」的奮鬥，「出師未捷身先死」，他的遺像下寫著「忠魂充漢室」，葬禮在淒風苦雨中，從大稻埕永樂座出發，送行者不畏殖民強權的打壓與監視，匯集人氣，一步一腳印，寫下日治時代臺灣人空前的大眾葬。時人稱為「臺灣人之救主」。

我在「渭水之丘」懷想，漂泊八十四年的蔣渭水英靈，今天在大家一起的陪伴下，終於埋首故鄉。這是臺灣史上的一件大事，我代表這代臺灣人以最慎重、最虔誠的心情宣告：「渭水先生，您回家了！」迎靈之旅，雖無法臻於至善，但我們完成了家屬追念祖先的心願，地方政府盡力了、工作人員辛苦了。

在這裡，我們一起俯瞰太平洋，面對龜山島，回首來時路，經過雪谷步道，在櫻花陵園感受這地、這海、這風、這雲，這天空、這宇宙。我們一起感受到公義、平等、尊嚴與永不屈服的「蔣渭水精神」，而「同胞須團結，團結真有力」的歷史跫音也在「渭水之丘」迴盪，接上臺灣地氣，我心澎湃！願「蔣渭水精神」得以永久復活，守護我們的臺灣。

——二〇一五年十月十七日刊載於《風傳媒》

後記：本文是我生平首次用充滿詩意的散文紀念蔣渭水，非常感謝石計生教授在過程中的用心協助。

附錄二

從「發現蔣渭水」到「守護蔣渭水」

二〇一六年十一月三十日，國家圖書館與中華民國文化資產維護學會、蔣渭水文化基金會共同主辦「知識營養文化力量——蔣渭水先生臨牀講義九十五週年紀念論壇」。臺研會創辦人黃煌雄應邀前往發表「從『發現蔣渭水』到『守護蔣渭水』」專題演講，並以此作為守護蔣渭水四十年的告別演講。

內容大綱：

一、緣起
二、發現
三、志業
（一）創立臺灣文化協會
（二）「做了《臺灣民報》褓母」
（三）民眾黨實質領導者

（四）工友總聯盟「產婆」
四、遺產
（一）臺灣主體性
（二）漢民族情操
（三）不妥協的精神
（四）理論與實踐相結合
五、守護
（一）從一九三一年到一九七六年
（二）從一九七六年到二〇一六年
六、結語

一、緣起

今天，在新北市永和、中和交界地帶的四號公園內，座落一棟巍巍的建築物，這就是目前國內圖書館之中，館內使用面積最大的國立臺灣圖書館，其前身叫國立中央圖書館臺灣分館（以下簡稱臺灣分館），位在臺北工專（今臺北科技大學）八德路上，全世界第一本《蔣渭水傳》就在這裡完成。

當時，我三十歲出頭，研究所畢業，曾在企業界工作兩年多，後來體認到「企業並非我人生最終選項」，請辭。我不停思考人生的下一步，現在回憶起來，那時內心似有一股驅力，要我走進臺灣史，特別是走進臺灣近代史；冥冥之中，命運讓我與臺灣史結緣，與臺灣分館結緣。臺灣分館也因而成為此後兩年多，我生活中兩點直線的其中一個點（另一個點為家裡）。每天早上，圖書館開門時，我就報到；每天晚上，圖書館關門時，我才離開；我幾乎成為臺灣分館的圖書館館員。

二、發現

一九七〇年代初，當我開始研究臺灣近代民族運動歷史的時候，所處的客觀環境，正如我在一九九二年，大幅修訂初版《蔣渭水傳》的再版序言中所說：

（一）在政治上，由於實行戒嚴體制，在威權政治下，國民黨一黨獨大，且視臺灣近代民族運動歷史為禁忌，因此，這段歷史在當時幾乎處於空白階段。

（二）在學術上，有關此期歷史的資料還相當貧乏，已出版的資料之中，由於政治的影響，不免反應出濃厚的政治色彩。

（三）在實際的走訪中，由於國民黨長期的壓抑，臺灣近代民族運動尚存的「先覺者」，大都年歲已高，不願多談，縱有談論，也由於時間關係，不夠明確與堅定。

此時，最具有代表性的導讀著作，應是由五位「當事人」（蔡培火、林柏壽、陳逢源、吳三連、葉榮鐘）共同署名、而由葉榮鐘實際執筆的《臺灣民族運動史》一書，該書雖然論述有所不足，但即使到今天，仍可列為研究臺灣近代民族運動史必讀的參考書籍之一。

臺灣分館的特殊性，就在它擁有日本統治期間最多的藏書。四十多年前，臺灣分館便藏有《臺灣青年》、《臺灣》、《臺灣民報》、《臺灣新民報》的系列叢書，其中《臺灣青年》有六卷，「編輯人蔡培火」，「婁子匡、王詩琅集輯」；《臺灣》有六卷，「編輯人林呈祿、王鍾麟」，「婁子匡、王詩琅集輯」；《臺灣民報》共二十一卷，「編輯人林呈祿」、「樓子匡、黃天橫輯集」；《臺灣新民報》共十卷，「編輯人林煥清」、「婁子匡、王詩琅、黃天橫輯集」。這套由東方文化書局複刊的系列刊物，當時，即使大型圖書館如臺大總圖，也還沒有這套藏書，民間研究者更難得有這套藏書，因此臺灣分館這套藏書不但彌足珍貴，對研究者而言，更有如一個福音，為他們提供最寶貴的第一手資料。

我神遊在這套叢書的知識世界之中，有如置身在《臺灣民報》與《臺灣新民報》所呈現的歷史場域之中，流連忘返，其樂無窮，不覺疲倦，不知關門時間之將至，我很可能是當時世界上極少數最專心一意、全心全力研讀這套叢書的其中一人。

由於「這段歷史在當時幾乎處於空白階段」，因此我研讀時，關注的是「這段歷史」，而非「特定個人」，隨著研讀的資料和訪談的「先覺者」愈多、愈深入、愈廣泛，便愈覺得這段歷史實在太精采了，太值得珍惜了，但為什麼在既成教育體系下，對這段精采的歷史，卻隻字未提或漠不關心；為什麼創造這段歷史的「先覺者」，身後卻在自己畢生奮鬥的土地上被人遺忘；為什麼我們對自己身邊的故事懂得這麼少，遇到被扭曲的時候又那麼無力……這一連串的為什麼，讓我覺悟到我們對自己的祖先所知太少，所做太少，虧欠太多，不知如何發現他們，不知如何守護他們，不知如何為他們發聲，不知如何為他們平反，更不知如何還給他們應有的歷史公道與歷史地位。事實上，還給歷史真相！還給祖先公道！也正是我以兩年多的時間，每天工作十二到十四小時，為這段歷史撰寫約四十萬字的最主要動力。

蔣渭水的發現，代表這段歷史研究的重大突破。常有人問我：我寫《蔣渭水傳》，是不是因為我們都是宜蘭鄉親，這個問題太矮化我寫《蔣渭水傳》的動機，也太矮化我將蔣渭水與臺灣歷史連結的意涵。我不諱言，蔣渭水的發現，改變了我寫這段歷史的順序，本來應先寫這段歷史，如有可能，才寫個人傳記，現在倒轉了過來，我先寫成《蔣渭水傳》，再寫《兩個太陽的臺灣》，其關鍵是蔣渭水個人所具有的感染力與領袖氣質。

閱讀蔣渭水的資料愈多，訪談蔣渭水的老同學、老戰友越多，一個活生生的蔣渭水身影好像會隨時陪伴著你，在你身邊，在你腦海中。你會驚訝地發現到一個充滿熱情與理想追求的「熱血青年」蔣渭水在你身邊；你也會驚訝地發現到一個不斷在還數不清「演講債」、致力醫治臺灣人的「知識營養不良症」、被監獄的「鱸鰻」稱為「文化頭」的蔣渭水在你身邊；你也會驚奇地發現到一個不斷在現實與理想之間，嘔盡心血，喊出「同胞須團結，團結更有力」、為臺灣前途尋找出路的「社會運動第一指導者」的蔣渭水在你身邊，最後他倒下，在空前的大眾葬儀中告別人世。當你發現這樣一個充滿令人驚訝的蔣渭水，而世界對他的認識又這麼有限，其中又包含那麼多無知與有意的扭曲，時間且跨越長達一代人以上的時間，你能不扼腕嘆息、能不思有所作為。

在無數驚訝與感嘆聲中，蔣渭水的發現，終於促成全世界第一本以第一手歷史文獻、歷史人物、歷史場域為主要元素構成的《蔣渭水傳》，在臺灣分館誕生。

三、志業

一九二一年，經由林呈祿戰略引導，林獻堂拍板確立的「臺灣議會設置請願運動」（以下簡稱臺議運動）展開以來，蔣渭水覺得「和我的主義，大有暗中相合」，認為是當時「臺灣人唯一無二的活路」，不但主動與林獻堂「遙為響應」，且重燃他冷卻多年的「政治熱」。從此以後，隨著文化、社會、政治運動的推展，蔣渭水乃由一位醫病的醫生，經由四大志業的推展，變成一位醫國醫民的政治社會運動家。

（一）創立臺灣文化協會

重燃「政治熱」之後的蔣渭水，在不到一年之內，於一九二一年十月十七日，成立以青年學生為主體（臺灣總督府醫學校為核心），由林獻堂任總理的臺灣文化協會。一九二四年，治警事件第一審公判時，蔣渭水在「五人答辯」（包括林幼春、林呈祿、陳逢源、蔣渭水、蔡培火）中，曾口述創設文協的動機：

> 我要感謝神明，使我生做臺灣人，因為臺灣人把握世界和平的鎖鑰……以中華民族做日本國民的臺灣人，應具有做日華親善之楔子的使命……而賦予極大使命鎖鑰的臺灣人，因為現實患著最可憐的病症，所以全沒有力量可作為，這病因是知識的營養不良，文化協會是因為要根治臺灣人的病根而設的。

一九二五年，在《臺灣民報》發行五週年的特刊號上，蔣渭水也曾筆撰創立文協的動機：

> 臺灣人負有做日華親善的使命，日華親善是亞細亞民族聯盟的前提，亞細亞民族聯盟是世界和平的前提，世界和平是人類的最大幸福，又是全人類的最大願望，所以……臺灣人是握著世界和平的第一關門的鍵啦……我們一旦猛省負著這樣重大的使命，就要去遂行這使命才是……然而臺灣人現時有病了……我診斷臺灣人所患的病，是知識的營養不良症……文化運動是對這病唯一的原因療法，文化協會就是專門講究並施行原因療法的機關。

文協的目的既為「助長臺灣文化之發達」，初期的活動，自以「助長文化發達」有關的文化啟蒙為主要工作。由於蔣渭水為文協主要推動者，又為「專任理事」，成立時本部又設於臺北，初期的活動，大都以蔣渭水為中心的臺北文協首先帶動，且做得最為熱烈；其後於臺南文協，也一度跟進。文協所辦的活動，較重要的有：（1）刊行會報；（2）設置讀報社；（3）舉辦各種講習會；（4）開設夏季學校；（5）推動電影與文化劇；（6）舉行文化演講會。其中影響最大的為文化演講，由於文化演講的次數及對象均較講習會為多，一九二五年到一九二六年間，依總督府統計，文協每年舉辦的文化演講竟有三百一十五次，聽眾達十一萬人次以上。也因此，文協在黃金十年的最大意義，除文化啟蒙之外，便是如《警察沿革誌》所說，文化演講開「本島農民運動與勞工運動的先河」。

（二）「做了《臺灣民報》褓母」

在〈五個年中的我〉一文中，蔣渭水自述：

（大正）十三年（一九二四年），有臺灣雜誌社的重役會議，我極力主張停刊和文的臺灣雜誌，用全能力去經營民報，一定是大有後望。大家都一致贊成。後來……大家叫我做民報的褓母，來養育他成人。那時我想，這民報雖然是一個發育不良的小孩似的，那時發行量三千五百冊，若善為保護調養，也能長大成人。故此我一方面決心引受這褓母的職責，一方面也勸生母的劍如君協力同事。不出所料，果然漸漸地發育起來。到今日呢，曾幾何時，僅僅一個年之久，而發行冊數突破一萬……據大正十三年四月警務局的調查，島內三大日刊發行部如下：臺灣日日新報一八九七〇部；臺南新聞一五〇二六部；臺灣新聞九九六一部。照這看來，我們的民報若照現時的步調直進去，我想免再一個年的經過，就會突破三新聞的部數以上，這豈不是很痛快的事嗎？

文協正式分裂前，先覺者曾共同營造大同團結的歲月，這時的文協、《臺灣民報》，和臺議運動可謂三位一體：文協代表母體，是個園地；《臺灣民報》代表載體，是個喇叭手；臺議運動代表政治訴求。三位一體的推動，使臺灣民氣愈趨高漲，參與聽文化演講的人愈多，參與連署簽名臺議運動的人數也愈多，訂閱《臺灣民報》的人數自也愈多。當公益會召開「有力者大會」批判臺議運動時，代表「臺灣人唯一之言論機關」的《臺灣民報》，在〈偽造民意假公行私〉的社論，直指這些「自稱為全島有力者大會的怪物」為「民賊」；而先覺者在民氣的支持下，更召開充滿「正義之聲」的「無力者大會」，將「辜氏一派」的「有力者大會」壓制下去，致使公益會在雷聲大雨點小中無疾而終。

（三）民眾黨實質領導者

民眾黨時期是蔣渭水最光彩的人生階段，也是蔣渭水逝世後被尊稱為「政治社會運動第一指導者」的關鍵所在。民眾黨與蔣渭水幾乎形影不離，蔣渭水既是民眾黨的主要催生者，也是民眾黨的主要指導者，當民眾黨最後形同「光榮的戰死」，不到半年，蔣渭水即齎志以歿；蔣渭水雖從沒出任民眾黨主席，卻是民眾黨名符其實的領導者。

民眾黨在三年七個月（一九二七年七月十日到一九三一年二月十八日）的奮鬥過程上，創立時，從「民眾的信念已極混亂，左翼分子的惡宣傳亦甚猖獗，我們的活動一時陷入極困難的地步，真有敗新野，棄樊城，奔夏口之嘆」，經由理論與路線的確立，逐步發展成為「對內已獲得四百萬同胞的信賴與支持，對外已獲得日本、中國以及國際間的認識。」一九二八年，民眾黨第二次全島大會通過「對於階級問題的態度」和大會宣言，蔣渭水也先後在此期間發表〈我理想中的民眾黨〉、〈臺灣民眾黨的指導原理與工作〉、〈請大家合力來建設一個堅固有力的黨〉、〈臺灣民眾黨的特質〉、〈臺灣民眾黨行階級運動有矛盾嗎？〉、〈民眾第一主義〉等文章，綜合這些決議、宣言和闡釋，確立了民眾黨的立黨精神，其指導原理為：

（1）全民運動與階級運動是要同時並行的。

（2）擁護農工階級，就是階級運動的實行。

（3）扶助農工團體之發達，就是要造成全民運動的中心力量。

（4）企圖農工商學之聯合，就是要造成全民運動的共同戰線。

（5）本黨要顧慮農工階級之利益，加以合理的階級調節，使之不致妨害全民運動的前途。

（6）整合臺灣各階級民眾，在黨的領導下，實行全民解放運動。

在上述指導原理引導下，民眾黨從一九二八年後漸漸發展成為抗日團體的最主要領導力量；及新文化協會（以下簡稱新文協）與臺灣農民組合（以下簡稱農組）相繼受到鎮壓，民眾黨又在反對鴉片特許及聲援霧社事件上表現出尖銳而有效的做法，民眾黨愈成為總督府欲拔之而後快的「眼中釘」，致最後遭到總督府的禁止處分，在「悲壯聲中告終」。

（四）工友總聯盟「產婆」

民眾黨成立以後，蔣渭水一面鑒於一九二五年農民運動興起後，先覺者未能全面積極支援，以致受到日本本土勞働農民黨指導的教訓（兩者的關係有如楊逵〈送報伕〉筆下的「楊君」與「田中、伊藤」的關係）；一面更受到孫中山所領導的中國國民黨改組後一再強調「扶助農工」的影響，乃對正在興起中的工人運動，極力促成組織各種工會，再經由各種工會組織全島性統一工會。

一九二八年二月十九日成立的工友總聯盟（以下簡稱工總），正是蔣渭水這一理念的具體實現。工人運動自一九二七年臺灣鐵公所事件後漸趨熱烈，經由蔣渭水的努力，很快地於一年之內成立工總，工總成立後更於短期內發展成擁有四十多個加盟團體，會員達一萬數千多人的組織。這種新發展不僅使工人運動邁入新的階段，也使工總被列為當時抗日運動的四大團體（農組、新文協、民眾黨、工總）之一。

工總的指導原理，採取「組合主義」——「工人在資本制度範圍內，工人階級的勞動條件改善維持的運動，就是組合主義」。「組合主義」有三大訴求：「勞動條件的改善、勞動工資的提高、勞動時間的縮短」，這些都是「極溫和的要求」，沒有什麼可驚的地方。這種「組合主義」實內涵於民眾黨的階級運動主張之中，因為民眾黨的階級運動，即是「民生主義的階級運動，是勞動組合主義的階級運動」。

工總和民眾黨兩者之間，體現蔣渭水強調的「黨與民眾團體」關係的典型——「黨是人頭，民眾團體是人身」，「黨可比是臂，民眾團體可比是指」。為民眾黨實質領袖的蔣渭水，在工總成立前為其「產婆」，成立後又為其「顧問」；民眾黨幹部之中，有些亦為工總的實際領導者；因為這種深厚關係，一九三一年，當民眾黨被解散，特別是蔣渭水逝世後，工總幾乎同時趨於瓦解。

四、遺產

蔣渭水重燃「政治熱」時為三十歲，逝世時僅四十歲，在「十年如一日」的奮鬥旅程上，經由四大志業的輻射與影響，蔣渭水在推動臺灣近代民族運動所扮演的角色，有如孫中山在領導中國近代國民革命運動所扮演的角色一樣，而成為「臺灣的孫中山」。從歷史觀點考察，蔣渭水的歷史遺產，至少包括：

（一）臺灣主體性

一九二三年底的治警事件，是黃金十年抗日過程上第一個重大的政治迫害事件。代表日方求刑的三好檢察官在論告中稱：「本案臺灣議會設置期成同盟會員中，最年長者是三十左右，其他均為二十歲前後，剛度過書生生活而已。」這種年齡已比日本統治臺灣的時間為短，也就是說，先覺者自出生以後，即一直生活在日本統治的事實之中；這個客觀現象，加上西來庵事件的慘痛教訓，「所以那時臺灣人的思想都是屬於統治者的，《臺灣青年》一出現，才把（天然）隸屬的思想打破，才出現『臺灣是臺灣人的臺灣』，臺灣的思想界才有些生機。」

「臺灣不是統治者的臺灣」！「臺灣是臺灣人的臺灣」！這有如「從臺灣上空投下的一個炸彈」，使先覺者猛然覺醒；而「兩個太陽輝耀的臺灣」的客觀現象，又襯托出日、臺人鮮明的對照與歧視；因此先覺者乃以「不死之心」，「抖擻精神」，自覺覺人的意識，共同致力「振起同胞元氣，以謀臺灣幸福」。

蔣渭水四大志業——臺灣文化協會、《臺灣民報》、臺灣民眾黨、臺灣工友總聯盟，都冠以臺灣之名，且關心的對象都是臺灣同胞。在文協階段，蔣渭水以「文化頭」的身分，多次入獄，看到「面色很是蒼白全無生氣」的「鱸鰻」時，便以一種「誰人父母不痛愛子兒」的熱腸，表達「這個社會的缺陷」；而一九二五年元旦，在《臺灣民報》的「晨鐘暮鼓」欄，蔣渭水一開口便說：

> 現在是什麼一天，是大正十四（一九二五年）的元旦！我要把這晨鐘暮鼓挪放到在新高山的極頂，大敲特擂起來，北至富貴角，南至鵝鑾鼻，西至澎湖島，東至紅頭嶼，四向八方的臺灣三百六十萬同胞，都從睡夢中一時就覺醒起來！然後就對我三百六十萬同胞，先喊一聲，刷新精神！才下個動員令，請從這維新的第一個元旦，我們大家……都要提出精神來盡做臺灣人一份子的任務。

民眾黨在建黨過程上，黨名、黨綱均遭修改，「期實現臺灣人全體之政治的、經濟的、社會的解放」的立黨精神，一度被修改成（1）確立民本政治；（2）建設合理的經濟組織；（3）改除不合理的社會制度；最後才得以臺灣民眾黨的名字正式成立。一九二九年，民眾黨在具有代表性的第三次全島大會宣言內，一面嚴正指出「代表政治勢力的太陽」，在政治、經濟、教育各方面都對「代表社會勢力的太陽」的全面性壓榨與歧視；一面更向「我臺灣同胞」嚴肅呼籲：

> 我們考察島內的形勢，知道民眾之趨向已是信賴本黨，我們益感責任之重大……本黨欲以最短時間實現本黨綱領政策，達到解放人類之目的，需要同胞多數參加，是以不得不希望我臺灣同胞，必須切實明白認識今日之臺灣，只有本黨能為民眾利益奮鬥，對本黨須以督責和擁護，使本黨成為代表臺灣民眾利益的大眾政黨，這是本黨唯一的希望。

臺灣近代民族運動在臺灣歷史上最重要的意義之一，便是將臺灣一般「沉迷的民眾」，從「沉迷」於「臺灣是統治者的臺灣」的「夢中」，「叫醒過來」，並發現「臺灣是臺灣人的臺灣」；而蔣渭水世代的先覺者，在黃金十年期間，最感人的，便是為「臺灣人的臺灣」這塊土地及土地上的「全體臺灣人，在政治、經濟、社會上的解放」，發出臺灣人的聲音，提出「臺灣人的要求」，而不斷「前進，互相提攜，為著前進而前進」。臺灣主體性的追求與建立，實為蔣渭水世代不朽的歷史遺產。

（二）漢民族情操

《臺灣民族運動史》一書的作者包括蔡培火、林柏壽、陳逢源、吳三連、葉榮鐘，實際執筆者為葉榮鐘。葉榮鐘對於日據時代先覺者的漢民族情操，有著深刻的分析：

我們出生於割臺以後，足未踏祖國的土地，眼未見祖國的山川，大陸上既無血族，亦無姻親。除文學歷史和傳統文化以外，找不出一點聯繫，祖國只是觀念的產物，而沒有經驗的實感。但是我們有一股熱烈強韌的向心力，這股力量大約就是所謂「民族精神」。這股「民族精神」，也正如《臺灣民族運動史》一書所說：「是由日本帝國主義統治的壓制、榨取、與歧視所激發的民族意識與近代民主主義思想中心，而增強對祖國民族的向心力所凝結而成。」

在這種背景下「所凝結而成」的漢民族情操，對先覺者而言，具有兩種特殊意義：（1）臺灣同胞既為漢民族同胞，自和屬於大和民族的日據當局不同，所以先覺者強調漢民族，是有助於先覺者激發臺灣同胞的團結意識。（2）和大和民族相比，漢民族是一歷史悠久而文化深厚的民族，認同漢民族，對當時處於被壓迫地位的臺灣同胞而言，不僅可以得到心靈的慰藉，而且也有武裝他們精神的效果。

先覺者從決定推動非武裝抗日運動以來，處處洋溢著這種漢民族情操。從東京臺灣留學生組織的新民會，到林呈祿著名的〈六三法問題的歸著點〉一文，到蔡惠如在《臺灣民報》創刊號上的論述，以及治警事件中的「五人答辯」，都是最好的見證。而在先覺者之中，蔣渭水的漢民族情操表現尤為感人。他的〈臨床講義〉，「患者」是「臺灣」，「姓名」：「臺灣島」，「原籍」：「中華民國福建省臺灣道」，「現住所」：「日本帝國臺灣總督府」，「遺傳」：「明顯地具有黃帝、周公、孔子、孟子等血統」；在治警事件的法庭上，蔣渭水自述是一位：「以中華民族做日本國民的臺灣人」；蔣渭水影響下的臺灣民眾黨，深受孫中山一九二四年改組後的中國國民黨的影響，民眾黨的主張與運動之中，包括恢復漢文教育、撤廢渡華旅券、派代表參加孫中山的奉安大典，以及反對日本對華出兵等，都含有漢民族情操；蔣渭水逝世後，在大安醫院的蔣渭水靈堂下，書寫著「忠魂充漢室」五個字。

蔣渭水世代所展現的這種漢民族情操，實象徵先覺者「磅礴的正氣」。國民政府一九四五年到臺灣接收時，所以會受到臺灣人民那樣真摯熱烈的歡迎，如果探本溯源，實與先覺者這種「磅礴正氣」的影響有關。

（三）不妥協的精神

一九二五年五月，蔡惠如因病逝世，蔣渭水在追悼感言中說：「社會運動家最要緊的素質，是要具有徹底的性格與不妥協的精神，我們同志中具有這性格和精神的人實在很少，唯有蔡惠如同志堪稱是這樣的人。」一九三一年八月蔣渭水也因病逝世，臺灣地方自治聯盟（以下簡稱自聯）的領銜者楊肇嘉在〈悼渭水兄逝世〉文中，也說：「社會運動家最要緊的條件，就是有徹底的性格和不妥協的精神，具有這兩條件的人，實在很少，唯渭水兄不但能合這性格和這精神，且有比這點更加徹底。」

由於蔣渭水具有「比這點更加徹底」的不妥協精神，加上他既能寫又能講，蔣渭水乃成為「我臺人為公事受拘引」的第一人，十年之間，因公事「受檢束拘留十數次」，監獄有如他的「別莊」。平時日據當局總要派兩個便服特務坐鎮文化書局，監視蔣渭水的行動；有一次在鶯歌的演講，辯士只有蔣渭水一人，出動警官卻有二十餘人；民眾黨成立前，總督府的條件是限制蔣渭水參加；當國聯因阿片問題來臺時，總督府最忌憚的是蔣渭水和國聯委員會面；當民眾黨被解散，尾隨蔣渭水的警力已增至四名；民眾黨被解散後，日據當局重施故技，暗示說「帶有濃厚民族色彩的蔣渭水除外」，穩健派可另組政黨；及蔣渭水住院，警務局特務一再出入醫院探詢病情；蔣渭水最後的遺囑不得發表；《蔣渭水全集》也遭禁止；在蔣渭水大眾葬儀行列中，出動維持秩序的武裝警察達八十名，且由北署長親自率領；從這些事例均可看出日據當局對蔣渭水開口便如《臺灣大年表》說的「蔣渭水一派」或「蔣渭水等人」。

由於蔣渭水具有「徹底的性格與不妥協的精神」，他不僅成為臺灣近代政治社會運動的「第一指導者」，也成為日據當局徹夜難眠的「第一眼中釘」。當蔣渭水逝世消息傳出後，民眾聞之，

「莫不驚慌失措」，有一些人甚至即刻「袖纏黑布，表示哀悼」，而島內外各地有志者更先後為蔣渭水舉辦追悼會，也有為文追念的，八月二十三日葬儀委員會更為蔣渭水舉行一次臺灣空前的大眾葬，送葬者五千餘人。跡象顯示，蔣渭水之死給臺灣民眾帶來的激盪之深以及哀痛之切，在日據時代，實無人能出其右。

日據當局雖視蔣渭水為眼中釘，但一些日本人士對蔣渭水的奮鬥精神，在內心深處仍不無尊敬之意。在高雄的告別式上，一些臨監的日本特務，便在這種心情下，「起立為蔣（渭水）氏致敬」；反動的《經世日報》也讚許蔣渭水為「熱血男兒，渭水之後更無渭水其人」；而日人辦的《新高新報》，更由臺灣人直接執筆，尊稱蔣渭水為「臺灣人之救主」。在日據時代的政治社會運動者之中，由於精神感人，而能同時贏得同胞與壓迫者尊敬的，蔣渭水實為第一人選。

（四）理論與實踐相結合

臺灣近代民族運動歷經兩次路線之爭，第一次路線之爭，確立臺議運動的共同奮鬥目標，促成臺灣近代民族運動空前的大同團結；第二次的「左右傾辯」、「民族運動與階級鬥爭」之爭，卻造成文協的公開分裂，以及其後主要的抗日團體內部先後又自行分化。

大致地說，文協分裂之後的抗日運動，已進入新的階段，變成一種能「撼動當局施政」、動搖「日本國策」的「真劍的解放運動」。此一階段的主要抗日團體，包括新文協、農組、民眾黨、工總、臺共，無論就理論、組織與方法，均與舊文協時的抗日團體大不相同，大都強化組織，嚴格紀律，且表現出革命化、尖銳化、大眾化與國際化的特質，而成為臺灣近代民族運動史上戰術最講究、方法最激烈、動員人數最多、爭議事件最多、被檢舉次數最多、入獄人數最多、入獄時間最長的時期。這種歷史背景也解釋出臺灣近代民族運動「真正偉大的領導者」，為什麼一定要到一九二七年以後才會產生。

在一九二七年以後出現的「真正偉大的領導者」之中，特別值得一提的，便是蔣渭水。由於蔣渭水的稟賦與特質、勤奮與使命感，他所具有的「徹底的性格與不妥協精神」，以及更重要的，在面臨大時代的考驗時，他不迴避，不退怯，不離開戰場，不患「輕率過激」的「小兒病」，也不患「反覆無常」的「老衰病」，在「把持理想」與「凝視現實」之間，以客觀的態度，科學的方法，置身風暴中心，與時俱進，不斷精進，努力從日本本土與中國大陸兩大方向，針對臺灣的特殊情況，並結合本身累積多年的實踐經驗，為空前激盪的社會運動尋找出路。他所提出「以農工階級為基礎的民族運動」路線，便是在理論與實踐不斷探索下發展出來的。經由民眾黨的實踐與證明，蔣渭水的「抗日模式」和「抗日效應」，如放在二十世紀二〇年代到三〇年代的歷史舞臺上，無論和世界上任何國家的代表性人物相比較，都讓後代子孫不但感到毫無遜色，更會引以為榮。

五、守護

從一九三一年蔣渭水逝世到今天（二〇一六年），在這八十五年間，一九七六年全世界第一本《蔣渭水傳》的出版是守護蔣渭水的分水嶺。以這個為分界，我將守護蔣渭水的工作劃分為兩個階段：第一個階段是從一九三一年的「大眾葬」到一九七六年《蔣渭水傳》出版前；第二個階段是從一九七六年《蔣渭水傳》出版後一直到今日。

（一）從一九三一年到一九七六年

一九三一年八月二十三日，臺北市的永樂座（今迪化街）是蔣渭水告別式的舉辦地點，這一天日本統治當局下令，不准發表蔣渭水的遺囑，要求檢閱弔詞，禁止弔歌，並在葬儀行列所經之處，派遣武裝警察監視。即便在總督府種種禁令的干涉下，仍有超過五千名的臺灣民眾自動參加蔣渭水的大眾葬儀，成為「臺灣空前葬式」。

一九四五年，日本戰敗投降，國民政府接收臺灣；一九四七年二月，臺灣爆發二二八事件；一九四九年一月蔣中正引退下野，隨著國共內戰失利，年底國民政府輾轉播遷來臺；一九五〇年三月一日，蔣中正重行視事復總統職位。僅僅五個月左右，為了安撫因二二八而受傷的臺灣民心，蔣中正下令遷臺後的中樞，於一九五〇年八月五日，為蔣渭水逝世二十週年舉辦盛大的紀念會，黨國元老幾乎盡皆參加，蔣中正並題匾「民族正氣」。然後，蔣渭水又再度被掩沒在戒嚴體制的政治氛圍之中。簡要而言，此一階段的紀念活動，最主要的只包括：一九三一年的「大眾葬」、一九五〇年的二十週年紀念。

（二）從一九七六年到二〇一六年

一九七六年《蔣渭水傳》的出版，代表當代守護蔣渭水的新旅程四十年來，我以歷史工作者、黨外人士、立法委員、監察委員的身分，在不同的階段經歷孤獨、「悲憤」、突破與引導的角色與過程；隨著馬英九在不同階段以臺北市長、國民黨黨主席、中華民國總統三種身分，十多年來一直參與並推動紀念蔣渭水事宜；以及蔣渭水故鄉宜蘭縣政府十多年來共同加入紀念蔣渭水活動；乃呈現出蔣渭水逝世以後前所未有的追念景象。茲將臺研會所提供的「黃煌雄暨臺研會守護蔣渭水紀要」（附件一）、馬英九辦公室提供的「前總統馬英九紀念蔣渭水先生記事」（附件二）、宜蘭縣政府提供的「宜蘭縣政府辦理蔣渭水相關紀念活動」（附件三）加以綜整，並選擇其中比較具有意義與代表性的紀念事宜，扼要說明如下：

（1）一九七六年，黃煌雄出版：《臺灣的先知先覺者——蔣渭水先生》。一九九二年首度大幅改版修正，書名同一九七六年。二〇〇六年再度改版修正，書名改為：《蔣渭水傳——臺灣的孫中山》。

（2）一九七九年，黃煌雄發表〈悲憤的抗議〉。

（3）一九八一年，黃煌雄在立法院為臺灣近代民族運動見證（文長十萬字，附件二十一件，均為立法院公報空前的紀錄）。確立蔣渭水逝世紀念日為臺灣近代民族運動日，並宣布為國定紀念日。

（4）二〇〇一年，臺灣研究基金會舉辦蔣渭水先生逝世七十週年紀念，陳水扁總統親臨參加。（陳水扁題：「臺灣精神」）。

（5）二〇〇五年，臺北市政府（時任市長馬英九，文化局長廖咸浩）製作《蔣渭水之臺灣大眾葬葬儀》紀錄片。

（6）二〇〇六年，國道五號公路（即「北宜高速公路」），在朝野合作下，正式命名為「蔣渭水高速公路」（時任行政院長蘇貞昌）。六月舉行通車典禮，張俊雄、游錫堃、謝長廷、蘇貞昌四位先後任行政院長共乘一輛吉普車，參與盛典。宜蘭縣政府（時任縣長呂國華）將縣府與縣議會的工作場域規劃為「雪谷紀念園區」（蔣渭水號雪谷）。臺北市政府（時任市長馬英九）將座落在大同區內的錦西公園改名為「蔣渭水紀念公園」。臺灣研究基金會舉辦蔣渭水先生逝世七十五週年紀念，呂秀蓮副總統、蘇貞昌行政院長、馬英九主席（國民黨）暨臺北市長同時出席。（第一次跨黨派代表人物同時出席）。

（7）二〇〇七年，臺灣研究基金會為紀念臺灣民眾黨創立八十週年，邀請馬英九和謝長廷以總統候選人的身分，在蔣渭水身影下，進行「政治與歷史的對話」座談。

（8）二〇一〇年，由音樂時代劇場製作、楊忠衡擔任總監，殷正洋、洪瑞襄主演的《渭水春風》音樂劇，正式上演。在馬英九第一任總統期間，中央銀行發行「蔣渭水紀念貨幣」（拾圓）。此為我國有史以來首次發行非國家元首肖像之流通貨幣。

（9）二〇一一年，臺灣研究基金會舉辦蔣渭水先生逝世八十週年紀念，馬英九總統親臨參加。臺灣研究基金會、義美文教基金會共同製作：《臺灣的孫中山——蔣渭水》紀錄片。

（10）二〇一二年，由章蓁薰擔任編劇、導演的《總督府風暴——「臺灣第一反」——蔣渭水》動畫片，正式放映。

（11）二〇一三年，臺灣研究基金會首度和中國大陸的中華文化發展促進會，共同舉辦紀念蔣渭水學術研討會。

（12）二〇一五年，宜蘭縣政府（時任縣長林聰賢）和臺北市政府（時任市長柯文哲）合辦蔣渭水移靈事宜，由臺北市六張犁公墓遷回宜蘭縣礁溪鄉櫻花陵園渭水之丘。在馬英九第二任總統期間，於總統府設置「蔣渭水廳」。

（13）二〇一六年，宜蘭縣議會、宜蘭縣政府與臺灣研究基金會共同舉辦蔣渭水先生逝世八十五週年紀念。陳建仁副總統親臨參加。為紀念臺灣文化協會創立九十五週年、蔣渭水先生逝世八十五週年，臺北市政府主辦，臺研會合辦，共同舉辦「一九二〇年代臺灣先賢精神遺產的現代意義」

研討會。

這個時期追念蔣渭水的特色，最明顯的便是追念方式與層面更加的多元且深入。追念的方式由民間發展到官方；追念的層次由政治面發展到文化面；從演講、座談到音樂劇、動畫片、畫展；從設立紀念園區到高速公路命名；從央行發行流通幣到總統府設置渭水廳……可以這麼說，蔣渭水逝世八十五年來，從沒有出現過像最近四十年的追念活動這麼密集、這麼頻繁、這麼有系統、層面又這麼寬廣、內容又這麼多元。一位在日本統治期間領導臺灣人民抗日，幾乎是家喻戶曉的傳奇人物，逝世後在自己畢生奮鬥的土地上，幾乎被遺忘半個世紀的蔣渭水，經由這四十年來的守護，終於復活了。蔣渭水的復活，也代表臺灣一種「精神復興」。

六、結語

大約四十多年前，當臺灣還處在戒嚴時期，當時的政治氣氛一旦被歸類為「左派」者，很有可能就會被送往「綠島」唱「小夜曲」，我則在臺灣分館，聚精會神專注於臺灣近代民族運動與當時被戴上「左派」帽子蔣渭水的研究。

當全世界第一本《蔣渭水傳》出版時，蔣渭水世代的絕大多數人，都已作古，所剩不多的人，又飄零在天涯海角，默默渡其殘生；整個世代，有如黃昏的太陽，已在愈來愈矇矓的地平線上逐漸褪色消失，為他們畢生奮鬥的土地、人民與民族所遺忘。對於這樣悲愴淒涼的畫面，經由歷史的探索，當時我卻很篤定，也很自信，認為這種局面總有一天會改變。自一九七六年發現蔣渭水迄今，追念蔣渭水的活動，已由個人的紀念進而為黨外集體的紀念，又擴大為國內兩個主要政黨（民進黨與國民黨）的共同紀念；二〇一三年以後，更跨過臺灣海峽，成為兩岸共同的紀念。經過四十年來的守護，我可以告慰的說，蔣渭水世代已不再孤單，他們所代表的精神將世代相傳，蔣渭水精神也儼然成為臺灣精神的主要內涵，更成為兩岸人民共享的歷史追憶。

一九三一年八月五日，蔣渭水逝世後，佈置在大安醫院的靈堂，上書「精神不死」，下書「忠魂充漢室」，這兩幅聯是守護蔣渭水所應謹記在心，不能或忘的。

附錄三

懷念蔣松輝先生

作為蔣渭水先生的長子，蔣松輝在年輕時代做了一件引發政壇波濤的「大事」：十七歲的他，奉父親之命，「代表四百萬臺灣人的臺灣民眾黨」，趁晚間英文發電人員下班後，到電報局發出一份英文稿電報給國際聯盟，揭發「日本政府新特許臺灣人吸食阿片」的真相。當臺灣民眾黨確認此一電報「已確實配達」到國際聯盟，而國際聯盟又決定派員來臺調查時，民眾黨更順勢將「反對阿片新特許運動」帶到新的高潮。

蔣渭水先生英年早逝後，蔣渭水世代的臺灣「先覺者」與他們所遺留的精神遺產，曾長期在他們畢生奮鬥的土地上，被冷落、遺忘，甚至扭曲。大約四十年前，當我孤獨而又正氣凜然的為還原蔣渭水世代的歷史真相與歷史公道而努力不懈時，在探索過程上，一直有蔣松輝的身影相伴。

特別是，在撰寫全世界第一本《蔣渭水傳》時，由於當時政治上還實施戒嚴，「二二八」陰影猶在，當局仍視臺灣近代民族運動歷史為禁忌，資料相當貧乏，尚存的「先覺者」大多年歲已高，且不願多談；這種背景使寫作一度遇到相當的困難。後來，由於蔣松輝的參與，他成了最好的媒介，讓我和尚存的「先覺者」（年齡都已有八十多歲）打成一片，「先覺者」也不再有壓力，互動過的「先覺者」高達四十到五十人之多，這個紀錄今後應是不可能被打破的。

其中，我最難忘的是，當蔣松輝和我第一次見到曾為民眾黨黨員的曾得志，他第一句話便是：「松輝，我現在把我已保留三十多年的這張相片（蔣渭水照）交給你，你要好好保管啊！」當我們第一次見到曾是農民運動工作者的黃師樵，他以八十多歲的高齡，激動地介紹蔣松輝說：「這是革命先烈蔣渭水先生公子」，兩眼炯炯有神，眼眶含著淚水。當我們一起走訪臺灣第一個醫學博士、也是蔣渭水同學的杜聰明，瘦小的杜聰明第一個動作，便是高興得幾乎忘形要擁抱高大的蔣松輝；這些令人動容的畫面，雖已時隔三十多年，但仍歷歷在目，令人倍感溫馨。

後來，我走上從政之路，從立委、國大到監委，三十多年來，蔣松輝與我共同走過紀念並守護蔣渭水精神的旅程。起初，我們參與小型的座談、集會或寫寫文章，隨著臺灣民主化與本土化的歷史洪流不斷地推展前進，二〇〇一年，陳水扁以總統身分，第一次參加蔣渭水先生逝世七十週年紀念會；二〇〇六年，副總統呂秀蓮、行政院長蘇貞昌、臺北市長兼國民黨黨主席馬英九共同參加蔣渭水先生逝世七十五週年紀念會；二〇一一年，馬英九以總統身分參加蔣渭水先生逝世八十週年紀念會。這些紀念旅程見證了蔣渭水已成為一位跨越黨派，為全民所共同懷念與尊敬的偉大歷史人物。

二〇一一年，蔣松輝和我發起「先覺者」文物的捐獻工作。我們邀請霧峰林家、林呈祿家族、蔡惠如家族、賴和家族、簡吉家族、楊逵家族、楊肇嘉家族的後代，分別捐獻各自珍藏的「先覺者」文物給國立臺灣圖書館，蔣松輝與我也一併捐出珍藏的五十幾件有關蔣渭水先生的珍貴文物相片。二〇一三年，我們再度聯合上述家族後代，又捐獻了一批文物。

蔣松輝晚年，在精神上，幾乎與他的父親蔣渭水先生常相左右；甚至到了百歲高齡，他都還在使用電腦、使用電子郵件，將他收集到有關他父親的資訊，傳送給他所認識有興趣的人分享，不分海內外，也不分年紀大小，幾十年如一日。難怪一位知名的企業家說：「蔣（松輝）先生這樣做可能創造了一項金氏紀錄。」

一九七六年，《蔣渭水傳》第一版出版時，在〈家父之一生：四十年六個月〉的序言，蔣松輝寫道：「由於家道中衰，兄弟早逝，我二十多年來又為生活而奔波，無暇為家父立言，愧疚之餘，每寄望有朝一日春秋之筆能給家父予公正的歷史評價。」以我的了解，當蔣松輝歷經幾十年的守護，以一〇二歲高齡去和父親相會時，我相信，蔣渭水先生一定會如杜聰明第一次見到蔣松輝時那樣，展開雙臂，深情地擁抱自己的兒子。

一位是蔣渭水先生唯一健在的兒子，一位是讓「蔣渭水復活」的歷史工作者，我們兩人相偕而行，守護蔣渭水約四十載，此一畫面，在當今的臺灣社會，實不多見。我很珍惜這一畫面，更要向您說：おじさん（歐吉桑），我們很懷念您。

——二〇一五年十月十六日發表於《風傳媒》

附錄四：臺灣非武裝抗日大事略記

年份	世界	中國	日本	臺灣
1917	俄國沙皇被推翻，列寧革命成功。			
1918	美國總統威爾遜發表十四點和平意見。		原敬內閣成立，日本進入政黨內閣時代。	
1919	朝鮮爆發三一事件。 一次大戰結束，愛爾蘭宣布獨立。	五四運動。		
1920	甘地對英國發起不合作運動。 國際聯盟成立。		第一次慶祝五一勞動節。	新民會成立，發行《臺灣青年》雜誌。
1921	愛爾蘭與英國簽署自治條例。	中國共產黨成立。		臺灣議會請願運動首次提出。 臺灣文化協會成立。
1922			日本農民組合成立。 日本共產黨成立。	《臺灣青年》改名《臺灣》。 新臺灣聯盟成立。
1923	土耳其共和國成立。	孫文、越飛會談。 蘇聯派鮑羅廷為駐廣州常設代表。	關東大震災。	臺灣議會期成同盟會在東京成立。 治安警察法施行。 《臺灣民報》創刊號在東京發行。 公益會成立。 治警事件發生。

1924	列寧逝世。 蒙古共和國獨立。	中國國民黨舉行第一次全代會。 國共合作、扶助農工。 黃埔軍校成立。		臺北師範發生休校事件。 文協舉辦夏季學校。
1925	托洛斯基失敗，史達林體制成立。	孫中山病逝。 上海發生五卅慘案。 廣東國民政府成立。	開始實行普選。 農民勞働黨成立。 國會通過治安維持法。	二林蔗農組合成立。 二林事件發生。 臺南師範發生罷課事件。 治安維持法施行。
1926		中山艦事件發生。 國民革命軍北伐。	勞働農民黨成立。 日皇大正逝世，裕仁太子繼位，年號昭和。	開始紀念五一勞動節。 臺灣農民組合成立。 蔣渭水創辦文化書局。 臺北無產青年會成立。 六一七案發生。
1927		國共分裂。 中共發起南昌事件，紅軍成立。	日本首相田中義一提出侵華綱領——「田中奏摺」。	文化協會正式分裂。 臺灣鐵工所罷工事件發生。 臺灣民眾黨成立。 新文協指導新竹事件。 臺灣農民組合指導第一次中壢事件。 《臺灣民報》正式在臺灣發行。

1928		北伐完成，北京改名北平。 國民政府設行政、立法、司法、考試、監察五院。	日本檢舉日共，史稱三一五事件。 裕仁天皇登基。	臺灣工友總聯盟成立。 高雄淺野水泥會社罷工事件發生。 《大眾時報》創刊。 新文協指導臺南墓地事件。 臺灣共產黨在上海成立，旋即被檢舉；年底在臺灣組成島內黨中央。 第二次中壢事件發生。 臺灣農民組合內部分裂。
1929	紐約股市暴跌，世界經濟恐慌。	馮玉祥建立西北政府。	日本全面取締日共，史稱四一六事件。	二一二事件發生，臺灣農民組合遭大檢舉。 新文協內部分裂。 民眾黨反對鴉片漸禁政策，並訴諸國際聯盟。
1930		中原大戰爆發。 國民黨第一次剿共。		臺灣地方自治聯盟成立。 霧社事件爆發，民眾黨向島內外揭發總督府暴行。
1931		國民黨第二次、第三次剿共。 九一八事件發生。		臺共改革同盟成立。 民眾黨被禁。 蔣渭水病逝。 臺共遭大檢舉。 臺灣赤色救援會遭檢舉。

附件一：黃煌雄暨臺研會守護蔣渭水紀要

年份	日期	活動、事項	備註
1976	8月6日	紀念蔣渭水逝世四十五週年，發表〈臺灣先知先覺者：蔣渭水先生〉。	刊載於《新生報》
		《臺灣的先知先覺者：蔣渭水先生》，該書是全球第一本蔣渭水傳記。	前衛出版
1977	7月9日	舉辦：蔣渭水逝世四十六週年紀念座談會。	主持人為黃煌雄
1978	8月15日	紀念蔣渭水先生逝世四十七週年，發表〈一項莊嚴的建議〉。	《這一代》雜誌第十二期
	11月17日	蔣渭水紀念歌，發表會專題演講：「從蔣渭水精神談起——兼論臺灣的昨天、今天與明天」。	臺北市大三元餐廳
		建請宜蘭縣政府每年舉辦蔣渭水逝世紀念會。	宜蘭縣議會
1979	8月	發表〈大家來紀念蔣渭水先生〉 「悲憤的抗議——我們沒有向蔣渭水先生致送花圈表示追念的權利嗎？」 追念蔣渭水逝世四十八週年，黃煌雄發起沿宜蘭渭水路排滿花圈，並舉辦講演會，國民黨政府有關單位以個別紀念蔣渭水有失隆重與崇敬，應與其他「愛國志士」一併納入光復節慶祝活動舉行，施壓要蔣渭水家屬簽下「不讓有心人士藉紀念蔣渭水從事不法活動」的切結書，搜查黃煌雄家宅，沒收出版物宣傳品，破紀錄的千餘只花圈，也遭有關單位圍堵，甚至藉故封鎖北宜公路，為此發表本文。	
	9月	紀念蔣渭水先生逝世四十八週年，發表〈蔣渭水先生遺訓〉。	
1980	8月	紀念蔣渭水先生逝世四十九週年，發表〈先輩未竟之業〉。	
1981	2月	確立蔣渭水逝世紀念日為臺灣近代民族運動日。	立法院總質詢

	10月5日	紀念蔣渭水先生逝世五十週年，發表〈為臺灣近代民族運動見證〉。	
1983	8月5日	向行政院書面質詢，促請儘速整修蔣渭水先生之墓。	
1990	8月4日	紀念蔣渭水先生逝世六十週年，發表〈從臺灣民眾黨到民主進步黨〉。	刊載於《自立晚報》
1992		《蔣渭水傳：臺灣的先知先覺者》，為《臺灣的先知先覺者：蔣渭水先生》一書之首度大幅改版。	前衛出版
2001	8月5日	蔣渭水逝世七十週年紀念會，發表〈同胞須團結，團結真有力〉，陳水扁總統以國家元首身分親自出席蔣渭水紀念會。 出版《蔣渭水先生逝世七十週年紀念專刊》。	紀念會主席為黃煌雄 專刊總策畫人為黃煌雄
2002	8月22日	紀念蔣渭水先生逝世七十一週年紀念會，發表〈蔣渭水、李登輝、陳水扁：他們所處的時代和面對的中國〉。	刊載於《中國時報》
2004	4月	催生蔣渭水紀念高速公路。	
	8月5日	演講，發表〈孫中山與蔣渭水〉。	國父紀念館邀請
2005	2月20日	演講，發表〈臺灣近代非武裝抗日之民族運動〉。	二林社區大學邀請
	7月31日	紀念蔣渭水先生逝世七十四週年，發表〈孫中山與蔣渭水〉。	刊載於《中國時報》
2006	3月20日	《蔣渭水傳：臺灣的孫中山》，為《臺灣的先知先覺者：蔣渭水先生》一書二度改版。	時報出版
	8月	舉辦「蔣渭水先生逝世七十五週年紀念會」，副總統呂秀蓮、行政院長蘇貞昌、臺北市長馬英九、蔣渭水高齡九十三歲的兒子蔣松輝等均受邀出席致詞，也是第一次不分黨派政治人物，共同參加蔣渭水紀念會。	紀念會主席為黃煌雄
	8月	《蔣渭水紀念文集》。	紀念文集總策畫為黃煌雄

2007	7月9日	舉辦臺灣民眾黨創立八十週年紀念座談，內容為「歷史與政治的對話」。 本座談會係兩位與談人馬英九、謝長廷，成為政黨總統候選人後，首次公開對話之活動。 發表〈在蔣渭水身影下對話〉。	座談會主持人為黃煌雄 文章刊載於《中國時報》
2008	9月27日	舉辦「第一屆蔣渭水學術研討會」。	研討會主席為黃煌雄
2010	10月9日	演講，發表〈臺灣「先覺者」的精神遺產〉。	國立中央圖書館臺灣分館邀請
	10月17日	舉辦「第二屆蔣渭水學術研討會」。	研討會主席為黃煌雄
2011	4月15日	演講，發表〈談臺灣精神：從臺灣的孫中山——蔣渭水的世代追求談起〉。	臺大光電論壇邀請
	8月4日	紀念蔣渭水先生逝世八十週年，發表〈歷史的連結與深化〉。	文章以「復興蔣渭水精神」刊載於《中國時報》
	8月5日	舉辦「蔣渭水先生逝世八十週年紀念會」，馬英九總統親自與會並致詞，前行政院長唐飛及前司法院長賴英照也參與，而蔣渭水先生長子，高齡百歲的蔣松輝先生參加致謝詞。現場播放約十二分鐘長度之3D虛擬實境紀錄片《臺灣孫中山——蔣渭水》。	紀念會主席及紀錄片總策畫人為黃煌雄
	10月13日	演講，發表〈談臺灣精神：從臺灣的孫中山——蔣渭水的世代追求談起〉。	東海大學通識中心邀請
	10月21日	演講，發表〈談臺灣精神：從臺灣的孫中山——蔣渭水的世代追求談起〉。	國立臺灣傳統藝術總處籌備處邀請
2013	3月11日	演講，發表〈臺灣民主鬥士——蔣渭水〉。	蔣渭水母校宜蘭市中山國民小學邀請

	8月5日	舉辦「第二屆蔣渭水先生思想與事跡學術研討會」（北京），這是臺研會首次在大陸與「中華文化發展促進會」共同舉辦紀念蔣渭水的學術研討會。本會創辦人黃煌雄發表〈蔣渭水世代締造的臺灣精神〉，本會董事長吳密察教授與現任臺北市長柯文哲均應邀出席本研討會。	專題演講人為黃煌雄
2014	3月9日	演講，發表〈我如何發現蔣渭水〉。	宜蘭大學邀請
2015	8月	《蔣渭水傳：臺灣的孫中山》以更新版重新出版。	時報出版
	10月17日	蔣渭水移靈。蔣渭水逝世八十四週年遷葬宜蘭。發表〈我在「渭水之丘」〉。臺研會創辦人黃煌雄，基於長期守護蔣渭水的歷史緣分，受邀在現場朗誦〈我在「渭水之丘」〉一文，表達對於蔣渭水的追念。	刊載於《風傳媒》
	11月15日	舉辦「一九二〇年代臺灣先覺者的精神遺產研討會」，本會創辦人黃煌雄發表〈蔣渭水的歷史遺產〉。現任臺北市長柯文哲亦應邀發表專題演講〈蔣渭水精神在二〇一四年九合一選舉的影響〉。	
2016	8月5日	舉辦「蔣渭水逝世八十五週年紀念會」，主辦單位為宜蘭縣議會與臺灣研究基金會。陳建仁副總統親自與會並致詞，本會創辦人黃煌雄發表專題演講〈四十年來守護蔣渭水的回顧〉。	
	10月17日	舉辦「臺灣文化協會創立九十五週年暨蔣渭水逝世八十五週年紀念研討會」，主辦單位為臺北市政府與臺灣研究基金會。臺北市長柯文哲與本會董事長吳密察親自與會並致詞，本會創辦人黃煌雄發表專題演講〈一九二〇年代臺灣先賢精神遺產的當代意義〉。	
	11月30日	演講，發表〈從「發現蔣渭水」到「守護蔣渭水」〉。	國家圖書館邀請

附件二：前總統馬英九紀念蔣渭水先生記事

年份	日期	活動、事項	備註
2001	10月17日	主持在臺北市靜修女中由臺北市文獻會主辦「臺灣文化協會成立八十週年紀念座談會」。	第一任市長
2003	7月10日	主持在臺北二二八紀念館由臺北市政府文化局主辦「自覺的年代——臺灣民眾黨特展」開幕式。	第二任市長
2005	2月18日	主持在臺北市警察局大同分局禮堂由臺北市政府文化局主辦《蔣渭水之臺灣大眾葬葬儀》紀錄片首映會。	
	7月5日	出席在臺北二二八紀念館由海峽學術出版社主辦《蔣渭水全集增訂版》新書發表會。	
	9月18日	主持國民黨中央黨部外牆懸掛蔣渭水等臺灣先烈先賢大幅肖像揭幕典禮。	第二任市長兼國民黨主席
	10月17日	主持在臺北二二八紀念館由臺北市政府文化局主辦「臺灣反殖民運動與文化覺醒特展」開幕式。	
2006	1月2日	主持在宜蘭縣史館由臺北市政府文化局主辦《蔣渭水之臺灣大眾葬葬儀》紀錄片重製發行記者會。	
	1月15日	出席在宜蘭縣史館由宜蘭縣政府主辦「蔣渭水高速公路發起命名連署」記者會。	
	4月23日	出席在臺北二二八紀念館由時報出版社主辦《蔣渭水傳：臺灣的孫中山》新書（初版發表三十年新版）發表會。	
	8月5日	（一）主持在臺北市錦西街由臺北市政府文化局主辦「蔣渭水紀念公園」落成啟用典禮。 （二）出席在臺北市靜修女中由臺灣研究基金會主辦「蔣渭水逝世七十五週年會」活動。	
	10月17日	主持在臺北市警察局大同分局由臺北市政府文化局主辦「臺灣新文化運動館籌備處」揭幕典禮。	

2007	7月9日	與謝長廷先生共同參加在臺灣大學醫學院國際會議中心由黃煌雄董事長主持「臺灣民眾黨創立八十週年——歷史與政治的對談」座談會。	總統參選人
	8月5日	親赴臺北市錦州街蔣渭水紀念公園蔣渭水先生逝世七十六週年獻花致意。	
2008	8月5日	出席在臺北市三張黎芳蘭山公墓蔣渭水先生墓園由蔣渭水文化基金會主辦「蔣渭水先生逝世七十七週年追思紀念會」活動。	第一任總統
	9月27日	出席在政治大學由臺灣研究基金會主辦「第一屆蔣渭水研究學術研討會」活動。	
2009	1月23日	出席在臺北市國父紀念館由該館主辦「臺灣先賢蔣渭水先生紀念展」開幕典禮。	
	4月19日	出席宜蘭蔣渭水高速公路全國馬拉松路跑活動。	
2010	7月20日	出席蔣渭水先生長公子松輝先生夫人蔣林梅老夫人公祭典禮。	
	8月5日	在總統府接見蔣渭水先生後代家屬（同日，蔣渭水先生肖像十圓國幣正式發行流通，此為我國有史以來首次發行非國家元首肖像之流通貨幣）。	
	8月21日	在總統府網站「治國週記」推出「臺灣孫中山為臺灣臨床治療的蔣渭水醫生」專輯。	
	9月11日	出席在國家戲劇院由臺北市政府文化局主辦「渭水春風」音樂劇演出。	
2011	3月25日	在總統府接見蔣渭水先生長公子蔣松輝先生三代家族。	
	8月5日	出席在國家圖書館由臺灣研究基金會主辦「蔣渭水先生逝世八十週年紀念會」活動。	
	10月16日	出席在宜蘭縣國立傳統藝中心由文化部主辦「蔣渭水故鄉追思特展開幕」暨「蔣渭水演藝廳」揭牌典禮。	

	10月17日	（一）出席由臺北市政府主辦在臺北市蔣渭水紀念公園舉行之「蔣渭水紀念銅像」揭幕典禮。 （二）出席在臺北市靜修女中由蔣渭水文化基金會主辦「臺灣文化協會九十週年紀念會暨第十屆臺灣文化日」活動。	
2012	6月21日	在總統府接見蔣渭水文化基金會相關人員一行。	第二任總統
2013	2月5日	在總統府內邀請同仁一齊觀賞紀錄片《總督府風暴：臺灣第一反——蔣渭水》	
2014	10月18日	出席蔣渭水先生長公子蔣松輝老先生公祭典禮。	
2015	4月12日	出席在臺北市國父紀念館由蔣渭水文化基金會主辦「自覺年代——蔣渭水歷史留真油畫巡迴展」開幕式。	
	11月12日	主持總統府「中山廳」、「渭水廳」及「銘傳廳」命名揭牌典禮。	

本表由前總統馬英九辦公室提供，謹致謝忱。

附件三：宜蘭縣政府辦理蔣渭水相關紀念活動

日期／縣長	劉守成
2001/12/23-2002/12/26	宜蘭縣史館於十二月二十三日展出「舊人物・新精神——蔣渭水先生逝世七十週年紀念展」，蔣渭水文化基金會董事長黃煌雄、宜蘭縣長劉守成，以及蔣渭水的長子蔣松輝率同家屬成員參與，隨後並舉辦一場座談會，開放民眾一起討論蔣渭水相關史事。
2003/12/4	宜蘭社區大學和宜蘭縣文化局於十二月四日舉辦催生「蔣渭水先生紀念館」座談會，由林衡哲教授主持，蔣松輝、蔣朝根擔任引言人，縣長劉守成、立法委員張川田與會，共同催生蔣渭水先生紀念館。
2004/5/1-2005/1/9	宜蘭縣史館於五月一日展出「自覺的年代——臺灣民眾黨紀念特展」，開幕當天舉辦座談會，邀請文史工作者莊永明及蔣朝根擔任主持人與引言人。
2005/5/1	宜蘭縣史館於五月一日舉辦《蔣渭水之臺灣大眾葬葬儀》紀錄片放映及座談會，邀請監察委員黃煌雄、蔣渭水裔孫蔣朝根、教授林衡哲參與座談。
呂國華	
2006/1/2	臺北市政府於一月二日假宜蘭縣史館，舉辦《蔣渭水之臺灣大眾葬葬儀》紀錄片重製發行記者會，臺北市長馬英九致辭並贈紀錄片光碟予蔣朝根、宜蘭縣長呂國華，以及各級學校代表。
2006/1/15	縣府於縣史館舉行國道五號命名為「蔣渭水高速公路」發起連署記者會。
2006/2/8	縣史館展出「館藏蔣渭水先生資料」。
2006/8/4	宜蘭縣政府為表彰蔣渭水（字雪谷）對國家社會的貢獻，於縣史館舉辦「雪谷紀念園區」命名記者會，將縣府週邊廣場命名為雪谷紀念園區，作為永恆懷念，監察委員黃煌雄、縣長呂國華、蔣渭水哲孫蔣朝根出席，杏輝製藥董事長李志文致贈宜蘭縣《蔣渭水傳》、《兩個太陽的臺灣》各一千本，縣史館並配合辦理「紀念蔣渭水徵文活動」。
2007/8/6	臺灣郵政發行蔣渭水紀念郵票一枚，宜蘭郵局另發行蔣渭水個人化郵票兩款，以及明信片。八月六日宜蘭縣史館配合宜蘭郵局，假宜蘭演藝廳中庭舉辦「蔣渭水肖像郵票發行暨史料展」。

2007/8	宜蘭縣政府於雪谷紀念園區施設「凝」和「聚」兩件紀念物，同年十一月二十九日假縣議會舉辦紀念物揭幕典禮暨蔣渭水先生史料展。
2007/12	行政院長張俊雄於十二月二十五日主持蔣渭水高速公路（國道五號）雪山隧道頭城入口「蔣渭水紀念碑」揭碑典禮，蔣渭水基金會董事長黃煌雄、蔣渭水哲嗣蔣松輝應邀參加。
2008/8	縣史館舉辦蔣渭水青年音樂會，紀念蔣渭水先生逝世七十七週年及雪谷紀念園區設置二週年。
2009/4/12-19	宜蘭縣史館於文化局辦理「臺灣先賢——蔣渭水紀念特展」，從國父紀念館原展三百多件史料中篩選一百二十件展出。
林聰賢	
2011/7	宜蘭縣史館與蔣渭水基金會合作，於宜蘭人文知識數位資料庫建置線上展覽「蔣渭水主題網」，供民眾隨時前往閱覽及研究。
2011/10/15	宜蘭縣史館舉辦「臺灣文化協會創立九十週年暨第十屆臺灣文化日紀念會、文協會報復刻版出版座談會」及推出「蔣渭水宜蘭行跡導覽」特展。
2015/10/3-18	宜蘭縣政府與臺北市政府聯合辦理「上醫醫國，渭水歸根」系列活動，包含蔣渭水戶外影像展、歸根遊行、歸根儀式、蔣唱會、歸根音樂會。 一〇四年十月十七日將蔣渭水骨灰從臺北遷至於宜蘭礁溪櫻花陵園渭水之丘安葬。

本表由宜蘭縣政府提供，謹致謝忱。

歷史與現場 303

兩個太陽的臺灣：臺灣文化、政治與社會運動的狂飆年代

作　者—黃煌雄
編　者—張啟淵
企　劃—廖心瑜
資深企劃經理—何靜婷
封面及內頁設計—兒日
內頁排版—極翔企業有限公司

董 事 長—趙政岷
出 版 者—時報文化出版企業股份有限公司
108019台北市和平西路三段二四〇號四樓
發行專線—（〇二）二三〇六六八四二
讀者服務專線—〇八〇〇二三一七〇五・（〇二）二三〇四七一〇三
讀者服務傳真—（〇二）二三〇四六八五八
郵撥—一九三四四七二四時報文化出版公司
信箱—10899台北華江橋郵局第九九信箱
時報悅讀網—http://www.readingtimes.com.tw
法律顧問—理律法律事務所　陳長文律師、李念祖律師
印　刷—紘億印刷有限公司
四版一刷—二〇二一年八月二十七日
定　價—新臺幣四二〇元
（缺頁或破損的書，請寄回更換）

時報文化出版公司成立於一九七五年，
並於一九九九年股票上櫃公開發行，於二〇〇八年脫離中時集團非屬旺中，
以「尊重智慧與創意的文化事業」為信念。

兩個太陽的臺灣：臺灣文化、政治與社會運動的狂飆年代/黃煌雄著
. -- 四版. -- 臺北市：時報文化出版企業股份有限公司, 2021.08
面；　公分（歷史與現場；303）

ISBN 978-957-13-9241-7（平裝）

1.臺灣史　2.臺灣民族運動　3.日據時期　4.文集

733.286　　　　110011578

ISBN 978-957-13-9241-7

Printed in Taiwan